# 《东方学术》征稿函

尊敬的专家、学者：

　　东方，是涵括中国学者的东方，在这里可以展示中国学者的创新成果。东方，是研究对象的东方，这里有中国乃至东亚其他国家地区，以及其余东方各国，千姿百态的文学、艺术、宗教、思想、历史等，在此交流汇集，构成了比较文学的跨界风采。东方，亦是世界的东方，也就离不开与西方的交流，东西文明的关系必然会带来新的思维方式。《东方学术》既愿与中国学者一起，也愿与世界学者一起，共同创造原创的东方学术，走向学术的理想。

　　《东方学术》是四川大学国家级重点学科比较文学研究基地的专业集刊，主要发表比较文学与东方文学、中国文学等方面的研究成果，同时发表艺术、历史、哲学、宗教等人文方面的研究成果。本刊由四川大学文科讲席教授张哲俊担任主编。

　　久仰您在此领域学殖深厚，成就斐然，欢迎赐稿。

《东方学术》的主要内容包括：

一、比较文学的基本问题、前沿问题与方法

二、东方文学、文化与西方文化的交流、比较

三、东方文学与文论总体研究

四、中国文学与中国人文

五、国际汉学：世界各国的中国文学与文化研究

六、东亚文学与文化研究

七、东方其他国家文学与文化研究

八、翻译国外学者的东方文学、文化前沿的研究成果

九、书评

投稿邮箱：dongfang _ scu@163.com

稿件要求

字数在 1 万字左右。

正文使用小 4 号宋体字，单独成段的引用使用小 4 号仿宋体字，脚注使用小 5 号宋体字。英文使用 Times New Roman 字体。

不要参考文献，统一采用脚注（数字带圆圈），不用括号夹注。

例如：

①朱志荣：《西方文论史》，北京大学出版社，2007 年，第＊＊页。

②曹顺庆：《文论失语症与文化病态》，《文艺争鸣》，1996 年第 2 期，第＊＊页。

③Rene Wellek＆Austin Warren，Theory of Literature，Brace and Company，1949，p.155.

④佐藤弘夫「幽霊の誕生—怪談から見直す日本文化論」、『日本史の方法』2013 年第 3 期、第 61 頁。

⑤石原千秋『謎とき 村上春樹』、光文社、2007 年、第 87 頁。

⑥堀口真利子『村上春樹・江國香織小説研究：親密性をめぐって』、名古屋大学博士論文、2014 年 7 月、第 30 — 35 頁。

⑦神宮桃子「村上春樹さんとＴシャツの物語」、『朝日新聞』2020 年 7 月 9 日、夕刊 5 頁。

⑧篠原皐佑「村上春樹、3 年ぶりの小説新刊」https：//www. nikkei. com/article/DGXMZO61781630R20C20A7BC8000/（2020 年 8 月 10 日時点）

文章附作者简介：姓名、学历、职称、单位、研究领域、联系方式、电子邮箱。

《东方学术》编辑部

# 东方学术

### Dongfang Studies

## 第1辑

主　编　张哲俊
副主编　寇淑婷

四川大学出版社
SICHUAN UNIVERSITY PRESS

**图书在版编目（CIP）数据**

东方学术．一 / 张哲俊主编． — 成都：四川大学
出版社，2023.3
　　ISBN 978-7-5690-6028-7

　　Ⅰ．①东… Ⅱ．①张… Ⅲ．①东方学—文集 Ⅳ.
① K107.8-53

　　中国国家版本馆 CIP 数据核字（2023）第 024098 号

书　　　名：东方学术（一）
　　　　　　Dongfang Xueshu（Yi）
主　　编：张哲俊
副 主 编：寇淑婷
------------------------------------------------
选题策划：张宏辉　欧风偃　吴近宇
责任编辑：吴近宇
责任校对：罗永平
装帧设计：墨创文化
责任印制：王　炜
------------------------------------------------
出版发行：四川大学出版社有限责任公司
　　　　　地址：成都市一环路南一段 24 号（610065）
　　　　　电话：（028）85408311（发行部）、85400276（总编室）
　　　　　电子邮箱：scupress@vip.163.com
　　　　　网址：https://press.scu.edu.cn
印前制作：四川胜翔数码印务设计有限公司
印刷装订：成都市新都华兴印务有限公司
------------------------------------------------
成品尺寸：170 mm×240 mm
印　　张：18.25
插　　页：1
字　　数：375 千字
------------------------------------------------
版　　次：2023 年 5 月 第 1 版
印　　次：2023 年 5 月 第 1 次印刷
定　　价：81.00 元
------------------------------------------------

扫码获取数字资源

四川大学出版社
微信公众号

# 目　录

## 海外学者论坛

## 东方学术前沿

## 东亚文学与文化

## 南亚文学

## 海外汉学

## 书　评

# 海外学者论坛

# 文殊菩萨的化现

## ——浅析圣德太子传中片冈山饥人故事的流变背景

〔日〕吉原浩人 撰　王荟媛 译①

　　**摘　要**：日本平安时代，中国五台山文殊菩萨信仰的发展达到巅峰，圆仁、奝然、成寻等名僧均到五谷山巡礼。平安初期开始，受《文殊师利般般若经》的影响，每年七月八日举行文殊会，强调闻文殊菩萨之名即可消除罪孽、称其名则文殊菩萨必现于前的思想。圣德太子传记中有一则片冈山饥人的故事，饥人最早被认为是达摩的化身，但从平安时代中期起，饥人逐渐演变为文殊菩萨的化身，与圣德太子的和歌唱和更被视作由观音和文殊所做的日本最早的和歌，这一流变受到文殊菩萨藏身于贱民和饥民间的文殊信仰的影响，也反映出圣德太子信仰的特质。

　　**关键词**：文殊菩萨　化现　五台山　圣德太子　片冈山饥人故事

　　文殊师利菩萨在现代作为智慧的象征为人们信仰，著名的文殊菩萨道场里，尽是前来祈愿金榜题名的考生。那么，在古代日本，文殊菩萨是作为怎样的象征为人们所尊崇呢？当时，中国五台山是亚洲最广为人知的文殊菩萨圣地。圆仁（793－864）、奝然（938－1016）、成寻（1011－1081）等著名的日本僧侣都曾来巡礼，亦有如灵仙（759?－827?）这样在五台山圆寂的僧侣。此外，日本还出现过很多被视为文殊菩萨化身的僧俗，文殊菩萨救济贫民的平

---

　　①　作者简介：吉原浩人（1955－　），早稻田大学文学学术院教授，日本宗教文化研究所所长，研究领域：日本宗教思想史、中日文化交流史；译者简介：王荟媛（1992－　），女，四川乐山人，汉族，中国人民大学外国语学院博士研究生，研究领域：中日比较文学研究、域外汉籍传播研究。

等思想也因此广为流传。小峰和明的《五台山逍遥——东亚的宗教中心》①一文全面考察了日本古代和中世的五台山文殊信仰，具有极高的参考价值。

本文聚焦文殊信仰中菩萨化身为人的思想，以期从佛经中寻找化现的根据，考察这一思想在日本的接受情况，并探究圣德太子传记中片冈山饥人为文殊菩萨化身之说的渊源。

## 一、文殊菩萨的经典与《法华经》序品

以文殊菩萨为主题的佛经有二十余种，如《文殊师利净律经》《文殊师利问经》等，其数量远多于阐释其他佛菩萨教理的经典。② 由此可见，文殊菩萨在初期大乘佛教中发挥了举足轻重的作用。文殊菩萨于无量劫前就已发心修行，不仅象征着智慧，且在不同的佛经中呈现出不同的形象。

《梁尘秘抄》卷二第三十六条中，有如下一则歌谣：

> 文殊菩萨是何人？三世佛母。
> 十方如来诸法之师，皆为文殊之力。③

上述歌谣是由般若主持翻译的《大乘本生心地观经》卷三的偈④所改编

---

① 参见小峯和明『五台山逍遥—東アジアの宗教センター—』、『巡礼記研究』第 5 集、2008 年、第 1—16 頁。其他相关研究还包括：朝枝善照「「日本霊異記」と「五台山仏教文化圏」について」（門脇禎二編『日本古代国家の展开』下卷、思文閣出版、1995 年）；崔福姬「五台山文殊信仰における化現」（『佛教大学大学院紀要』第 33 号、2005 年）等。

② 参见平川彰『第二章　大乗仏教の興起と文殊菩薩』（平川彰著作集第六卷『初期大乗と法華思想』、春秋社、1989 年）；『文殊経典部』第 1—2 冊（『新国訳大蔵経』、大蔵出版、1993—1994 年）等。

③ 臼田甚五郎等校注、訳『神楽歌 催馬楽 梁塵秘抄 閑吟集』、小学館、2000 年、第 193 頁。引文为译者所译，以下皆同。

④ 改编自「文殊師利大聖尊，三世諸佛以为母。十方如来初发心，皆是文殊教化力」一文（《大正新修大藏经》第 3 冊，305 頁 c 栏）。本经为般若三藏于元和六年（811）奉旨译出，灵仙是当时译场负责笔受的僧人之一。关于本经的翻译与流传，将在别稿另行阐述。上引偈文亦见于《往生要集》卷上（《大正新修大藏经》第 84 冊，44 頁 a 栏），第三章将对此展开详细论述。

的，值得一提的是，亡于五台山的日僧灵仙①曾参与该经的翻译。文殊菩萨从过去久远劫时就已教化众生，还是世尊之师，因此被称为"三世佛母"。据《法华经》序品，文殊菩萨多次转生，世尊尚未诞生的无量劫前，有佛出世，名为日月灯明佛。其后，二万日月灯明佛相继出现于世，最后一位日月灯明佛膝下有八位王子。其座下有弟子名妙光菩萨，佛为其讲《法华经》之后，便入涅槃。之后，妙光菩萨为众生演说《法华经》满八十小劫，八位王子亦先后成佛。世尊于耆阇崛山（灵鹫山）讲《法华经》时，曾提到文殊菩萨的前身就是当时的妙光菩萨。②

文殊菩萨转生之事也多见于其他佛经的记载，为其作为人化现于世提供了教理依据。

## 二、作为文殊菩萨化身的行基

奈良时代（710—794）的名僧行基③（668—749），曾补任大僧正，参与东大寺大佛殿的营造。平安时代（794—1192）初期，奈良药师寺僧景戒（生卒年不详）编纂的《日本灵异记》卷上第六条中，提到"行基大德者，文殊师利菩萨之反化也"④，认为行基是文殊菩萨的化身。行基作为有名的圣人，留下了很多脍炙人口的故事，如《三宝绘》卷中第三条"行基菩萨"⑤中，行基为南天竺来日的"婆罗门僧正"菩提迁那（704—760）咏了如下一首和歌：

---

① 灵仙的相关研究可参见：小川貫弌『入唐僧霊仙三蔵と五臺山』（『支那仏教史学』第5卷第3—4号、1942年）；頼富本宏『入唐僧霊仙三蔵—不空・空海をめぐる人々（三）』（『木村武夫教授古稀記念 僧伝の研究』、永田文昌堂、1981年）；NHK取材班、鎌田茂雄『仏教聖地・五台山—日本人三蔵法師の物語』（日本放送出版協会、1986年）等。

② 参见《法华经》，鸠摩罗什译，《大正新修大藏经》第9册，第3页c栏。

③ 学界有关行基的研究甚多，代表性的学术专著包括：井上薫『行基』（吉川弘文館、1959年）；平岡定海、中井真孝『行基・鑑真』（『日本名僧論集』第一卷、吉川弘文館、1983年）；根本誠二『奈良仏教と行基伝承の展開』（雄山閣出版、1991年）；米山孝子『行基説話の生成と展開』（勉誠出版、1996年）；井上薫編『行基事典』（国書刊行会、1998年）；速水侑編『民衆の導者 行基』（吉川弘文館、2004年）；吉田靖雄『行基 文殊師利菩薩の反化なり』（ミネルヴァ書房、2013年）。此外，尚有不少关于行基的论文，恕不备举。

④ 中田祝夫校注、訳『日本霊異記』、小学館、1995年、第46页。

⑤ 类似的故事见于《今昔物语集》卷十一第七条等。这则和歌赠答的故事作为受神明感应赠答和歌的起源故事，多见平安时代后期和中世的歌论书引用。参见米山孝子『行基と婆羅門僧正との贈答歌成立の背景』（『水門—言葉と歴史—』第22号、2010年）。

灵山释迦前结契，真如不朽即得见。

大意为：释迦牟尼于灵鹫山讲《法华经》之际所宣讲的诸法实相未坏之时，我们二人就已相逢。对此，婆罗门僧正回赠如下一首和歌：

迦毗罗卫共结契，由此得见文殊貌。①

大意为：在迦毗罗卫城共同发下的誓言成真，得以瞻仰文殊菩萨尊荣。换言之，婆罗门僧正是释迦牟尼在灵鹫山宣讲《法华经》时的听众，行基则是主持说法的文殊菩萨，婆罗门僧正感应了前世的这段因缘。这则故事虽然不符合史实，但值得注意的是，行基和婆罗门僧正圆寂半个世纪后，就已经出现了这样的传说。

## 三、文殊会的创祀

文殊会是祭祀文殊菩萨的法会，在每年的七月八日举行，其历史可追溯至平安时代初期。记载于天长五年（828）二月二十五日的《太政官符》"应修文殊会事"条中，就对此有详细记载：赠僧正传灯大法师位勤操（754—827）与元兴寺传灯大法师位泰善等人，于畿内各郡广设文殊会，备饭食施贫民。勤操圆寂后，泰善继承其遗志，向僧官请示，得到许可，命京畿七道②诸国，从定额寺③到各郡村邑都邀请练行僧④，每年七月八日举办文殊会。此外，前后三日禁杀生，集会男女等受三皈五戒，各称念一百遍药师、文殊名号。⑤

西晋聂道真所译的《文殊师利般涅槃经》为文殊会的举办提供了教理依据：

---

① 今野達、小泉弘、馬淵和夫校注『三宝絵・注好選』、岩波書店、1997 年、第 95—96 頁。
② 古代日本律令制下的行政区划，又称"五畿七道"，"五畿"包括大和、山城、摄津、河内、和泉，"七道"包括东海道、东山道、北陆道、山阳道、山阴道、南海道、西海道。
③ 奈良、平安时代寺庙资格中，位居第三级的寺庙，仅次于官大寺、国分寺。
④ 苦行僧。
⑤ 参见『類聚三代格』卷二「経論并法会請僧事」、1885 年刻本、前田家藏版、第 15 頁。文殊会和文殊信仰的相关研究，参见吉田靖雄『日本古代の菩薩と民衆』（吉川弘文館、1988 年）；中本由美『九世紀の日本における文殊信仰の特質—諸国文殊会を素材として—』（『佛教史學研究』第 59 卷第 2 号、2017 年）。

　　a若有众生，但闻文殊师利名，除却十二亿劫生死之罪。若礼拜供养者，生生之处恒生诸佛家，为文殊师利威神所护。是故众生，当勤系念。念文殊像，念文殊像法。先念琉璃像，念琉璃像者，如上所说，一一观之，皆令了了。若未得见，当诵持首楞严，称文殊师利名，一日至七日，文殊必来至其人所。①

　　若有一心听文殊师利名之众生，能除却过去十二亿劫生死罪。若是礼拜供养，则每次转世必生于诸佛之家，为文殊师利神威所庇护。因此众生系思于文殊像。先念琉璃像，若是不能得见文殊则受持、读诵《首楞严经》，称文殊师利名，一日乃至七日，菩萨必会现身此人前。经文接下来说道：

　　此文殊师利法王子，b若有人念，若欲供养修福业者，即自化身，作贫穷孤独苦恼众生，至行者前。若有人念文殊师利者，当行慈心。行慈心者，即是得见文殊师利。②

　　此文殊师利法王子，若有人愿勤念、供养、修福，即化作贫穷、孤独、苦恼之众生，现于行者前。换言之，以慈悲心修行者，必见文殊师利现于眼前。《往生要集》卷上《大文第二欣求净土·第七圣众俱会乐》③ 也化用了前引《文殊师利般涅槃经》的相关经文。

　　此外，前文提到的《太政官符》"应修文殊会事"条也以概括的形式引用了这段经文：

　　此则所依《文殊涅槃经》云："a若有众生闻文殊师利名，除却十二亿劫生死之罪。若礼拜供养者，生生之处，恒生诸佛家，为文殊师利威神所护。b若欲供养修福业者，即化身作贫穷孤独苦恼众生，行至行者前者也。"④

　　《三宝绘》卷下第二十三条"文殊会"则将这段经文译为日语：

---

　　① 《文殊师利般涅槃经》，聂道真译，《大正新修大藏经》第14册，第481页a栏。句读为笔者所加，以下皆同。

　　② 《文殊师利般涅槃经》，聂道真译，《大正新修大藏经》第14册，第481页a栏。

　　③ 源信撰：《往生要集》，《大正新修大藏经》第84册，第44页b栏。

　　④ 『類聚三代格』卷二「経論并法会請僧事」，第15頁。

　　a<u>モシ衆生アリテ、文殊師利ノミ名ヲキカバ、十二劫ノ生死ノヲモ</u><br>
<u>キツミヲノゾク。</u>b<u>モシ供養ゼムトヲモハバ、スナハチ身ヲワカチテ、</u><br>
<u>マヅシク飢タルモノ、ミナシゴ、病人ラノカタチニナリテ、ソノ人ノマ</u><br>
<u>ヘニイタラム。</u>①

　　上文划线处 a 对应的译文为"若有众生，闻文殊师利菩萨御名，能除十二（亿）劫生死之重罪"，划线处 b 为"若思供养文殊菩萨，即变化为饥贫者、孤儿、病人之形，至其人前"。

　　可以看出，《太政官符》和《三宝绘》的引文均强调了以下两点：a 称文殊师利菩萨名号，能除却过去十二亿劫的罪过；b 文殊菩萨会化为饥贫者、孤儿、病人等受苦众生之形，现于礼拜供养者前。

　　奈良时代和平安时代初期的日本，有很多备受歧视的贱民。其中或许就有文殊菩萨的化身。文殊会创始的目的就在于弘扬以慈悲之心平等对待贱民的精神。《文殊师利般涅槃经》传入日本后，这部分内容尤为时人所重视，从中可以窥见日本佛教中文殊信仰的特殊性。

## 四、圆仁的五台山巡礼与文殊菩萨

　　文殊菩萨在五台山（图 1、图 2），化现为老人（图 3）的故事在日本广为流传。据文献记载，入唐求法高僧圆仁（793—864）于唐开成五年（840）到访五台山时，曾与中国高僧大德互相怀疑对方为文殊化身②。

---

　　①　今野達、小泉弘、馬淵和夫校注『三宝絵・注好選』、岩波書店、1997 年、第 198 頁。<br>
　　②　参见『日本三代実録』貞観六年（864）正月十四日条「円仁卒伝」（『国史大系』新訂増補第 4 巻、経済雑誌社、1897－1901 年、第 146 頁）；『慈覚大師伝』（『続群書類従』第 8 輯下、八木書店、1975－2000 年、第 688 頁）等记载。

图 1 莫高窟第 61 窟 "西台"

图 2 莫高窟第 61 窟 "大清凉寺"

图 3　莫高窟第 61 窟 "文殊化现为老人"

　　同年五月二十二日，圆仁在五台山北台的上米普通院目睹五道光明（图 4），六月二十一日在大华严寺观五色云，七月二日于南台空中见圣灯一盏①。在同日的日记里，圆仁提到入五台山朝拜者自然起得平等之心，不问僧俗、男女、老少，尽供养之。日记中还提到一则传说。设斋之际，有一怀孕乞丐要求也给腹中胎儿一份食物，遭到拒绝后，变作文殊菩萨，乘金毛狮子，与一万菩萨同腾空而去。此后设斋，不分贵贱，一律平等供养。圆仁日记中所载的这则传说，作为著名的《广清凉传》卷中 "菩萨化身为贫女" 条②的雏形，具有极高的参考价值。《广清凉传》为南宋延一（生卒年不详）所撰，据圆仁所述可以推测，至迟在唐末的五台山，这则传说就已流传甚广。敦煌莫高窟第六十一窟西壁《五台山化现图》《大福圣之寺》下所绘的《贫女庵》（图 5）就

----

　　① 参见『入唐求法巡礼行記』（『続々群書類従』第十二宗教部、八木書店、1978 年）各日条记载。

　　② 参见延一：《广清凉传》，《大正新修大藏经》第 51 册，第 1109 页 b 栏。

是基于这则传说绘制。此图约绘制于唐末五代，远在《广清凉传》之前。

这类传说都是基于《文殊师利般涅槃经》中文殊菩萨化为贫者的记载。此外，《文殊师利普超三昧经》卷上提到前世文殊师利布施食物的故事①，《大宝积经》卷六十《文殊师利授记会》亦说前世文殊师利发愿供养贫穷众生②。圆仁惊讶地发现，基于这些佛教经典的救济贫者的平等思想已经深深扎根于五台山。

图 4　莫高窟第 61 窟 "五色光现"

---

① 参见《文殊师利普超三昧经》，竺法护译，《大正新修大藏经》第 14 册，第 413 页 a 栏。

② 参见《大宝积经》，菩提流志译，《大正新修大藏经》第 11 册，第 347 页 b 栏。

图 5　莫高窟第 61 窟"贫女庵"

　　《今昔物语集》卷十九第二条"三河守大江定基出家语"亦是改编自这则传说。三河守大江定基剃度出家，法号寂照，以下是他赴中国求法时的实际经历。寂照在五台山慷慨解囊，行善施舍，请大众沐浴净身。中有一女子，身患疱疹，污秽不堪，携二孩童和一狗而来。人们想将她赶走，寂照及时制止并施与女子食物，劝其离去。女子却强行进入澡房沐浴。人们正要将她赶走，女子却突然消失了。大家正对此感到不可思议之时，只见女子身放紫光，腾空而去，原来女子为文殊菩萨所化。大众悲泣礼拜不已。据说这则故事是寂照弟子念救归国后所讲述的。① 也就是说在北宋时，寂照亦亲眼看见了化为贫苦众生的文殊菩萨。

　　据圆仁传记《慈觉大师传》的记载，正由于在五台山数感文殊菩萨奇瑞，圆仁才决意在日本建造文殊楼（图 6）。其中主祀的文殊菩萨及其眷属像都是圆仁自身于五台山所感应的形象。圆仁于开成五年七月二十六日在五台山命人绘《化现图》一幅。在众多的文殊造像和画像中，常有文殊菩萨骑狮子，佛陀波利、大圣老人、善财童子、优填王四位老少眷属随侍左右的场景。这类造像

---

　　①　小峯和明校注『今昔物語集 四』、岩波書店、1994 年、第 106—110 頁。

和画像在日本被称作圆仁感得像、渡海文殊像、五台山文殊菩萨像等，各地均有流传①（图7、图8）。

图6　比叡山文殊楼（宽元八年再建）

① 据说印度罽宾国的佛陀波利曾于清凉山遇一老人，回印度后传《佛顶尊胜陀罗尼经》。见于《佛顶尊胜陀罗尼经》序文、《宋高僧传》卷二、《广清凉传》卷中。善财童子、优填王（又名于阗王）为文殊侧侍则依据《广清凉传》卷中的贫女故事，贫女化为文殊后，其犬变作狮子，二小儿分别变作善财童子和于阗王。《法华验记》卷下九十二"长圆法师"（亦见于《今昔物语集》卷十三第二十一条）中，有"有一老人（中略）我是五台山文殊眷属。名于阗王。依诵法华，功德甚深，奉上名簿"（井上光贞、大曾根章介、臼田甚五郎等校注、訳『往生伝・法華験記』、『日本思想大系7』、岩波書店、1974年、第554頁）的记载，可以看出平安时代后期于阗王已被视作文殊眷属。而五台山传说中经常出现的作为文殊菩萨化身的老人究竟该如何称呼？在日本众说纷纭。成书于镰仓时代（1185－1333）的《阿娑缚抄》"文殊五字"提到"佛陀波利、善财童子、大圣老人、难陀童子、于阗国王……已上文殊使者也"（《大正新修大藏经》图像部第九册，第238页c栏），平安时代后期的《梁尘秘抄》第二百八十条中提到"优填国王、大圣老人、善财童子、佛陀波利，十六罗汉诸天众，皆随之"（臼田甚五郎等校注『神楽歌 催馬楽 梁塵秘抄 閑吟集』、小学館、2000年、258頁）。大圣老人，亦被称为"最胜老人"。渡海文殊像中最为著名的是奈良县樱井寺安倍文殊院藏建仁三年（1203）快庆所造文殊五尊像（国宝）。［特別展図録］『慈覚大師 円仁とその名宝』（NHKプロモーション、2007年）载有宫城县新宫寺藏「文殊菩薩騎獅像及び四眷属立像」（图7）、和歌山县遍明院藏「文殊菩薩五尊蔵龕」（重要文化財）、京都府醍醐寺藏「諸文殊図像」（重要文化財）、大阪府叡福寺藏「文殊渡海図」（重要文化財）（图8）的照片资料。

图 7　新宫寺藏文殊菩萨像

图 8　叡福寺藏文殊菩萨画像

　　圆仁归国后，于仁寿四年（854）四月补任延历寺座主。贞观二年（860）奉旨开展文殊楼的营造工作，第二年他将五台山带回的灵石埋入东西南北中五个方位后，才开始着手文殊楼的营造，贞观六年（864）二层高阁竣工。圆仁于同年圆寂，其后贞观八年（866）六月，新造文殊尊像，中心嵌入圆仁带回的五台山香木。此外，还新造了胁侍像、童子像、御者像等，再现了圆仁五台山巡礼时所目睹的文殊菩萨骑狮子现于圣灯圆光中的场景。贞观十八年（876）六月，此延历寺文殊影向楼作为"圣朝誓护"的圣地被进献给朝廷。元庆五年（881）三月，朝廷下令以国费资助，常时安置四僧于楼内①。这说明，圆仁的五台山文殊信仰得到了国家的正式认可，而比叡山文殊楼也成为当时最新的"镇护国家、众庶利益"的道场。至今寺院门楼第二层还供奉着众多文殊菩萨像，也是源自这一传统。

## 五、化现于大般若会的文殊菩萨

　　应和三年（963）八月二十三日，空也（903—972）在鸭川原（位于今京都府京都市）勤修供养金泥写本《大般若经》。此法会规模盛大，共请来六百位僧人，左大臣藤原实赖以下僧俗诸人都来结缘，昼讲《大般若经》，夜行万灯会。② 同时代的源为宪撰写的《空也诔》中有这样一则传说：这一盛大的法会吸引来百余名乞食比丘，八坂寺的净藏在这些人中看到一位与众不同的人物。净藏慌忙请其上座，与一钵斋饭。比丘默不作声地吃光三四斗，净藏又赶紧为其添饭。微笑着辞别比丘后，只见吃完的斋饭又恢复如初。净藏这才恍然大悟，原来是文殊菩萨感空也之行而化作乞食比丘。③ 这则故事也为院政期（1086—1185）三好为康（1049—1139）的《六波罗蜜寺缘起》④，和《拾遗往生传》卷中第一条《大法师净藏》所引用。在《六波罗蜜寺缘起》中，有"大

---

　　① 参见『類聚三代格』卷二「修法灌頂事」、『日本三代実録』贞观十八年六月十五日条、同元庆五年三月十一日条。围绕圆仁与文殊楼的史实与说话故事的相关研究，可参考荒木計子『奝然将来の五台山文殊の行方』（『学苑』668 号、1995 年）；同『奝然将来"五台山文殊"と「延暦寺文殊楼」及び「文殊会」』（『学苑』674 号、1996 年）；松本昭彦『五臺山獅子の跡の土—円仁説話の成長—』（『国語国文』第 68 卷第 10 号、1999 年）；冨樫進『文殊の導く求法巡礼—円仁の「夢」観念をめぐって—』（『日本仏教綜合研究』第 15 号、2017 年）等。

　　② 参见『日本紀略』同日条、『国史大系』第 5 卷（『新訂増補国史大系』第 11 卷、吉川弘文館、1929 年、第 90 頁）。

　　③ 参见国文学资料馆『伝記験記集』（『真福寺善本叢刊』第六刊、臨川書店、2004 年、第 537 頁）。相关研究包括：平林盛德『空也と平安知識人—「空也诔」と「日本往生極楽記」弘也伝—』（『書陵部紀要』第 10 号、1958 年），该论文也收录于『聖と説話の史的研究』（吉川弘文館、1981 年）；石井義長『空也上人の研究—その行業と思想』（法蔵館、2002 年）。

　　④ 参见井上和歌子『「空也诔」から「六波羅蜜寺縁起」へ—勧学会を媒体にした—著作の再生産—』（『名古屋大学国語国文学』第 92 号、2003 年）；平林盛德『六波羅蜜寺縁起の検討』（『汲古』第 50 号、2006 年）。

圣文殊感上人之善，所化来者也"① 的描述，在《往生传》中则为"是文殊化身也"②。进一步强调了文殊菩萨是化为《文殊师利般涅槃经》中所说的贫穷、孤独、苦恼之众生而现身于大般若会的观点。

## 六、作为文殊菩萨化现的片冈山饥人

喜撰的《倭歌作式》③ 序文中首次提到，文殊现于世间，规定和歌的字数为三十一字：

> 风闻，和歌自神御世传而未定章句。隐人文殊现于圣德御世，择字定三十一。从此以降，贵贱共学流布良弘之。虽尔未足摸遗迹。余智拙才暗、弘之何安耶。④

和歌虽然自日本神话时代就有，却没有统一的格式。因此隐者文殊出现于圣德太子执政期间，定三十一文字以为和歌之规则。其后，世人不分贵贱，都热衷于学习和歌，促进了其传播。据传，文殊师利还赠予圣德太子下面这首和歌：

> 文殊师利奏圣德太子和歌一首，例此为迹
> いかるがやとみのを川のたえばこそ　我おほきみのみなは忘れめ⑤

其大意是：纵使富小川水流断绝，我亦不会忘记太子之芳名。这首和歌被认为是定型和歌的起源，作为巨势三杖大夫所咏的三首和歌之一，初见于现存最古老的圣德太子传记《上宫圣德法王帝说》中。据《日本书纪》，圣德太子曾赠和歌于一位饥人，却并无饥人返歌的相关记载：

---

① 宫内庁書陵部『伏見宮家九条家旧蔵諸寺縁起集』、『図書寮叢刊』、1970 年、第 56 頁。
② 井上光貞、大曽根章介校注『往生伝・法華験記』、『日本思想大系 7』、岩波書店、第 324 頁。
③ 以四种歌病为主要内容的歌论书。平安时代后期，普遍认为该书是喜撰奉旨于仁和年间（885—889）编纂的，实际上是 10 世纪后期的假托喜撰之名的伪书。参见『古代歌学の形成』、塙書房、1963 年。该书广录片冈山饥人文殊化现说的文献，笔者从中受益匪浅。
④ 佐佐木信綱編『倭歌作式』、『日本歌学大系』第一巻、風間書房、1940 年、第 68 頁。
⑤ 東野治之校注『上宮聖徳法王帝説』、岩波書店、2013 年、第 66 頁。

　　　　斯那提流　个多乌个夜摩尔　伊比尔惠弓　许夜势屡　诸能多比等阿波礼
于夜那斯尔　那礼奈理鸡迷夜　须佐陀气能　枳弥波夜祇　伊比尔惠弓　许夜势
留　诸能多比等阿波礼①

对应的日语假名如下：

　　　　しなてる　片岡山に　飯に飢て　臥せる　その田人あはれ　親無し
に　汝生りけめや　さす竹の　君はや無き　飯に飢て　臥せる　その田
人あはれ②

　　而成书于奈良时代的《七代记》《上宫圣德太子传补阙记》《传述一心戒
文》《日本灵异记》等文献中却记载有饥人的返歌。据此推测，早在奈良时代，
圣德太子和片冈山饥人的和歌赠答就已具雏形。在《三宝绘》卷中第一条③
中，太子所咏的不是长歌，而是短歌：

　　　　シナテルヤ片岡山二飯二飢テ　臥セル旅人アハレ祖無④

饥人的返歌则为：

　　　　斑鳩ヤ富ノ緒川ノ絶バコソ　我ガ大公ノ御名ヲ忘レメ⑤

这首饥人的返歌也为《古今和歌集》真名序⑥所引用：

　　　　至如难波津之什，献天皇，富绪河之篇，报太子，或事关神异，或兴

───────────────

　　① 《日本书纪》用汉字和万叶假名写成，万叶假名借用汉字为表音文字，引用的这首和歌即是用
万叶假名写成。
　　② 小島憲之等校注、訳『日本書紀』、小学館、1994 年、第 568—570 頁。其大意为：片冈山上，
农夫饿倒在地，甚是可怜。若非无父母耶。农夫饿倒在地，甚是可怜。
　　③ 《拾遗和歌集》卷二十中亦收录有这两则和歌，而太子所咏和歌的后半部分被作为后注，行文
略显不自然。
　　④ 其大意为：片冈山上，旅人饿倒在地，无父无母，真是可怜。
　　⑤ 今野達、小泉弘、馬淵和夫校注『三宝絵・注好選』、岩波書店、1997 年、第 87 頁。其大意
为：纵使富小川水流断绝，何敢忘大公之芳名。
　　⑥ 《古今和歌集》有真名序（用汉字所作的序文）和假名序（用日语假名所作的序文）两篇序
文，阐述了撰者对和歌和汉诗的看法。

入幽玄。①

"难波津之什"指的是《古今和歌集》假名序中引用的王仁献给仁德天皇的和歌：

難波津に咲くやこの花冬籠もり　今は春べと咲くやこの花②

虽然与真名序对应的假名序却并未提到"富绪河之篇"，但是其中有"太子に報ふ（报太子）"一文，应该指的是片冈山饥人献给太子的返歌。假名序将之归纳为"或いは事神異に関わり、或いは興幽玄に入る"③，对应真名序"或事关神异，或兴入幽玄"一文，其中"神异"和"幽玄"分别指饥人的返歌和王仁的和歌。

显昭所撰《古今集序注》所引"公任卿注"对此的注释为：

达摩和尚献圣德太子歌也。和尚，文殊垂迹云云。④

藤原公任（966—1041）认为这首返歌是达摩和尚献给圣德太子的，且达摩是文殊菩萨的化身。

平安时代后期的歌论书格外关注片冈山饥人的返歌，认为其有特殊的含义。藤原俊赖在《俊赖髓脑》卷头论及和歌形态时，首先提到素盏鸣尊的和歌，其后，俊赖阐释了对这首返歌的看法：

此为文殊师利菩萨化为饥人，献于圣德太子的返歌。（中略）饥人为文殊，太子为救世观音，二人对此心知，故咏此歌。⑤

藤原清辅的《袋草子》卷上"希代の歌（希代之歌）"中，这首返歌也作为"権化の人の歌（化现之人之歌）"被提及。歌序分别为"圣德太子，救世

---

① 小島憲之、新井栄蔵校注『古今和歌集』、岩波書店、1989年、第340頁。
② 其大意为：难波津上开木花，长冬寒无色。待到春日来，木花再盛放。小島憲之、新井栄蔵校注『古今和歌集』、岩波書店、1989年、第6—7頁。
③ 小島憲之、新井栄蔵校注『古今和歌集』、岩波書店、1989年、第341頁。
④ 佐佐木信綱編『古今集序注』、『日本歌学大系』別巻四、風間書房、1980年、第138頁。
⑤ 橋本不美男校注、訳『俊頼髄脳』、小学館、2001年、第18頁。

观音化身"和"达摩和尚，文殊化身"，后注则为"此为太子见达摩作饿人之姿倒地所作歌之返歌也"。这段内容之后，是行基与婆罗门僧正的和歌唱和，中有"行基菩萨，文殊化身"一文①，与前文相呼应。藤原清辅的另一部著述《奥义抄》的序文也认为"文殊化为饥人奉圣德太子之歌"② 是最早的和歌。

如上所述，在院政期，片冈山饥人故事中，圣德太子和达摩的和歌赠答往往作为观音菩萨和文殊菩萨指引日本民众以及向人们说明和歌意义的例子被加以使用。这一主张亦为后世的《沙石集》（1283）卷五第七条③等所继承和发扬。

## 七、浅析饥人被视作文殊菩萨化身的原因

那么，为何片冈山饥人被视作文殊菩萨，而非其他佛菩萨的化身呢？日本思想史和文学史领域的相关研究并未就此给出令人满意的回答，前文的考察则对此进行了分析和解答。

如前所述，文殊菩萨的信仰与初期大乘佛教的诞生和发展息息相关，诸多经典亦是基于此而诞生。佛教传入中国初期，大量宣说文殊菩萨教理的经典被陆续翻译为汉文，如东汉支娄迦谶所译的《阿阇世王经》、西晋聂道真所译的《文殊师利般涅槃经》等。而在日本，随着佛教的传入，这些经典也逐渐为人们所接受，文殊信仰也得以传播。奈良时代的行基被视作文殊菩萨的化身，当然也是因为他常混迹于市井与庶民交流、传播佛法，与民众一起修路搭桥的缘故。

平安时代初期，随着文殊信仰的流行，天长五年（828）七月八日，举行了首次文殊会。以此为契机，日本全国范围内掀起了读诵、讲说文殊经典的热潮。其中，尤为强调闻文殊菩萨之名就可脱却十二亿劫生死罪的灭罪意义。不仅如此，礼拜供养文殊菩萨者可转生于信佛之家的守护意义也为人们口耳相传。此外，据说文殊菩萨还会化作贫穷、孤独、苦恼之众生出现。如前所述，僧官命令从定额寺到各郡村邑都举行文殊会，文殊信仰也就以此为媒介迅速传播到全国各地了。

文殊菩萨可能就藏身于贫贱者或是路边的饿殍中，这一教诲贯彻了佛教的

---

① 藤冈忠美校注『袋草紙』、岩波書店、1995 年、第 151—152 頁。
② 佐佐木信綱編『奥義抄』、『日本歌学大系』第一卷、風間書房、1940 年、第 270 頁。
③ 小島孝之校注、訳『沙石集』、小学館、2016 年、第 298—302 頁。

平等思想，让诸多贫民得到了救济。如《三宝绘》卷下第二十三条"文殊会"提道：

> 若有乞丐来乞讨，必施与之。若有病人倒在路边，殷勤疗治之。①

前文提到，圆仁记录的五台山孕妇乞斋传说在日本也流传甚广。此外，空也和净藏所见的乞食比丘也是文殊的化身。

《文殊师利般涅槃经》不仅是文殊会所依据的经典，其中所讲的内容更是成为诸多传说产生的背景。基于这样的信仰文化，圣德太子在片冈山遇见的饥人，作为贫穷、孤独、苦恼之众生中的一人，也就顺理成章被当作文殊菩萨的化身了。

最初饥人被认为是达摩和尚的化身，随着奈良时代后期到平安时代初期文殊信仰的流行，逐渐演变为文殊菩萨的化身。此外，在歌论书中，饥人与圣德太子的和歌唱和也被视为日本最初的赠答歌。这是因为，二人并非凡人，作为观音菩萨和文殊菩萨的化身，其和歌唱和也具备了神性，与前文提及的行基和婆罗门僧正的和歌唱和均被视作和歌唱和的起源。引人深思的是，饥人和行基都作为文殊菩萨的化身登场，从这一点中可以窥见当时文殊信仰的深度。

现存唯一的平安时代圣德太子绘传是绘制于延久元年（1069）法隆寺绘殿的《圣德太子绘传》，其中并无这一场景，而镰仓时代之后制作的《圣德太子绘传》却几乎都绘有片冈山饥人故事②，这些绘传中饥人的形象主要有达摩（图9）和病者（图10、图11）两种，其中病者一般被描绘为丢弃在窝棚中，久病缠身的贱民形象。可以认为，这是受到了文殊信仰的影响。

---

① 今野達、小泉弘、馬淵和夫校注『三宝絵・注好選』、岩波書店、1997年、第198頁。
② 圣德太子绘传主要收录于奈良国立博物館編『聖徳太子絵伝』（東京美術、1969年）；平松令三、光森正士、百橋明穂『聖徳太子絵像・聖徳太子木像・聖徳太子絵伝』（『真宗重宝聚英』第七卷、同朋舎出版、1989年）；大阪市立美術館監修『聖徳太子信仰の美術』（東方出版、1996年）等。

图 9　圣德太子绘传（本觉寺）第二幅片冈山饥人

图 10　圣德太子绘传（本证寺）第九幅片冈山饥人

图 11　圣德太子绘传（光照寺）第四幅片冈山饥人

## 八、结语

在日本古代，行基和片冈山饥人不是唯二被视作文殊菩萨化身的人物。《今昔物语集》卷十七第三十八条①、《古事谈》卷三第三十四条②亦记载有说经名家兴福寺清范实际上是文殊菩萨化身的故事。此外，白居易是平安时代最家喻户晓的诗人，其诗文在日本有着极为特殊的地位，有传说认为白居易是文殊菩萨的化身或是文曲星再世③。这体现的是文殊菩萨智慧的一面，本文对此不做赘述。

平安时代中期以后，以五台山为圣地的文殊信仰，由于奝然和成寻的入宋

---

① 小峯和明校注『今昔物語集 四』、岩波書店、1994 年、第 72—73 頁。

② 川端善明、荒木浩校注『古事談・続古事談』、岩波書店、2005 年、第 290 頁。

③ 参见吉原浩人『神として祀られる白居易—平安朝文人貴族の精神的基盤—』，河野貴美子、張哲俊『東アジア世界と中国文化—文学・思想にみる伝播と再創—』、勉誠出版、2012 年。其他白居易文殊化身说的相关研究还包括：柳瀬喜代志『白居易出生異聞』（『中国詩文論叢』第三集、1984年）；小川豊生『大江匡房の言説と白居易—「江談抄」をめぐって—』（『白居易研究講座』第四巻、勉誠社、1994 年）；山崎誠『もうひとりの白楽天—偽伝と偽書の世界から—』（同前）；北山円正『平安時代における白居易』（『説話論集』第十三集『中国と日本の説話 I』、清文堂、2003 年）；陳翀『「政事要略」所収の「白居易伝」を読み解く—白居易の生卒年・家庭環境・成仏に関する諸問題を中：心に—』（『白居易研究年報』第 10 号、2009 年）；張硯君『白楽天文殊化身説の生成と展開』（『白居易研究年報』第 17 号、2016 年）。

求法，进一步得到传播。对此还有很多问题尚待研究，本文则聚焦圣德太子传记中的片冈山饥人故事的流变过程，以期厘清其背后的原因。

附记：本文改编自小峰和明监修、出口久德编『シリーズ 日本文学の展望を拓く』第二卷『絵画・イメージの回廊』（笠间书院、2017 年）上同题刊发的论文。2016 年 8 月 26 日，由山西省佛教协会、五台山佛教协会主办的"文殊信仰暨能海上师诞辰 130 周年国际学术论坛"在中国山西省五台山万豪酒店召开，本文内容主要基于作者在论坛上做的『文殊の化現—日本平安朝僧俗の信仰の諸相—』专题报告整理而成。本文为平成 27—30 年度日本学术振兴会科学研究费补助金基盘研究（C）"院政期・摂関期の宗教思想研究—菅原文時と永観を起点に—"（项目编号：15K02087）的研究成果。

**图片资料**

图 1 至图 5 引自敦煌研究院：《佛教东传故事》，《敦煌石窟全集》第 12 卷，商务印书馆（香港），1999 年。图 1 至图 5 分别为莫高窟 61 窟"西台""大清凉寺""文殊化现为老人""五色光现""贫女庵"。

图 6 为比叡山文殊楼（宽元八年再建），由笔者摄影。

图 9 至图 11 分别为『聖徳太子絵伝』（本覚寺）第二幅「片岡山飢人」、（本證寺）第九幅「片岡山飢人」、（光照寺）第四幅「片岡山飢人」。收录于『聖徳太子絵像・絵伝・木像』、『真宗重宝聚英』第七卷、同朋舎出版、1989 年。

# 儒教在日本中世的传播与接受①

[日] 河野贵美子 撰    邓晓婕 译②

**摘　要**：本文主要研究了日本奈良、平安时期至室町时代（8世纪至16世纪）接受儒教的状况与特征。古代日本国家和社会如何接受儒教"礼"的理念，引进了哪些仪式活动，日本人学习儒教典籍的情况，日本文化中的儒教与佛教、神道的关系等问题，这些是日本接受儒教的基本问题，给日本带来了巨大的影响，是本文的研究重点。

**关键词**：儒教　日本　礼　儒教典籍　神儒佛一致

## 前　言

儒教的传播给古代中世的日本带来了怎样的影响？儒教是作为怎样的存在被日本接受、又对其社会与文化起到了何种作用？本文主要就从奈良、平安时代至室町时代日本儒教的接受情况及其特殊性，从理念上及仪式上的影响、相关典籍及教授、学习情况、与佛教或神道的关系等若干角度与话题来进行探讨。

---

① 本文日语原文版题目为：「儒教の伝播と受容—古代・中世—」。佐藤文子、上岛享编『日本宗教史4　宗教の受容と交流』、吉川弘文馆、2020年。

② 作者简介：河野贵美子，文学博士，早稻田大学文学学术院教授，研究方向为和汉古文献研究。译者简介：邓晓婕，北京师范大学文学院博士研究生。

# 一、秩序与规范——"礼"的理念

## 儒教的初传

关于儒教在日本的传播，《古事记》与《日本书纪》皆认为其发生在应神天皇时代，博士于百济渡海而来、带来典籍的记载为儒教最初的传播。据《古事记》记载，阿知吉师与和迩吉师带来《论语》与《千字文》[①]；而在《日本书纪》中，博士的名字却为"阿直岐"与"王仁"，他们向太子菟道稚郎子教授经典。[②] 并且，据《日本书纪》继体纪记载，此后，百济五经博士段杨尔（七年六月条）与百济五经博士汉高安茂（十年九月条）相继渡海而来。[③]

如此，通过百济博士来到日本并传授典籍的方式，日本与儒教的接触以及对儒教的吸收便拉开了帷幕。但是，归根结底这还是对中国唐朝的模仿。在律令制国家体制的构建过程中，日本也接受了将儒教作为国家社会秩序与规范的基础这种框架，并将其付诸实践应用。并且，在为培养负责运营国家的智囊团而设立的大学中，"明经"，即以精通儒学经典者为师，教授五经（《周易》《尚书》《礼记》《毛诗》《春秋左氏传》）、《周礼》《仪礼》以及《孝经》《论语》（《养老令》学令）[④]。

然而，虽说都是儒教，在中国，儒教是在悠久历史的经验与学习之中构筑而成的思想体系；而在与中国社会构造和语言迥然不同的日本，儒教究竟是作为怎样的存在被接受的？儒教，是通过所谓仁义与忠孝的人伦道德，以实现治政治民为目标的社会秩序、树立支撑国家体制的理念来发挥作用的宗教。对于儒教这种根本理念的理解，先列举日本 8 世纪的若干言论。

## 作为"准则"的儒教

成书于天平胜宝三年（751）、日本现存最早的汉诗集《怀风藻》，其序是

---

① 山口佳纪、神野志隆光『古事記』、小学館、1997 年，第 266—268 頁。

② 小島宪之等校注、訳『日本書紀』1、小学館、1994 年、第 482—484 頁。

③ 小島宪之等校注、訳『日本書紀』2、小学館、1996 年、第 300 頁、第 308 頁。

④ 井上光貞等校注『律令』、岩波書店、1976 年、第 262—263 頁。

从开天辟地时开始说起的。日本的"人文",是从百济传来书籍且王仁、王辰尔等人教授知识开始的。序中提道:

> 遂使俗渐洙泗之风,人趋齐鲁之学。逮乎圣德太子,设爵分官,肇制礼义。
>
> (《怀风藻》序)①

儒学("洙泗之风""齐鲁之学")的教化进展顺利,圣德太子通过制定冠位十二阶以规定"礼义"。其后的序中亦提到,天智天皇在位期间:

> 既而以为调风化俗,莫尚于文;润德光身,孰先于学。爰则建庠序,征茂才,定五礼,兴百度。宪章法则,规模弘远,夐古以来,未之有也。
>
> (《怀风藻》序)②

为了教化社会、使每个人都成为有德行的人,"文"与"学"即"学问"是首当其冲的。在这种思想的指导下,才建立学校("庠序"),以倾力于教育。从上文来看,此处所说的"学问",无疑是儒教的教化。现在需要注意的是,通过儒教所带来的是"五礼"与"百度",即礼节与制度,换言之,即成为社会与人的秩序与规范的"准则"。紧随其后的"宪章法则"四个字,也是可以理解为"准则"的词语。"礼",是在支撑国家正常运行的同时,以维持社会秩序为目标的儒教的本质理念、根本规定。《怀风藻》的序,使儒教的传播带来的是"礼"("准则")的理念这一观点一目了然。

## 8 世纪诏敕中"礼"的推进

虽然《怀风藻》序的作者不详,但在《续日本纪》中,也可以看到8世纪官方言论中的"礼"被屡屡提及。例如,据《续日本纪》载,有如下与"礼"相关的文武天皇诏书:

> 夫礼者,天地经义,人伦镕范也。道德仁义,因礼乃弘,教训正俗,

---

① 小岛宪之校注『懐風藻』、岩波書店、1964 年、第 59 頁。
② 小岛宪之校注『懐風藻』、岩波書店、1964 年、第 60 頁。

待礼而成。比者，诸司容仪，多违礼义。……

[《续日本纪》卷三·庆云三年（706）三月丁巳条]①

这是纠正礼义之乱的诏书。在起始部分中，“礼是天地的道理、为人的规范”是基于《春秋左氏传》昭公二十五年传的记事而成的；此外，“‘道德仁义’与‘教训正俗’是通过‘礼’实现的”则是以《礼记·曲礼》为典据的。两者皆是关于“礼”之根本的著名学说。

如此，在上代的诏敕中，基于儒教经典的语句随处可见。在《续日本纪》中，关于“礼”的记事则呈现出非常有趣的现象，即“礼”在日本与新罗及渤海的外交场合中被反复使用。据《续日本纪》记载，对于新罗及渤海常常不合于“礼”的做法，日本持强硬的态度，如下：

检校新罗客使多治比真人土作等言，新罗使……稽之旧例，大失常礼。太政官处分，宜召水手已上，告以失礼之状，便即放却。

[《续日本纪》卷十五·天平十五年（743）四月甲午条]②

责问渤海王表无礼于壹万福。

[《续日本纪》卷三十二·宝龟三年（772）正月丁酉条]③

这是儒教思想在古代东亚共通的道义，正是因为以此共有的术语为前提，才会有通用的外交策略。正因如此，即便是对日本而言，以“礼”为代表的儒教思想也是参与规划社会秩序所必备的智慧。

此外，据《续日本纪》载，在圣武天皇给太上天皇（元正）的奏章（宣命）中，有关五节之舞，引用了天武天皇的如下观点：

上下[乎]齐[倍]和[气弖]无动[久]静[加尔]令有[尔波]，礼[等]乐[等]二[都]并[弖志]平[久]长[久]可有[等]随神[母]所思坐[弖]……

[《续日本纪》卷十五·天宝十五年（743）五月癸卯条]④

将上下之别与秩序分别整顿的“礼”以及使之和缓的“乐”相结合，以实

① 青木和夫等校注『續日本紀』1、岩波書店、1989年、第102頁。
② 青木和夫等校注『續日本紀』3、岩波書店、1989年、第418頁。
③ 青木和夫等校注『續日本紀』4、岩波書店、1989年、第364頁。
④ 青木和夫等校注『續日本紀』2、岩波書店、1989年、第418頁。

现理想的礼乐文化，这对儒教而言也是十分重要的课题。上文中，天武天皇的观点也反映了这一事实。此外，天与人的相关性也是儒教所看重的观点。受命于天的理想的为政者治理众人，因此，为了国家，为政者掌握着向天地祈祷的祭祀，即仪式的举行。如现在所见，即便是在古代日本，在诏敕中，"礼"或者"礼乐"这样的词语及其概念也屡被提及。那么，将儒教思想具体化的实际的仪式以及祭祀的接受情况是怎样的呢？

## 二、仪式与祈祷

### 桓武天皇的郊祀

关于奈良时代官方的祭祀，《养老令》神祇令的记载是其基础资料。神祇令虽然是参照唐代的祀令制定的，但是，在具体的规定上是存在很多不同的部分的[1]。此外，天子在郊外祭天、祭祖这样被称之为"郊祀"的祭祀，在中国，是以儒教为基础的最为重要的国家祭祀；而在日本，却仅仅留下了三次记载。由此可知，儒教的主要部分并没有被移植到日本。但是，从例外地举行郊祀的桓武天皇的事例来看，在考察古代日本对于儒教的接受的基础上，可以发现值得注意的情况。

桓武天皇于延历四年（785）十一月壬寅与延历六年（787）十一月甲寅两次，在郊外（交野）举行祭祀天神的郊祀［第三次有关郊祀的记载，于齐衡三年（856）十一月辛酉条（《日本文德天皇实录》）中可见[2]］。其中，第二次的延历六年郊祀，是同时也为祭祀桓武天皇的父亲光仁天皇进行的仪式。《续日本纪》中记载了当时的祭文，其字里行间的表达皆与《大唐郊祀录》卷四祀礼一〈冬至祀昊天上帝〉的天帝祝文十分相似。[3]

维延历六年岁次丁卯十一月庚戌朔甲寅，嗣天子臣……敢昭告于昊天上帝。……谨以玉帛、牺齐、粢盛、庶品，备兹禋燎，祗荐洁诚。高绍天

---

① 参见井上光贞等校注『律令』、岩波書店、1976 年。

② 『新訂增補・國史大系 日本後紀、續日本後紀、日本文德天皇實錄』、吉川弘文館、1966 年、第 85—86 頁。

③ 参见青木和夫等校注『續日本紀』5、岩波書店、1989 年、第 392—394 頁。

皇配神作主，尚飨。

（《续日本纪》卷三十九·延历六年十一月甲寅条）①

天皇以"嗣天子臣"自称，向"昊天上帝"供奉"玉帛、牺齐、粢盛（谷物）"等做法，都是十分中国式的、儒教式的祈祷方式。

实际上，在此之前，桓武天皇于其父光仁天皇驾崩之际，就想要实行不同寻常的中国式的三年帝王居丧［《续日本纪》卷三十六·天应元年（781）十二月丁未条②］。对此，希望缩短服丧期的上奏接连不断，最终，在延历元年（782）七月庚戌，服丧期被解除。值得注意的是，其上奏是从与向伊势大神等的祭祀的关系而提出的。

右大臣已下，参议已上，共奏称，顷者灾异荐臻，妖征并见。仍命龟筮，占求其由。神祇官、阴阳寮并言，虽国家恒祀依例奠币，而天下缟素，吉凶混杂。因兹，伊势大神及诸神社，悉皆为祟。如不除凶就吉，恐致圣体不豫欤。……神道难诬，抑有由焉。伏乞，忍曾闵之小孝，以社稷为重任……诏报曰，朕以……方遂谅暗，以申罔极。而群卿再三执奏，以宗庙社稷为喻。事不获已，一依来奏。

（《续日本纪》卷三十七·延历元年七月庚戌条）③

因为长时间的帝王居丧期一开始，各种灾害和变异就频繁发生，便令神祇官和阴阳寮占卜其原因。帝王居丧，国家的祭祀就不能像往常一样如期举行，所以伊势大神与诸神社便带来了责难和灾祸。若不除此灾祸，病患或会波及至天皇体内。这不是对像曾参与闵损这样的祖先的孝道（"小孝"），而是要重视国家（"社稷"）的祭祀。桓武天皇听取了这样的上奏，采纳了废除帝王居丧的意见。从祭祀日本之神的立场出发，儒教礼仪的实行受到了打击。一方面，儒教的理念被作为其书面语言与国家社会的规范指南；另一方面，古代日本则在仪礼与祈祷的相关范畴拒绝儒教。

此外，请注意上文所举桓武天皇诏书中的"宗庙"一词。在中国，宗庙是皇帝供奉祖先的场所，也是重要的祭祀场所；而在日本是没有宗庙的。但是，在想要诚挚地为其父光仁天皇服丧的桓武天皇的用词中，却出现了"宗庙"一

---

① 青木和夫等校注『續日本紀』5、岩波書店、1989 年、第 392—394 頁。
② 青木和夫等校注『續日本紀』5、岩波書店、1989 年、第 216—218 頁。
③ 青木和夫等校注『續日本紀』5、岩波書店、1989 年、第 244—246 頁。

词。实际上，在此后的延历二十年（801）的对策出现之际，菅原清公提出了"宗庙禘祫"的"义理"与"可否"的问题，栗原年足则对此进行了回答。在中国，"禘祫"是天子在进行大规模的祭奠时将祖先的亡灵一同祭奠的一种祭祀。作为当时的现实，这个问题的提出则是对桓武天皇想要引入中国式的新仪式的一种考验。

在《经国集》卷二十以及其他奈良、平安初期的对策文章中，提出了许多与儒教的本质密切相关的根本性问题，如与行郊祀之礼时期相关的问题、比较周孔与释老（佛与老子）的教义的问题、礼与乐的不同的问题等（《经国集》卷二十①）。古代日本，儒教的实质被吸收到了何种程度？特别是与仪礼的接受相关的情况是十分有限的；但同时，逼近儒教本质的探究也是在周密地进行着的。

### 释　奠

如前项所述，以郊祀为首的与儒教相关的重要祭祀，在日本似乎都很难原封不动地扎下根来。但是，在这其中，从古至今，祭祀孔子等儒教先哲的释奠仪式却都以改变场合及形式的状态一直持续。可以说，这是崇拜儒教的可视化形式在日本扎根的特异现象了。

据《养老令》学令规定，释奠于每年二月与八月的上丁日在大学与国学举行。此外，日本关于释奠的记事最早见于大宝元年（701）二月丁巳（《续日本纪》卷一②），而其逐渐完善则是以吉备真备从唐朝带来的"礼典"为准则进行释奠之后的事情了（《续日本纪》卷三十三·宝龟六年（775）十月壬戌条③）。吉备真备从唐朝带回了最新的《礼》（《永徽礼》）与《太衍历》等书籍，并向孝谦天皇讲授《礼记》与《汉书》，因此，吉备真备是为建立以儒教思想为支柱的国家做出了巨大贡献的人物。此外，据《旧唐书》日本国传④记载，因为开元初期来朝的日本遣唐使寻求"儒士""授经"，于是曾将"四门助教赵玄默"派遣到鸿胪寺进行教授。这是吉备真备在中国留学时候［开元五年（717）进入首都长安］的事情。由此可见，日本当时是非常热衷于对儒教的学习与吸收的。此外，与吉备真备第二次入唐时同行的膳大丘回国后，根据在长

---

① 参见津田博幸『経国集対策注釈』、塙書房、2019 年、第 109－144 頁。
② 青木和夫等校注『續日本紀』1、岩波書店、1989 年、第 34 頁。
③ 青木和夫等校注『續日本紀』4、岩波書店、1995 年、第 458－460 頁。
④ 刘昫等：《旧唐书》，中华书局，1975 年，第 5341 頁。

安对于孔子庙的见闻情况，上奏如下。

> 问先圣之遗风，览胶庠之余烈，国子监有两门，题曰文宣王庙。时有
> 国子学生程贤，告大丘曰，今主上大崇儒范，追改为王。……然准旧典，
> 犹称前号，诚恐乖崇德之情，失致敬之理。大丘庸暗，闻斯行诸。敢陈管
> 见，以请明断。
>
> [《续日本纪》卷二十九·神护景云二年（768）七月辛丑条]①

在唐朝，国子监孔子庙的题号为"文宣王庙"。这是因为玄宗皇帝推崇
"儒范"，追谥了孔子"王"的尊号。因此，日本也对此进行仿效。因为若不遵
从，继续使用以前的称号（孔宣父），那便是违背"崇德之情"，失去"致敬之
理"了。称德天皇对此表示认可，之后在日本便也以文宣王的尊称来祭祀孔
子。这些记载表明，对于儒教的尊崇在日本也以具体的形式被引入了。

关于释奠的情况，《养老令·学令》记载如下：

> 释奠于先圣孔宣父，其馔酒明衣所须，并用官物。②

只将孔子作为祭祀的对象献上祭品，后来又增加了各种各样的仪式。据
《延喜式》记载，大学寮的释奠大致是按照①孔子庙的馈享·拜庙、②都堂的
讲论、③都堂的宴座的顺序进行的。庙中悬挂着孔子等儒教先哲的遗像，并恭
读祝文（参照《朝野群载》卷二十一·杂文上③）。此外，在②的讲论中，《孝
经》之外，易、书、诗、礼、春秋五经，再加上《论语》，总共七种儒教经典，
每次都会按照顺序进行讲读和论义。在③的宴座上，参会的文人会根据所给的
题目来赋诗。以《菅家文草》和《本朝文粹》为代表的平安时期汉诗文集中，
便留下了许多释奠之际所作的诗与诗序。例如，可以看到如下的语句：

> 释奠者，盖先王所以奉圣钦贤崇师重道之大典也。
> [《本朝文粹》卷九·菅原文时〈仲春释奠毛诗讲后赋诗者志之所之〉]④
> 夫释奠者，国家之洪规，阙里之荣观也。

---

① 青木和夫等『續日本紀』4、岩波書店、1995年、第 210 頁。
② 井上光貞等校注『律令』、岩波書店、1976 年、第 262 頁。
③ 『新訂增補·國史大系 朝野群載』、吉川弘文館、1964 年，第 478—479 頁。
④ 大曽根章介等校注『本朝文粹』、岩波書店、1992 年、第 285 頁。

［大江匡衡《江吏部集》卷中〈仲春释奠听讲古文孝经同赋孝德本一首并序〉］①

释奠，是牵涉许多与学问和文化有关的人的一种隆重的儒教仪式。

## 对学问的祈祷

除释奠，与儒教学习相关的仪式，在平安时期以后，还有面向天皇与贵族子弟举行的"读书始"。天长十年（833）四月，九岁的恒贞亲王开始读《孝经》的记事（《续日本后纪》卷一②），当为其最早的记录。这就表明，对于当时的知识分子阶层而言，汉籍的学习是必需的，这是伴随仪式进行的一生中的重要一环。

此外，作为仪式要素，更为强烈的还有在亲王和贵族子弟诞生时举行的"御汤殿之仪"中的"读书"。例如，据《西宫记》记载，在后来成为朱雀天皇的皇子诞生之际，举行了如下仪式：

> 延长元年七月廿四日，皇后产男儿（先朱雀院）。内匠寮作御汤具。七日间，明经、纪传博士等相交读书。千字文、汉书景帝纪、文王世子篇、古文孝经、论语、易一卷、尚书、史记、毛诗、明帝纪、左传等。
>
> （《西宫记》临时七·皇后养产事）③

对于刚刚出生的皇子，明经道与纪传道的博士会连续七天交替诵读以《千字文》为代表的为数众多的经书及史书。村上天皇的皇子宪平亲王出生之时［天历四年（950）］与一条天皇的皇子敦成亲王出生之时［宽弘五年（1008）］都举行过类似的仪式，这在日记类作品中是有所记载的④。在御汤殿仪式上阅读的书籍，不单单是儒教的经典。在这样的仪式上，可以认为，是为了祈祷未来的执政者能够更好地掌握从中国传来的学问，并可以成为遵守儒教所倡导的

---

① 『群書類従』第九輯、群書類従刊行会、1951 年、第 225 頁。

② 『新訂増補·國史大系 日本後紀、續日本後紀、日本文德天皇實錄』、吉川弘文館、1966 年、第 11 頁。

③ 『新訂増補故實叢書 西宮記 二』、明治図書出版株式会社、1953 年、第 172 頁。

④ 参见繁原央「御湯殿の儀における『読書』—出産時の赤子に漢籍を読む意味—」、『常葉国文』33、常葉女子短期大学国文学会 、2012 年 3 月。

秩序与规范的帝王。于平安时期的贵族而言，对于学问与儒教的崇拜以及与之相关的祈祷仪式，是不可或缺的重要事项。

## 藤原赖长与儒教

到了平安时代的后期，藤原赖长（1120—1156）出现了，他是一个信奉儒教、在向孔子祈祷的同时又致力于做学问的人物。藤原赖长是关白藤原忠实的第二子，虽很早便身居高位，却在保元之乱中结束了其激荡的一生。他一生广泛学习经史书籍，尤其致力于儒教经典的经书学习，将儒教的智慧作为自己日常生活与政治行动的食粮。[1] 从藤原赖长的日记《台记》中，可以看出他非同寻常的读书量。考察其学习的轨迹，藤原赖长也会像释奠一样去祭祀孔子，令儒者讲授经书，举行仪式性活动。

例如，《台记》中有如下记述：

> 今日于文宣王影前讲论春秋左氏传［密密仪也］兼日使历博士宪荣勘日时。<a>自是后每度子日［孔子生日也。随亦当余本命日］可有此礼。……<b>其仪，寝殿西北廊母屋南间、东一间北障子，悬文宣王影［南面，依大学仪］，依其前辨备膳［有鱼］，南边数圆座为讲经坐，其南敷高丽一帖为余坐，东第三间二行敷叠为文人及问者坐。……但今日先有贺茂拜［每月恒例事］……<c>次于坐上先拜先圣［二度］，了，东傍行一两步拜先师［二度］，了，依余命，文人八人［讲师、问者在此内］，就坐［皆布衣、乌帽、东上对坐］。<d>次文章得业生藤原成佐［通全经大义］持左传卷第一，进就坐讲经。其辞义绝妙，不可得言。众人侧耳叹美。<e>讲经一时余了，前山城守源实长朝臣请问，……了，前能登权守藤孝能朝臣，请问如先，……事了讲师、问者书问答……，纳厨子备后鉴。/诗书样。/孟秋陪文宣王影前听讲/左传一首……/内大臣正二位藤原朝臣赖长/已下准可知<f>次第/左传 公羊 穀梁 礼记 周礼 仪礼/诗书 周易 论语 孝经/每度子日可讲之。

> ［《台记》康治二年（1143）七月廿二日条］[2]

---

① 柳川響『藤原賴長—"悪左府"の学問と言説—』、早稲田大学出版部、2018年。
② 『史料纂集 台記 第一』、続群書類従完成会、1976年、第205—207頁。

这是藤原赖长悬挂孔子遗像首次举办经书讲论的记录。"子之日"之所以被选中，是因为这一天是孔子的生日，也是藤原赖长的本命日＜a＞。当天，像释奠一样，在寝宫的纸拉门上面朝南面悬挂着文宣王孔子的遗像，在遗像前，又准备了包括鱼在内的供品膳食＜b＞。先拜先圣（孔子），再拜先师（颜回），其后＜c＞，包括讲师与问者在内的八位文人就座，担任讲师的藤原成佐手持《春秋左氏传》第一卷就座，进行了绝妙的讲授，得到了与会者的称赞＜d＞。在与提问者源实长及藤原孝能进行过问答之后，将其内容记录下来，作为后代的范本留存＜e＞，并赋诗。此外，在末尾写着，从《春秋左氏传》到《孝经》，以后各经书的讲论都会在子之日进行＜f＞。

据《台记》记载，久安三年（1147）八月，藤原赖长悬挂孔子遗像，举行了大规模的《仪礼》讲论仪式。从伴随着对先圣、先师的祈祷而举行的这些仪式性的学习中可以看出，对于平安时期的知识分子而言，儒教是值得尊崇和尊敬的对象，而基于这种理念，构建理想的国家社会的价值观是持续存在的。

此外，据《台记》记载，藤原赖长还收集了大量的典籍，供其读书学习使用。其中，包括在中国早已分散遗失的书籍，以及在日本十分盛行的书籍。因此，下一节将要探讨，日本是通过怎样的典籍学习儒教，又是如何学习儒教，以及儒教典籍接受的特征。

## 三、儒教典籍的接受与学习

### 传入日本的经学注释书

本文开头提到，最初，日本传入了《论语》与《千字文》。此外，学令规定，在五经的基础上，加上《论语》与《孝经》，将这些儒教典籍作为大学的教科书，进行教授学习。据藤原佐世撰《日本国见在书目录》（成书于 9 世纪末），大致可以得知关于传入古代日本的汉籍情况。值得一提的是，从很早的时候开始，日本就有对五经等经书所做的各种注释书传入了。而且，在这其中，有一些在中国早已失传的稀有典籍，即所谓的佚存书，至今还在日本流传着。

例如，兴福寺现在收有书名为《讲周易疏论家义记》的《周易》注释书。此书被认为是 8 世纪的抄本，纸的背面写着同样留存于兴福寺的唐代抄本《经典释文》与一系列的佛典，这是宽弘七年（1010）由东大寺僧抄写而成。由此看来，很明显，此书从平安时期开始就被收藏于南都的寺院之中。这本书是《日本国见在书目录》中没有记录的，并且在中国也是不为人知的天下孤本①。

此外，同样是天下孤本，还有现在收藏于早稻田大学图书馆的抄本《礼记子本疏义》。这是唐代抄本，也有人说是六朝抄本。卷末印有"内家私印"的印记，可见是归光明皇后（701—760）所有。

除此之外，日本还流传着梁代皇侃的《论语集解义疏》与汉代孔安国注的《古文孝经》等许多珍本的抄本。可以认为，正是由于在日本持续地进行基于注释书的经书学习，所以相关典籍才不致散失、得以流传下来。

其中，通过考察关于《孝经》的学习情况可知，据学令规定，《孝经》是要根据孔安国与郑玄的注来学习的。但在不久之后，玄宗的《御注孝经》［成书于开元十年（722）］传到了日本。至贞观二年（860），便颁布了今后应以《御注孝经》为教科书的诏令。

> 制。……今案，大唐玄宗开元十年，撰御注孝经，作新疏三卷。……郑孔二注，即谓非真。御注一本，理当遵行。宜自今以后，立于学官，教授此经，以充试业。……但去圣久远。学不厌博。若犹敦孔注，有必讲诵，兼听试用。莫令失望。
>
> （《日本三代实录》卷四·贞观二年十月十六日条）②

但是，在这份诏书中，据有关（参见画直线的部分）规定，以后必须使用《御注孝经》作为学校的教授典籍；而据其后的画曲线部分规定，则继续允许使用孔安国注本进行学习。实际上，在此之后，人们也喜欢使用孔安国注的《古文孝经》（《古文孝经》孔氏传）进行学习。结果，古抄本《古文孝经》便有多个版本流传下来，成为重要的文献遗产。

像这样，在日本流传着许多反映古代经书学习状况的注释书。值得注意的是，在佛典方面，奈良时代以后，日本出现了很多注释书，流传至今；与此相对，在经书方面，古代日本却没有留下独自编写注释书的丝毫痕迹。此外，上一节中提到，作为释奠之际的论义记录，包括御船氏主的"九经难义三卷"与刘田种继的"三传难义一卷"在内的"诸家难义七卷"，是在承和九年（842）

---

① 河野貴美子「興福寺蔵『経典釈文』及び『講周易疏論家義記』について」、『汲古』52、汲古書院、2007年、第30—44頁。

② 『新訂増補國史大系 日本三代實錄』、吉川弘文館、1966年、第55—56頁。

五月二十六日的宣旨（《类聚符宣抄》第六、文谱①）中可见的，但其具体内容却并未流传下来。

许多儒教典籍很早就传入了日本，而且，一些在中国早已散失的稀有注释书也在日本流传至今。由此可知，在日本，人们一直很热衷于学习这些知识。而同时，在古代日本却没有独自编撰的注释书，其背景是与其经书学习的特质相关联的。下面以宇多天皇的《周易抄》为线索进行考察。

## 宇多天皇《周易抄》

现在，在东山御文库中，收藏着宇多天皇亲笔的抄本《周易抄》。自仁和四年（888）十月九日起，宇多天皇便跟随大学博士善渊爱成学习《周易》了，可以说，《周易抄》反映了当时的学习内容。《周易抄》摘录了《周易》的经文以及注文（王弼注、韩康伯注），共计二百五十八条。对于摘录的字句，虽然也有一些加上一部分"案语"与典据不明的训诂的地方，但基本上是遵从王弼注、韩康伯注等的解说的，可以说，是按照所谓的中国传统训诂学的方法来学习《周易》的内容的。但是与此同时，《周易抄》作为日本现存最早的汉籍训点资料，在摘录出来的字句中，除了句号、逗号以及表示汉字四声的声点，还添加了训读符号，以及用假名表示的旁训、用草假名表示的和训。对于古代日本的汉籍学习者来说，在根据中国传来的注释来理解正文的内容的同时，还需要进一步进行训读，将其准确地转换为日语的工作便是必不可少的了。《周易抄》的面貌，可以说是反映了日本经书学习的出发点的②。

平安中期以后，儒教典籍的教授，被作为以清原家为代表的所谓明经博士家的职务而代代相传。此外，在典籍的学习方面，和宇多天皇的《周易抄》一样，以典籍的抄出、抄写与训读的方法、训点的传授为基本的重要事项而一再出现。

## 博士家的标点本

接下来，了解一下从平安中期到中世被作为儒教典籍的教授者代表的清原

---

① 『新訂増補國史大系 新抄格敕符抄』、吉川弘文館、1933 年、第 142 頁。

② 参见河野贵美子：《〈周易〉在古代日本的继承与展开》，载于《中国典籍与文化》72，全国高等院校古籍整理研究工作委员会，2010 年，第 39—48 页。

家所传的标点本的一角。

清原家的祖先是海广澄 [934—1009，宽弘元年（1004）改姓清原]。据古记录记载，被任命为明经博士的广澄，曾向藤原行成讲授《古文孝经》、向藤原道长讲授《孝经》。此外，身延文库所收藏的《弘决外典抄》[具平亲王撰，成书于正历二年（991）] 则是广澄施加训点的古抄本①。始于广澄的清原家训点作为所谓的博士家点，被赖业（1122—1189）、教隆（1199—1265）、业忠（1409—1467）以及宣贤（1475—1550）所继承。在清原家的众多标点本中，宫内厅书陵部所藏的写本《春秋经传集解》是最具有代表性的例子，现对其进行考察。

金泽文库旧藏的《春秋经传集解》三十卷，是以北条实时（1224—1276）抄写的清原教隆所持本为底本，结合北条实时次男笃时抄写的卷本、四男显时（1248—1301）以清原俊隆所持本为底本抄写的卷本以及北条实时以清原教隆所持本为底本抄写的卷本而成的。通过与东洋文库收藏的清原赖业抄写本《春秋经传集解》卷十 [写于保延五年（1139）] 的比较，可以说是相当忠实地继承了赖业的训点。② 书陵部收藏的《春秋经传集解》，是出自清原家的训点被世世代代继承了下去的证明。此外，该抄本应镰仓幕府执权的北条氏一族的要求，记录了传授博士家学问的交流等活动，传达了有关儒教典籍的教授与学习的各种各样的信息。

### 儒教典籍的"日语"化

综上所述，在自古代至中世的儒教典籍学习中，将其用日语来训读，成为一项重要的工作。与此同时，将儒教典籍的内容置换为日语，便出现了日语化的现象。下面通过源为宪所撰《世俗谚文》[宽弘四年（1007）序] 来进行考察。

《世俗谚文》是源为宪受藤原道长之托，为其子赖通编纂而成的，是收集"俗谚"，并列举其出处的书籍。其序文中写道：

---

① 参见河野贵美子：《身延文库藏〈弘决外典钞〉古钞本初探》，载于刘玉才、潘建国主编：《日本古钞本与五山版汉籍研究论丛》，北京大学出版社，2015 年，第 199—217 页。

② 参见佐藤道生「金沢文庫本『春秋經傳集解』奥書再檢討」、宫内廳書陵部藏漢籍研究会『図書寮漢籍叢考』、汲古書院、2018 年、論説編第 27—34 页。同《春秋经传集解》30 卷图录编，同，第 53—56 页。

夫言语者自交，俗谚者多出经籍。虽释典儒书，为街谈巷说，然而必不知本所出矣。

(《世俗谚文》序)①

为宪在这里说到，"言语"中出现的"俗谚"大多数是来源于"经籍"的，即使是"释典儒书"，也会有"街谈巷说"之词，但不一定准确地知道其出处，这就是把"谚"与典据的"本文"一起登载的原因。为宪的这番话，反过来说，就是佛典与经书中的"文"在离开典据后，大量融入日语环境的当时的真实状况。而这种状况的产生，如前所述，正是通过训读来使学习得到积累的结果。

此外，值得注意的是，在《世俗谚文》作为"谚"而收集的语句中，以儒教典籍为典据的语句占了很大的比例。在中国，例如在《太平御览》卷四九五、四九六中，单独设有"谚"一项，而在收集到的总计150条"谚"中，有120条取自《春秋》《史记》《汉书》等史书类典籍。与此相对的是，在《世俗谚文》（仅存卷上）共计223条的"谚"中，以经部典籍为典据的有106条，其数量是最多的。其中，以《论语》为典据的有35条，成为"谚"最多的出典之处。②"谚"原本不是用于文字的，而是用于日常对话的。正因如此，中国才会有"谚语"。所以，称为宪的著作为"谚文"，则是中国传来的语言在其出发点通过书籍（文）所学习的东西了，这反映了具有日本特色的状况。在从中国传来的典籍中，儒教典籍作为占据中心地位的重要书籍，在日本是十分盛行的。可以说，以经书为典据、收录了许多"谚"的《世俗谚文》，真实地反映了日本儒教的接受状况。

# 四、与佛教、神道的关系

## 儒佛兼修

那么，在最后，将要探讨传入日本的儒教与佛教或神道是以怎样的关系被

---

① 『世俗諺文』、古典保存会複製、1931年。
② 参见河野贵美子：《经学文献在古代日语文化中的展开——以源为宪撰〈世俗谚文〉为中心》，载于张伯伟编：《域外汉籍研究集刊》10，中华书局，2014年，第17—37页。

接受和继承下来的，这就要追溯到室町时代了。

首先，在记载佛教传入的《日本书纪》的记事中，有以下部分：

> 别表，赞流通、礼拜功德云，是法于诸法中最为殊胜，难解难入。周公、孔子，尚不能知。此法能生无量无边福德果报，乃至成辨无上菩提。
>
> （《日本书纪》钦明纪十三年十月条）①

这是将佛教传入日本的百济圣明王《表》的开头。在这里，圣明王提到，"是法（佛教）"是最"殊胜"的东西，甚至连周公与孔子都不能理解。这是引儒教的圣人为证，以强调佛教的优越性。此后，在日本，作为知识与伦理道德的两个方面，儒教与佛教相辅相成、缺一不可。

例如，元正天皇下诏令放出放鹰司的鹰与狗时：

> 故周孔之风，尤先仁爱，李释之教，深禁杀生。
>
> ［《续日本纪》卷八·养老五年（721）七月庚午条］②

把"周孔（儒）"与"李释（道、佛）"的教义放在一起，都是在告诫人们不可随意牺牲生命。

此外，药师寺沙门景戒所撰的《日本灵异记》，虽然是为了向人们传达佛教的因果报应与灵异而著，但其序文的开头部分却回顾了从前百济传来的外书（儒教典籍）与内典（佛教经典），其后如下所述：

> 学外之者诽于佛法，读内之者不轻于外典。愚痴之类，怀于迷执，匪信于罪福。深智之俦，觌于内外，信恐因果。
>
> （《日本灵异记》上卷序）③

这并不是要使儒教与佛教相互排斥，而是要从佛教的角度来强调两者兼学的重要性。如上所述，在奈良时代以后，日本的学僧们开始推进对佛典的研究，撰有许多注释书籍，但是，要解读从中国传入的汉译佛典与用汉文书写的佛教相关书籍，就必须读懂汉语汉文中所蕴含的中国传统思想，即儒教。奈

---

① 小岛宪之等校注、訳『日本書紀』2、小学館、1996年、第416頁。
② 青木和夫等校注『續日本紀』2、岩波書店、1990年、第100頁。
③ 中田祝夫校注、訳『日本靈異記』、小学館、1995年、第22頁。

良、平安时代的寺院中收藏了大量的汉籍，并不是没有原因的。而这种对儒、佛典籍的学习，也使学僧们的日语得到了一定的培养，于是就产生了《世俗谚文》这样的著作。

而且，这种推崇儒佛兼修的态度一直延续到后来。例如，中世以后作为儿童教科书而广为普及的《童子教》，其结尾部分如下：

> 出内典外典，见者勿诽谤，闻者不生笑。

（《童子教》）①

由此可见，人们日常生活中的经验是将佛教与儒教两方面作为教材来进行学习的。

但是，与此同时，进入中世以后，出现了各种各样的新思潮，如批判儒教，或是将儒教与佛教及神道混为一谈等。下一节将对此进行考察。

### 禅僧的往来与宋学的传播

在日本的儒教接受史上，宋学的传入可以说是最大的变化与转折点了。这不仅仅是为此前的儒教思维带来了巨大的转变，更重要的，则是往来于中日之间的禅僧承担了信息传递的工作。此外，在中国出现了提倡儒佛融合的《辅教篇》（宋·契嵩）、提倡儒道佛一致的《大明录》（宋·大慧宗杲），以及由圭堂居士解读《大明录》而撰的《佛法大明录》等，这些著作也都传到了日本。例如，入宋僧圆尔（1202—1280）将《佛法大明录》带回日本，并以此对北条时赖进行授课。

从 13 世纪到 14 世纪，中日僧侣往来频繁，如传递新信息一样，出现了各种各样的人在学习儒教、佛教的场所反复交流、交涉的情况。例如，花园天皇的日记便记录了这一点。

花园天皇（1297—1348，1308—1318 在位）是一位以好学而闻名的天皇。在《花园天皇宸记》中，记有花园天皇读"宇治左府记"，即读藤原赖长的《台记》一事。与赖长一样，日记中记载了大量有关汉籍、佛典、和书的详细的读书笔记，还记录了其时常与儒者、僧侣等人一起交流探讨的情况。其中，可以看到如下记事：

---

① 『童子教諺解』末、山田俊雄等校注『庭訓往来 句双紙』、岩波書店、1996 年、第 371 頁。

今夜资朝，公时等，于御堂殿上局谈《论语》。僧等济济交之。朕窃立闻之。玄惠僧都义，诚达道欤？自余人皆谈义势，悉叶理致。

[《花园天皇宸记》元应元年（1319）闰七月廿二日条][1]

在日野资朝、菅原公时等人谈论《论语》时，也有僧人加入其中。天皇听闻，评价说玄惠僧都之义已算彻悟。如一条兼良的《尺素往来》中"以宋朝濂洛之义为正"所示，玄惠（？—1350）是以宋学为宗旨的先驱人物。像这种儒者与僧侣齐聚一堂的学习场所，以及在此展开的有关宋学的讨论，有如下记载：

晴。谈《尚书》。……行亲义，其意涉佛教，其词似禅家。近日禁里之风也。即是宋朝之义也。……凡近代儒风衰微，但以文华风月为先，不知其实。文之弊以质可救之。

[《花园天皇宸记》元亨二年（1322）七月廿七日条][2]

从元亨二年二月到元亨四年三月，花园天皇持续举办了《尚书》的讲谈。其中，如上文引用之处所述，将纪行亲的解释中含有佛教的要素，作为"近日禁里之风"即后醍醐天皇的学风，而且是宋学的宗旨，这在倾向于沉迷风花雪月、虚无飘零的儒风衰微的时期，也不失为一种力挽狂澜的方法。儒教典籍的解释及其形态与以往不同，则可以看作对这一动态的记录。这与活跃于同一时期的虎关师炼（1278—1346）的主张相结合，形成了鲜明的对比，耐人寻味。

试举一例，虎关师炼的《济北集》〈通衡〉对圭堂的《佛法大明录》进行了批判式的论说。此外，对朱子也是严厉的一击。

朱氏不委佛教，妄加诬毁。不充一笑。……朱氏非醇儒矣。

（《济北集》卷二十〈通衡·五〉）[3]

从佛教的立场来看，虎关师炼认为，对佛教没有充分理解的朱子言论证明他并不是"醇儒"（真正的儒者）。

对于从中国传来的儒佛一致思想与宋学学风，人们的反应各不相同。但是，从这些讨论的记录中可以看出，当时的人们从各种立场出发，对儒教与佛

---

① 『史料纂集 花园天皇宸记 第二』、统群书类従完成会、1984 年、第 43 頁。
② 『史料纂集 花园天皇宸记 第二』、统群书类従完成会、1984 年、第 227 頁。
③ 上村觀光编『五山文學全集』第一卷、思文閣出版、1992 年、第 305 頁。

教的关系以及宋学进行了讨论,并且人们对于儒教的接受方法也在不停地变化与动摇。

此外,虎关师炼本身,就是以菅原在辅与从元朝而来的一山一宁为师而深入学习儒学的人物。其后的五山僧也一样,儒教与佛教知识的引领者不断出现。例如,据义堂周信(1325—1388)的日记《空华日用工夫略集》记载,义堂曾多次对镰仓公方足利氏满与室町将军足利义满进行授课,阐述儒教的古注与新注的区别,认为这是以国家安宁为目标的帝王学所必备的儒教典籍。此外,瑞溪周凤(1391—1473)曾与博士清原业忠交流,就佛教与儒教的问题进行讨论[《卧云日件录拔尤》康正二年(1456)三月十六日条①]。在中世,禅僧、儒者、武将、公卿乃至天皇,其教授与学习的各种各样的经纬线共同编织成了广阔的学问网络。

### 神儒佛一致思想

南北朝时期以后,随着禅僧活动的进行,宋学在不同立场的人们之间传播着,儒教与佛教则进行着紧密的交流。到了室町后期,其中又出现了"神",进而出现了提倡神儒佛一致的言论。当时的状况,在一条兼良(1402—1481)、吉田兼俱(1435—1511)、清原宣贤(1475—1550)的著作中皆有体现。

代表着 15 世纪公卿兼学者的一条兼良,从和书的物语、和歌、有职故实,到汉籍的四书注释,皆留下了广博的著作,可以说,一条兼良是一位"综合人文学"者。兼良所教授的对象,从天皇、公卿至武将、僧侣等,遍及各个阶层。由此可见,他在当时是一位具有巨大影响力与存在感的人物。此外,兼良还留下了对《日本书纪》神代纪的注释,其中有这样一句话:

> 三种神器者,神书之肝心,王法之枢机也。何谓王法,盖儒佛二教,一致之道理。

> (《日本书纪纂疏》卷五)②

兼良在此明确指出,三种神器乃神书之关键、王法之枢要,王法与儒、佛二教的道理是一致的,神、儒、佛也是一致的。除此之外,比如,据《日本书

---

① 『大日本古記録 臥人雲日件録拔尤』、岩波書店、1961 年。

② 天理圖書館善本叢和書之部編集委員會編『天理圖書館善本叢和書之部第二十七卷 日本書紀纂疏 日本書紀抄』、八木書店、1977 年、第 124 頁。

纪纂疏》记载，在天孙降临的部分，有并列引用经书（《诗经》《左传》）和佛典（《弥勒下生经》《华严经》）等进行解说的注等，这都是将日本神话与儒教、佛教的言论联系起来叙述的证明。

而对于神儒佛一致的思考，吉田神道的集大成者吉田兼俱有着更为精辟的言论：

> 此有可疑。此书即神代书也，然以汉字编之，何哉。＜A＞人皇十六代应神天皇十五年八月，自百济献书于震旦，此时《论语》《大学》等渡。震旦，西晋武帝时也。博士自汉土来，教其书，不解其字，只如诵陀罗尼也。＜B＞其后人皇三十代钦明天皇御宇佛书渡。虽然不解汉字，不分佛教儒教。＜C＞人皇三十四代推古天皇侄圣德太子以汉字为和训。其时始解汉字也。自应神至推古，三百十年乎。守屋大臣，外国佛教云不可用。＜D＞太子奏曰，吾国如种子，天竺如花实，震旦如枝叶。花落归根，故佛法东渐云云。言神道种子也。佛教花实也。文字枝叶也。若无文字，则佛法正理不可现。花开果结之后，此云何树知相似。若无花实枝叶，则神道种子不可显。彼佛法乃自神道出，故归乎吾国，叶落归根之义也。然则此书为王道根源，不可废之，此时始信佛书儒书也。
>
> （兼俱亲笔本《日本书纪神代卷抄》第一）[①]

上文提到，明应四年（1495），兼俱亲笔本《日本书纪神代卷抄》中的一节，记载了兼俱对五山僧月舟寿桂进行《日本书纪》讲解时的内容。面对作为神代书的神代卷却以汉字书写的疑问，兼俱认为，在＜A＞中提到，应神天皇时代，儒教经书从百济传来，在＜B＞中提到，钦明天皇时代，佛书传来，但在当时，文字都是不被理解的。然而，在＜C＞中提到，通过圣德太子用汉字

---

① 『国民精神文化文献 20 日本書紀神代抄』、国民精神文化研究所、1938 年、第 2—3 頁。其原文为：「此ニ有不審。此書即神代書也、然以漢字编之、何哉。人皇十六代応神天皇十五年八月、自百济献書於震旦、此時ニ論語・大学等モ渡ソ。震旦ニテハ、西晋武帝ノ時也。博士自汉土来テ、其書ヲ教レトモ、不解其字、只如诵陀羅尼也。其後人皇三十代钦明天皇御宇ニ仏書渡ソ。虽然不解漢字ホトニ、仏教ヲモ、儒教ヲモ不分ソ。人皇三十四代推古天皇ノ姪聖德太子以漢字為和訓。其時ニ始メテ解漢字也。自応神至推古、三百十年乎。守屋大臣ハ、外国ノ仏教ヲハ、不可用ト云ソ。太子奏曰、吾国如種子、天竺如花実、震旦如枝葉。花落帰根、故仏法東漸云々。言ハ神道ハ種子也。仏教ハ花実也。文字枝葉也。若無文字、則仏法ノ正理ハ不可現ソ。タトヘハ、花開果結之後ニ、此ハ、何樹ト云ヲ、知ニ、相似タリ。若無花実枝葉、則神道ノ種子モ不可顕ソ。彼仏法乃自神道出、故帰乎吾国、葉落帰根之義也。然則此書ハ為王道根源、不可废之トテ、此時ニ始テ信仏書儒書也。」

进行和训这一举动，人们才开始认识汉字。在<D>中，则展开了所谓"根本枝叶花实说"的学说。也就是说，日本（神道）是种子，天竺（佛教）是花实，震旦（文字）是枝叶，正如花与叶凋落后会回到根部一样，佛法则是从神道的种子中生发出来的花实，归根结底，都会回到原本的根，即日本。根本枝叶花实说，并不是由吉田兼俱始创的，在此之前的中世著作中，就可以找到类似的记述了。① 值得注意的是，现在，与神儒佛一体说一起，儒教及佛教传入日本、学习其典籍之际的文字语言问题也被提及。画线部分写道，日本（神道）是种子，这是根本的部分，但若没有文字，其"正理"则是不可能出现的。

关于这件事，兼俱的儿子，即后来进入清原家成为博士家继承人的室町后期代表学者清原宣贤，在《日本书纪抄》中也有类似的记载：

> 然推古天皇御宇圣德太子始观察三才之源，了达三界之起为对经教附加和训，从《日本纪》开始，将一书一书之辞换成汉字。是为了我国书学习汉字，使知道外国书的心。在此国之人，自辨知汉字之心也。此时，佛经，儒典，始加训点，各其心，遍知也。
>
> （清原宣贤《日本书纪抄》上）②

宣贤的记述更加明确，他认为，圣德太子在神代卷中使用汉字，是为了使日本人理解汉字以及佛教与儒教的书籍，无论是佛教经典还是儒教典籍，皆加训点，才得以推广。如上所述，博士家学问的关键，在于儒教典籍的训读。宣贤生于神道之家，其后因成为博士家的继承者而得名。他回顾了神、儒、佛三教在日本的发展历程，认为原本语言不同的佛教和儒教能够成为日本的东西，是汉字与训读应用的结果。这番言论，似乎是在预测日本儒教乃至汉字文化被接受的根本问题到底是什么。

---

① 参见森瑞枝『吉田神道の根本枝葉花実説再考』、伊藤聰編『中世神話と神祇、神道世界』、竹林舍、2011年、第312—336頁。

② 天理図書館善本叢書和書之部編集委員会編『天理図書館善本叢書和書之部第二十七巻 日本書紀纂疏 日本書紀抄』、八木書店、1977年、第165頁。其原文为：「然ニ推古天皇御宇聖德太子始テ三オノ源ヲ観察シ、三界ノ起リヲレウ了達シ給シカハ、カシコノ経教ニ、和訓ヲツケンカ為ニ、マツ此日本紀ノ、一書一書ノ辞ヲ漢字ニナサレタリ。我国ノ書ニテ漢字ヲヨミ習テ、外国ノ書ノ心ヲ、知ラセンタメ也。是ニヲイテ、吾国ノ人力、自ラ漢字ノ心ヲ弁知スル也。此時ニ、仏経ニモ、儒典ニモ、始テ訓点ヲ加テ、各其心ヲ、遍ク知ラセラルヽ也。」

## 结 语

儒教，并不是作为单独的东西进入日本的社会与文化的，而是与对神的信仰、佛教、语言、仪式等种种要素相关联后，在相互之间不断地影响、冲突、融合的过程中，才被接受的。其后，儒教进入了近世这一时代，又继续与各种各样的文化相遇、交融。

# 年号与文学

## ——被规定/遮蔽的"昭和文学"

［日］岛村辉 撰　寇淑婷 译①

**摘　要**：关于"昭和文学"，成濑正胜在其 1966 年出版的《昭和文学十四讲》的开篇，表达了一种自我否定式的具有"预言"性质的预测。本文以"昭和"年号统括的时期远未完结的成濑正胜的预言为出发点，探讨"昭和文学"概念之形成及其所规定的内容，通过分析长谷川泉、平野谦、小笠原克等学者的言论，呈现"昭和文学"发展演进之轨迹，评价各种《昭和文学全集》的历史功过，进而对今后"昭和文学"框架继续保持的有效性及其可能性提出试案。

**关键词**：昭和文学　文学全集　平野谦　平田次三郎　覆面文艺

## 前言："昭和文学"消亡的"预言"

以年号来区分文学的发展史，在今天这样的民主社会已经变得毫无意义。昭和文学这一称呼迟早会消失吧。②

即使在今天，《昭和文学十四讲》仍被作为"昭和文学"的一个标准的参照系而被提及，在该书开篇，编著者成濑正胜提出了一种自我否定式的类似

---

① 作者简介：岛村辉，日本菲利斯女学院大学教授，研究方向为日本近现代文学。译者简介：寇淑婷，北京师范大学文学博士，四川大学文学与新闻学院副教授，研究方向为东方文学与中日比较文学。本文原载于《昭和文学研究》第 80 集，2020 年 3 月号。

② 成瀬正勝「第一講　昭和文学序説」、成瀬正勝編著『昭和文学十四講』、右文書院、1966 年、第 3 頁。

"预言"的预测。该书问世于 1966 年，距战败无条件投降已经过去了二十余年，"昭和"所经历的时期，跨越了"战前""战中"和"战后"。

自那之后又历经半个多世纪，"昭和"年号自《昭和文学十四讲》刊行后又持续了二十多年。在其之后经历了整整三十年的"平成"年号，从上一任天皇退位后的 2019 年 5 月开始，通用新年号"令和"的时代到来了。

然而，如果今天正如成濑所预测的那样，"昭和文学"的称呼已经消失了的话，事态绝非如此单纯，这对于研究日本近现代文学史的学人来说，应该是理所当然的认识。现在刊登这篇文章的学术杂志名称是《昭和文学研究》，刊物的母体学会是"昭和文学会"。事实上，该学会长期以来曾就其名称进行过多次争论，并就作为其存在之基础的实质提出过质疑。

成濑发出的"预言"是在"昭和"年号所含括的时期远远未完结之时，本文以此为里程碑，论述"昭和文学"这一概念的形成和规定内容，探究其所歪曲、掩盖的究竟是什么，如果今后"昭和文学"这一框架还能继续保持有效性的话，试图就其应该具有何种可能性提出试案。

## 一、"昭和文学"的形成

在前面提到的《昭和文学十四讲》中，长谷川泉这样写道：

> 以年号来划分的昭和文学还没有完结。因此，其与明治文学和大正文学不同。其终点未知，表现在它的未完结性，因而很难以此为研究对象系统地组织研究。昭和文学中所谓文学本质的东西，未必不会发生比现在所预见的更大的变化，因此很难将其作为与整体有机关联的一个时间点来把握其全貌。①

接着，长谷川将"第二次世界大战的结束"作为方便区分"昭和文学"时代发展的时间点，认为"战后的昭和文学，或许可以从战后这一层面来整理其复杂面貌"。同时，他认为若要以包括"战后文学"在内的"昭和文学的历史展望"作为期待的话，其"历史的重量还不够"。当时的文学史家长谷川泉认

---

① 長谷川泉「第十四講　昭和文学研究の動向」、成瀬正勝編著『昭和文学十四講』、右文書院、1966 年、第 631 頁。

为：从宏观上来看，战后的文学研究可以说还没有出现改变昭和文学史结构的成果。

战后这个时间点，若说理所当然的话也是理所当然的，但是，在思考"昭和文学"轮廓的基础上，可以说其包含了不可忽视的重要问题。那就是包括"战后文学"的评价在内的对"昭和文学史"的书写，其历史相对化的时间不足。因此，在某种程度上能够进行系统的历史记述的是"第二次世界大战结束"以前的文学，这是以对现状的认识为前提的。

长谷川在荒正人编著的《昭和文学十二讲》（改造社 1950 年，后改名为《昭和文学研究》，塙书房 1952 年）中提出了"最早系统性地总结战后昭和文学史"的观点。

在该书 1950 年 12 月 11 日的《序》中，编者荒正人写道："继明治文学、大正文学的称呼之后，昭和文学这一称呼开始普遍化使用主要是在战后这几年。"[①] 在"战后已经结束，新的混乱时期即将开始"的认识下，他不惧谬误，努力对"昭和文学"的不同时代、不同体裁进行探讨和整理。这里所说的"战后的终结"和"新的混乱时期"很明显是指随着朝鲜战争的爆发，日本迅速改变占领策略，正式融入美国阵营并重整军备的历史。

在编者的这种问题意识之下，在该书的总论中，平田次三郎在《第一讲 昭和文学的环境》一文中，提出"昭和文学这一称呼，从学术角度来看是否妥当?"的问题，开启了检验文学史以"年号"为标准来进行时代划分的有效性。

根据平田的观点，有必要重新探讨包括自己在内的迄今使用的"明治文学""大正文学"以及"昭和文学"的称呼，因为这些称呼只不过是对日本近代文学史进行小范围区分时使用的惯用语。

> 明治或昭和只不过是年号，本来是与文学本身的历史毫无关系的符号。与此相对，"浪漫主义时代""自然主义时期"等以文学思潮来划分一个时代，在原封不动地借用其名称这一点上，则是相对的。明治、昭和，硬要说的话也可以说是政治史上的名称，不过是把史学上使用的这种区分方法和名称，机械地移用到了文学史上。[②]

而且，平田认为，这些称呼当初只不过是一个符号，随着其变成带有某种

---

① 荒正人「序」、荒正人編『昭和文学研究』、塙書房、1952 年、目次前。
② 平田次三郎「第一講　昭和文学の環境」、荒正人編『昭和文学研究』、塙書房、1952 年、第 9 頁。

意义和观念的东西，因而在观察当时的文学现象时，它成为"先入的主人"，这种"政治史区分的便利使用"必然脱离文学实质本身，他对这种状况表示担忧，指出现在"明治"和"大正"等词语中就附着了这样的如同实体性一样的既定观念。

关于这种根据年号划分的时代与文学现象的实际状况之间的背离，平田列举了"新感觉派""无产阶级文学"的起源在"昭和文学史"中叙述的不自然之处，但是，将这些概括为脱离"昭和文学"的逻辑，也完全不符合文学历史的实情。进行这样的概括之后，平田得出了暂定的结论，他这样写道：

> 我必须要抓紧下结论。"昭和文学"这一名称及区划，今天有必要修改。为了不阻止文学历史的发展，我们必须根据文学自身的发展趋势来划分时代，这是必要的。另外，这也使我们的意识在现实中被认为是各时代的一般概括，关心时代精神之类的，伴随着不少弊端的批评（指所写的东西）。从中摆脱出来，比起一定的观念，更能促使我们切实地了解实际存在于此或曾存在于此的历史事实，即整个文学现象。①

该书作为"有体系的昭和文学史的最初计划"的书，其总论部分以否定"昭和文学"这一名称和划分的结论而告终，这实在是一种讽刺！不过，以年号为统括的文学史书写为大前提的探讨，在"昭和文学"一词流通的初期就已经出现，在某种意义上当然是对其妥当性提出的很大疑问。经过后来的发展，在今天思考这个问题之时，我们要注意有必要回到其发生的原点去探讨。

在前面提到的《昭和文学研究的动向》中，长谷川指出《昭和文学十二讲》的执笔者中有很多《近代文学》杂志的同仁，在这一工作的延长线上，角川书店发行的《昭和文学全集》的月报连载了《昭和文学史》，并以此为基础出版了上下两册的《昭和文学史》（角川书店，1956 年），使这一成果得以诞生。作为《近代文学》同仁之中心的平野谦的《现代日本文学入门》（要书房，1953 年）是最早记载"昭和文学史"的重要著作，正如平野本人在该书"后记"中所述，缺少"现代主义文学"的论述内容是该书的弱点，长谷川评价道：但该书仍"是贯彻平野文学史观的一部好著作"。

平野的昭和文学史观的基础是战前的"三派鼎立"论，该书认为"战败后

---

① 平田次三郎「第一講　昭和文学の環境」、荒正人編『昭和文学研究』、塙書房、1952 年、第 16 頁。

的现代文学的特征是所谓民主主义文学、战后文学和风俗小说的三派鼎立，这是历史的必然"，"这三派鼎立的特征也不是昭和文学中独有的现象，实际上这是关系到近代日本文学史整体命运的问题。这可以说是近代日本文学作为近代文学成立以来宿命的事实"①。无论如何，这样的观点对于其后在"昭和文学"的统括下观察文学现象，发挥了强大的影响力，这已是历史事实。

在这样的大框架下，平野将"昭和文学的概观"分为昭和初期、昭和十年代和昭和二十年代的三个时期，并对大体上从昭和九年到昭和十二年这一时期进一步细分，总结出了以下特征：

第一阶段：自我意识文学与社会意识文学的对立，与明治、大正时期确立的传统文学概念鼎立。

第二阶段：由三派鼎立转变为新旧两派抗争的昭和新文学的自立。

第三阶段：战争与法西斯主义，整个文学从荒废走向无条件投降。

第四阶段：战后到今天的时期。

这里想探讨的问题是平野"昭和文学史"观所描绘的"第三时期"的文学现象。按照平野的观点，那是"文学也屈服于战时体制下统制"的"空前的非文学时代"，文学报国会成立以后，文学家也被动员到劳动服务和祭神上，"面对空袭、疏散和本土决战，文学也染上了'悲伤和恸哭'的色彩"，"全国的同人杂志也被合并为一家杂志"，"文学已经不再允许作为文学本身而存在"②，等等。

这里所描绘的"战中"文学现象，本身就包含着大量事实，正因为如此，才得到了同时代众多文学读者的支持，他们并没有否定其对后世的文学史观产生的巨大影响。然而，在"战中""文学的存在本身已不被允许"的情况下，这能够说是事实的全部吗？

的确，在战时统制下，文学表现的可能性受到了极大的限制。但正如后面所见，作为"文学"应该观察的现象并没有消失。以平野为首的"近代文学"派的成员们形成了其大框架的"昭和文学"史观，从这一史观中可以明显地看出，他们将战时的文学现象视为"空白""无"，将其从记述的对象中排除。不

---

① 平野谦『昭和文学覚え書』(『現代日本文学入門』、要書房、1953年、改訂増補『昭和文学入門』1956年、河出書房を改題) 三一書房、1970年、第8頁。

② 平野谦『昭和文学覚え書』(『現代日本文学入門』、要書房、1953年、改訂増補『昭和文学入門』1956年、河出書房を改題) 三一書房、1970年、第20—30頁抜粋引用。

可否认的是，这种倾向是想把战争时期文学家活动的一面变成"不存在的事"，所以才会产生这样的记述。平野之所以能够不再把"昭和文学"这一框架本身当作问题，而是作为不言自明的前提，专心记述其历史，其主要原因应该与战时文学现象的"无化"有着密切的关系。①

在三一版《后记》中，平野高度评价了小笠原克的《昭和文学史论》② 一书，在对平野和中野重治在文学史立足点上的差异进行整理的同时，还对收录于吉田精一、平野谦合编的《现代日本文学论——建设与展望》（真光社，1947 年）中的福田恒存的文章《终战后的文学》进行了评价，特别指出其"包含着新的观点"。③

对于福田论述中提出的"战争下的作家态度与今天的作家活动的关系性""政治与文学对立的认识与克服""与自然主义、私小说传统的距离"等问题，小笠原指出："不管评价正确与否，在这里，作为整体来把握战后文学现象的批评逻辑是首尾一贯的。"在这里，我们似乎不应该忽略这样一个问题，即着眼于与文学观、文学史观相对化的视角，试图逃避将战时的文学现象作为"没有的"事情来探讨。关于这里提出的问题系，小笠原在《昭和文学史论》中并没有全面展开进行回答。另外，小笠原在这里着眼于福田的问题系，也不能说已经进行了充分的讨论和研究，使由平野等人形成并成为标准的"昭和文学"史观相对化。可以说，"昭和文学"框架的构筑在那个时期的文坛上是有影响力的。在下一节，文章将着力追溯对该框架的形成产生巨大影响的文学现象。

## 二、"昭和文学"的构建

纪田顺一郎认为："宣告战后全集出版曙光的，应该是角川书店的《昭和

---

① 在以《日本现代文学全集》的别卷《现代日本文学史》（筑摩书房，1959 年）的"昭和"篇为基础的《昭和文学史》（《筑摩丛书 15》筑摩书房，1963 年 12 月）的《序》中，作者平野谦写道："学习明治文学、大正文学的语言，'昭和文学'这个词在今天也基本流通了"，"说到底只是方便的东西"，虽然还在"形成过程中"，但把它的文学特质"作为考察的对象还是可以的"。"其中所包含的文学的问题，无疑都是关系到今后展望的切实问题"，再次确认了"昭和文学"这一概括的有效性。

② 小笠原克：《昭和文学史论》（八木书店《近代文学研究双书》，1970 年 2 月），平野写道："在那之后的十多年间，昭和文学史研究作为一个新的学术领域得到了确立和完善，例如最近出版了小笠原克的巨著《昭和文学史论》等极其周密的著作，即便如此，如果可以的话，我自己的旧著对小笠原克的昭和文学史研究应该多少有些帮助。"（平野谦『昭和文学覚え書』『现代日本文学入門』、三一书房、1970 年、第 258 页。）

③ 小笠原克『昭和文学史論』、『近代文学研究双書』、八木书店、1970 年、第 75 页。

文学全集》(1952)。该书每卷仅为二百八十日元，号称"为国民准备的超廉价版，第一期二十五卷的全集，最终结集为全六十卷，在读书界引起了强烈反响"①。其第一卷《横光利一集》作为畅销书在书店里堆积如山，高中生在电车里埋头阅读的情景给人留下深刻的印象。对 20 世纪 50 年代初在出版界获得巨大成功的角川版《昭和文学全集》的企划、发行和普及进行详细调查，可以明确了解上一节所述的与"昭和文学"形成相关的"年号与文学"的历史发展趋势。明确这一产生过程大有裨益。为了追溯其整个发展历程，本文将多次参照该全集的"内容样本"。

现在笔者手头有多达七种《昭和文学全集》的"内容样本"册子。那个时期最古老的全集（作为"样本"①，刊登的预约申请截止日期是 1952 年 11 月30 日。以下按发行日期较早的顺序，同样附上编号），推荐者有天野贞祐、金森德次郎、龟井胜一郎、小泉信三、辰野隆、谷崎润一郎、中岛健藏、中村光夫、福原麟太郎、武者小路实笃、吉田精一，该书"全五十卷，第一期二十五卷"，都有这些推荐者名字。该书封面是第一回配本的第一卷《横光利一集》的主体和函件的照片，紧接着的第一页是角川源义的《发刊词》。

在该书《发刊词》中，角川源义首先阐述了在度过近三十年岁月的昭和时期，日本悲剧性地破产，现在已经恢复独立，正处于重建的道路上。他接着写道："近代日本文学和思想的丰富性，其中蕴含的日本之美，以及日本人的自觉，如果随着悲剧性的终结而被否定和忘却，可以说是更严重的罪恶"，"将这些正确地传给下一代，是我们肩负的责任与义务"。

下面是封面上著名文学家们的简短推荐文，其中一些有代表性的文字，如下所示。

> 天野贞祐："文化创造的原动力。"
> 昭和时代对日本民族来说是空前的危机。但是，在惨淡的战败中失去的不是民族的本质，而是空虚的自负感和象征蛮横的军队。

> 金森德次郎："《昭和文学全集》的发行。"
> 到了昭和时代（略），在文学领域也出现了激烈的对立，或者说振动的幅度变宽了，在听琴声的时候，耳朵听到的振动频率明显不同，从最低

---

① 『紀田順一郎著作集　第 8 巻　二十世紀を騒がせた本·内容見本にみる出版昭和史·活字メディアと電子メディア』、三一書房、1998 年、第 249—250 頁。

音到最高音，乐器的声音非常美妙。

龟井胜一郎："前所未有的经验表现。"
作为生活在昭和时代的人，我很期待看到这些作品中是如何描绘出长达二十多年的日本悲剧性时代的。

小泉信三："现在一定会成为珍贵的东西。"
如果把《昭和文学全集》买下来，现在一定会变得很珍贵。

辰野隆："满足大众的希望。"
这对于混乱的昭和时期的日本文化来说，不仅是一个里程碑，而且是回应大众希望的答卷。

谷崎润一郎："冒险的尝试。"
我将以回顾昭和文学作为一次冒险的尝试，期待这一计划的成功。

中岛健藏："为了理解现代作家。"
现代作家的动向如何，每个作家的特质在哪里，他们的将来如何，这些问题很难判定。因此，在与近代古典作家选集不同的意义上，从某种观点出发为广大读者编辑的现代作家选集，是极具价值的。

中村光夫："时代的纪念碑。"
昭和时期的文学与明治、大正时代相比，也多半到了意识到自己性格的时候了。如果称明治是建设的时代，大正是完成时代的话，那么昭和就是以迄今为止构筑的简单的"近代"的崩溃为背景的混乱和反省的时期。
三十年的历史，虽然中间夹着十年战争的空白，并不算长，但其文化面貌却显示出与前一个时代不可同日而语的复杂性。也许确实很不幸，但这是一个活生生的、有趣味的时代。

福原麟太郎："为将来的文学做准备。"
仅我所记得的昭和时代的文学作品就经历了相当大的变迁，有实际体验，也有名作。在此进行总结，再次回望文学走过的路，为将来的文学做准备也是有意义的事情。

武者小路实笃："有趣时代的文学。"

昭和对于日本的思想史来说，无论从好的方面还是不好的方面来说，都是值得书写的时期。在各种思想混乱的时候，日本的历史发生了巨大的变革，战败是事实，要说有趣的话也是有趣的时代。

吉田精一："广阔的文化视野。"

昭和时代已经过去快三十年了。这个时代的文学，由于以社会急剧变动为背景，与明治、大正时期相比，呈现出复杂而深刻的面貌。其是与活在今天的我们最接近的一面镜子，也可以说是反映我们自身姿态的一面镜子。

以上内容是原本刊登在文学全集"内容样本"上的一篇简短推荐文的摘录，虽然从该文汲取太多的意义有些过分，但还是能够从这篇摘录中见出这些文学家们对"昭和"时代、对"昭和文学"的概括、对出版《昭和文学全集》的期待等问题具有个性的解读。

一方面，上述这些推荐者大多把"昭和"时代看作一个混乱、复杂的时代，甚至是一个经历了悲剧性的、不幸的时代，而另一方面，他们又把这三十多年的"昭和"放在一个被同一个年号贯穿的连续的时代框架中。由此也可以看出，将重点放在"以战前、战中为中心的文学整理"上的学者，与将重点放在"战后、同时代文学的展望"上的学者，其对这套全集性质的理解存在着差异。

其中最有特色的是中村光夫在"时代的纪念碑"中的记述。对于其他作者都不愿坦率提及、略显暧昧的"战中"，中村称其为"十年战争的空白"。实际上，概览一下角川版《昭和文学全集》的阵容就会发现，"战中"的十年确实被视为"空白"。将"战中"作为"空白"而形成的"昭和文学"这一轮廓，在《昭和文学全集》多次征订的"内容样本"中，也时常如实地反映出来。从这个意义上说，《昭和文学全集》的成功反而对"昭和文学"轮廓的形成起到了重要作用。

现在再回到角川源义的《发刊词》，其继承了昭和初期发行的改造社版《现代日本文学全集》，是将"赋予昭和时代文学思想体系"的全集，以廉价、美观的形式送到世间的宣言。在迎接 1952 年到来之际，对于如何看待时代潮流，希望从中发现怎样的商机，在列举了 1951 年至 1952 年的国内外一系列事件之后，仓田清太郎接着这样写道：

因为战败而丧失的日本人的骄傲和自信，开始有了恢复的契机。对体育、艺术也产生了兴趣。

源义判断现在正是好机会。不，即使不是好机会，也是必须做点什么的紧迫时候。我有预感，如果出版新的《昭和文学全集》，一定会大受欢迎。[①]

《现代日本文学全集》据说在改造社最鼎盛时期读者多达六十万，凭借该书的成功，改造社一度摆脱了经营危机，但最后，不得不忍痛把数十万本残本以低廉价格卖给老本行。角川书店为了规避这样的风险，在将发行工作分成第一期、第二期的基础上，制定并实施了每月发行两册书的短期回收策略。

1953年2月左右发行的"样本"[②]（没有明示预约申请的截止日期），体裁几乎没有变化，但封面是向集齐第一期全25卷的读者免费赠送《夏目漱石集》。另外，在"发刊词"的下栏刊登了"第二次募集之际"的报道，由于涌来大量的预约，所以延长了预约时间，为了满足更多的需求才通知进行第二次募集。

第一卷《横光利一集》和第二卷《山本有三集》已经发行，还刊登了来自读者反馈的"书迷的话"，题目分别是《为了农村青年》《病床》《我要为你操心》《致年幼的女儿》《期待下次》等，这些充分表明这套全集拥有多样的、广大的国民读者群。在"来自编辑室"一栏中，记载着决定进行第二次征集的经过，以及根据各卷的不同，内容也会有所变化等内容，这套全集随着刊行而改变装封的线索已经显现出来。

接下来的"样本"[③]（申请截止日期为1953年9月30日）是"第三次募集之际"，另外，在"来自编辑室"的下栏中还可以看到"为回馈读者的支持，果断增加页码，堂堂正正四百页以上"的公告。

在"样本"[③]之后发行的是封面等样式都很相似的"样本"[④]（一次性付款的申请截止日期是1954年1月31日）。这是《第二期·二十六卷》的内容样本，刊登了角川源义撰写的《在第二期刊行之际》的话。角川说，在外国逗留的经历中，"经常有作为日本人的意识"，"接触到优秀的外国人，看到战祸中的欧洲出色地重建，置身于静思祖国之时，重新涌起我对祖国的爱。让我们的国家变得优秀是我们自己的事，而不是为了任何人，我认真思考了这个极其

---

① 鎗田清太郎『角川源義の時代 角川書店をいかにして興したか』、角川書店、1995年、第143頁。

简单的命题。另外，我认为应该对日本历史悠久的有形文化或精神文化进行研究和评价"。可以明显看出日本向"民族文化"这一概念倾斜的变化。在"推荐语"中，除了辰野隆、谷崎润一郎、中岛健藏、中村光夫，青野季吉、安倍能成、石井满、石坂洋次郎、伊藤整、川端康成、岸田国士、木村龟二、小宫丰隆、下村湖人、高桥义孝、野上弥生子、山本健吉也新加入了进来。另外，在该"样本"④中还发出通知，即第一期、第二期全卷的订阅者将获赠"《昭和文学全集》专用书架"。

"样品"⑤（预约申请截止日期与"样品"④相同）被认为是与"样品"④间隔太久而被分发的。这是"第一期·第二期共五十二卷"的"样本"。"样本"④中标注的"第二期二十六卷内容一览"，在这里变成了"二十七卷，追加一卷正在交涉中"。

此外，"样品"⑥（未明示申请截止日期）"共五十三卷"，写着"第二期二十八卷第二次预约募集"的内容。山本健吉在"来自编辑室"的"推荐语"中自信地表示："第二期比第一期更能体现昭和文学的特质，应该说等到第二期，才能发挥出《昭和文学全集》之成效。"

笔者手头的"内容样本"的最后一份"样本"⑦（征集截止日期为 1956 年 11 月 30 日），其以"共 60 卷"的形式展示出来，刊登了角川源义的文章《正值〈昭和文学全集〉再征集之际》，同时登载了"该全集的特色""日本最初的家庭图书馆、现代日本文学决定版、满足要求最终预约募集"的标语。在这里，本文展现了角川版《昭和文学全集》的全貌，该全集至此完结。

在这套"样本"⑦中，刊登了龟井胜一郎的一篇题为《为〈昭和文学全集〉的读者而准备的"昭和文学入门"》的短文。在此，龟井再次指出：

> 回顾昭和三十年，其实很复杂。从大正末期到昭和初期的十年间，是自由主义风潮盛行、作品全面开花结果的时期。从九一八事变到日本战败的大约十四年是战争时期。而战后已经过了十一年，文学又取得了前所未有的发展，如今昭和时代正在前进。从这个意义上来说，《昭和文学全集》还没有完成。可以说完成了的作家，具有各种可能性的作家，这些还杂乱无章地存在着。对昭和文学的整体评价还无法下定论。

若说这是理所当然，也可以说是过于理所当然的总结。因为就算角川版的《昭和文学全集》完成了这项大事业，"昭和文学"的轮廓应该也还没有确定下来。但是，在这里一度形成的"正典"的力量是巨大的。《夏目漱石集》和

《森鸥外集》作为另一卷编入了共六十卷的阵容中，但除了少数的例外，"战争中的空白"几乎没有被重新回顾和提及的情况。后世在思考"昭和"这一年号所统括的文学现象时，不能否定其作为有形的或无形的束缚而发挥了广泛的作用。

## 三、"昭和文学"的完成

20 世纪 50 年代后半期，在"文学史论"和"正典建构"两个领域的驱动下，"昭和文学"的轮廓已基本形成。

角川书店在《昭和文学全集》完结两年后的 1957 年 5 月，发行了共 36 卷的《现代国民文学全集》。这一标题命名的背景是"国民文学之争"，"国民文学"的实质引起了文学工作者的关注。这套全集没有采用"昭和"这个年号，在收录明治、大正时期活跃的作家作品的同时，还将范围扩大到了大众文学领域。这件事不仅满足了《昭和文学全集》所无法涵盖的大众读者的喜好和要求，还对《昭和文学全集》进行了补充，可以说是将"昭和"文学定位在了"明治""大正"的延长线上。

角川书店在 1961 年至 1964 年间，出版了名称完全相同的《昭和文学全集》四六变形版，共四十卷。该版收录了"明治""大正"时代的文豪夏目漱石、森鸥外，以及"二战"前活跃的作家、已故作家的作品，还有小泉信三、和辻哲郎等具有教养主义的作家的作品。除此以外，还有松本清张、有马赖义、源氏鸡太、山崎丰子等获得大众支持的作家的作品。[1] 在相当于《月报》的"相簿"中大量使用照片，也考虑到凹版印刷、电视等图像、影像媒体的爆发性渗透，尽显用心为大众服务之精神。因"国民文学争论"而成为问题的对"国民""民族"内涵的探讨，在没有取得任何成果的情况下结束，之后，从另一个角度来的"国民"统合意识形态装置也渗透到了这里。[2] 将"战前""战中"变成"不存在""空白"化的偏见，在 20 世纪 60 年代的《昭和文学全集》中虽然有所变形，但其本质有一部分被保留了下来，毋宁说是以这种强化的形式勾勒出了"昭和文学"的轮廓。

---

① 田坂憲二『日本文学全集の時代——戦後出版文化史を読む』、慶應義塾大学出版会、2018年、第 54 頁。

② 参见拙文「浮沈する「国民」と「文学」——「国民文学論争」の射程」、『文学』2004 年 11 月、第 5 巻第 6 号、第 34—47 頁。

基于对"战前"和"战中"的"无化"抵触情绪，于20世纪60年代中期策划出版了集英社版《昭和战争文学全集》（1964年8月至1965年11月），该书分为正编十五卷、别卷一卷。

但是，从阿川弘之、大冈升平、奥野健男、桥川文三、村上兵卫等编辑委员的阵容来看，"大战的真实""人类的真实"等词语的实质并不是一个明确的提示，可以发现，依据卷来编纂的立足点发生了很大的动摇。即使考虑到这一点，这套《昭和战争文学全集》也无法明确辨析记载"战中"发生的事件并在"战中"发表的作品，以及以"战中"发生的事件为内容在"战后"发表的作品。把"战争"作为题材来统一处理，这是最大的问题。这与没有记载所收录作品的首次出现有关，"战中"的事件，是在何时、在什么背景下被作品化的，其发表、流通的信息都是缺失的。

也因为是在这样的大框架下编辑的，这套《昭和战争文学全集》与当初提出的"不让战争虚无化"的意图不同，在战后构筑的"昭和文学史"的延长线上，在没有动摇其轮廓的范围内重新建构"战中"，或者在某种意义上，倒不如说是带有将其动员到回顾"战中"方向上的意识形态的偏见，其作为学术性地探讨"昭和""战中"的资料发挥着不可或缺的作用。

1976年12月至1980年9月，小学馆出版了正编三十五卷、别卷一卷的《昭和文学全集》，这也是迄今最后一套采用这个名称的全集。附在别卷《月报》末尾的《〈昭和文学全集〉完结之际》一文总结道："出版三分之二左右时，年号从昭和改为平成，本书势必要肩负起集大成的'昭和文学'的重任。"《别卷》收录了高桥英夫根据矶田光一的遗稿编辑的《昭和文学史论》，保昌正夫、曾根博义、川西政明、铃木贞美、栗坪良树分别担任执笔的《昭和文学史》，还有小田切进编著的《昭和文学大年表》。

曾根博义在《昭和文学史》的分担执笔部分《战前·战中的文学》中，在"昭和"完结的时间点上，明确地驳回了把"战前""战中"当作"不存在"的态度，一针见血地指出了问题的本质，这一点值得关注。"在文学上的质量都极为低劣"，还有"战时的文学空白"[①] 的评价，仅仅停留在对这种被认为"质量低劣"的文学在当时广泛流通的背景进行深入探究的阶段，却没有着手探讨迄今为止的"昭和文学史"及其构成要素"文学"的实质。也许从今天开始，我们应该评价其在本质上接受了"无化"这一框架。作为"昭和文学"最

---

① 曾根博義「戦前·戦中の文学」、小学館版『昭和文学全集』別卷所収「昭和文学史」、1990年、第394頁。

后一篇"正典"的"文学史"总结，在以"昭和"为年号的时代结束的同时，还是不得不沿袭之前时代意识形态所规定的框架。

## 四、"昭和文学"的解体＝构建

距小学馆版《昭和文学全集》的完结正好三十年，由于天皇生前退位，在翌年决定更改年号的"平成三十年"（2018），在"昭和文学"这个概括的问题点表面化的情况下，研究者、出版界和读者为了克服"战中"的"无化"框架而继续付出的努力，如今取得了显而易见的成效。

最显著的例子是，松本和也在其著作《中日战争开战后的文学场 报告/艺术/战场》（神奈川大学出版社，2018 年），及其之前的著作《思考昭和一〇年代的文学场》（立教大学出版社，2015 年）中所做的尝试。

松本认为："关于昭和十年的文学（史），有很长一段时间被认为是不毛的时代，很难被当作研究对象"，"因为以这样的观点为前提，留下了很大的死角被忽视，之后对日本近代文学史（观）——研究对象领域产生了影响。"[①] 以此为前提，其运用来自布迪厄的"文学场"以及"同时代接受的地平线模式"的概念，对战争时期的各种文学现象进行分析和研究。虽然在其前著中已经展示了一些成果，但在该书中，这种方法得到了进一步的提炼，同时在《补论：研究对象及方法论再考》中，其通过对前书的书评进行分析和探讨，在"研究场"现状的基础上，来反思自己分析装置的有效性，这应该是值得关注的焦点。

从与松本不同的角度出发，五味渊典嗣的《政治宣传的文学：中日战争下的表现者们》（共和国，2018 年）则试图逼近战争时期的文学现象。这里将"战后"或"昭和"完结后遗留下来的价值观框架暂时移除，明确揭示了"战中"话语实相的方法论。在某种意义上，其也试图解构迄今被建构、并被视为理所当然之前提的"文学"的轮廓，在新的方法下进行重新建构。这里所涉及的"文学"，与迄今为止作为"文学"在"文学史"的框架内所涉及的东西具有不同的领域，因而可以认为其具有解构/构建"文学史"阶段划分的射程。

发掘"战中"文本有趣的成果报告，例如石川巧的《幻想杂志的战争书

---

① 松本和也「はじめに」、『日中戦争開戦後の文学場　報告/芸術/戦場』、神奈川大学出版会、2018 年、第 7 頁。

写——〈月刊每日〉〈国际女性〉〈新生活〉〈想苑〉》（青土社，2018 年）第一章，收录了题为"幻想的外地 日语杂志〈月刊每日〉"的文章。《月刊每日》是一份综合文艺杂志，由 1944 年 11 月至 1945 年 8 月设在《每日新闻》北京支局的"月刊每日社"发行，主要面向"战争期间"居住在北京的日本读者。《月刊每日》是一本具有特殊性质的外地日语综合杂志，在其文艺栏目中，每期都刊登俳句、短歌、诗、小说、随笔等，著名的写手都是其执笔者。"直到战败为止，该杂志向各种各样的作家约稿，尽显版面的奢侈。"① 仅从这本杂志来看，"战中"的文学既不是"没有"，也不是"空白"，因此，需要对其内涵进行多方位的研究，并重新确立其评价标准。

说起《昭和》和《战中》，其是由内阁情报部（后改为内阁情报局）发行的杂志，从 1938 年（昭和十三年）2 月 16 日的创刊号到 1945 年（昭和二十年）7 月 11 日的三七四、三七五合并号，总共发行三百七十册。在其出版的画报杂志《照片周报》的末期，有一个名为"覆面文艺"的栏目。

刊登该栏目的第三十五号（1944 年 4 月 5 日日刊）杂志已经改为小报形式，在其封底右上方刊登了一篇名为《鞋声》的短篇小说，"暂时负责本栏目的有以下几位先生"，分别是尾崎士郎、海音寺潮五郎、狮子文六、丹羽文雄、和田传。据笔者所知，这个"覆面文艺"栏目至少刊登到第三百五十七号（1945 年 1 月 31 日）。从将"战中"视为"文学"的"空白"为前提的"文学史"观来看，要弄清这类作品的刊载和被接受的情况，恐怕无论如何都要延后。这虽然只是一个小小的例子，但也是被置于"昭和文学"死角的一个文学现象。

## 结　语

综上所述，本文追溯了"昭和文学"的形成与建构过程，观察了其从完成到现在的解体/建构的样态。一言以蔽之，"昭和文学"这一范畴本身就是在某一历史背景下形成并保持下来的，然而现在，其基础本身正在走向被质疑的地步。若以此为出发点，探讨为何与"昭和文学"相比，"平成文学"难以成立，以及"令和文学"这一概括是否可行等问题，应该自然而然地得出答案。为了

---

① 石川巧『幻の雑誌が語る戦争『月刊毎日』『国際女性』『新生活』『想苑』」、青土社、2018年、第151頁。

重新断言"以年号来区分文学的历史发展，在今天这样的民主社会已经变得毫无意义了"，有必要再次引用本文开头提到的成濑正胜的"预言"，但是，我们还应该一并追问：何为"今天民主社会"的实质。

东方学术前沿

# 朱蒙神话中的柳花：圣母地位与源流关系

张哲俊[①]

**摘　要**：柳花是朱蒙神话的主要角色，作为高句丽开国君王的母亲，确有圣母的地位，因此成为满族神话与高句丽神话源流关系的一个问题。然而满族神话被记录为文字的时间比较迟晚，倭瓜是 16 世纪才传入日本，成为满族神话的因素必然更为迟晚。朱蒙神话记录为文字的时间远远早于满族神话，从《好太王碑》到《三国遗事》《三国史记》的流变过程中，也看不到阿布卡赫赫的影响痕迹。柳花形象中包含更多的是汉族文化，而非满族文化，因而难以认为柳花源于阿布卡赫赫。

**关键词**：柳花　圣母　满族神话　汉族文化

河伯女柳花是朱蒙神话的主要角色之一，鸟神崇拜与卵生神话集中体现在柳花身上，现今已经积累了不少研究成果。然而这些研究对柳花名字的产生没有给予多大的关注，柳花只是朱蒙母亲的名字，并不一定有多少实际的神话意义。学术界也曾以柳花为核心展开过研究和争论，比较研究了满族创世神话中的阿布卡赫赫与柳花的关系，杨柳与女性的生殖是主要的争论点。[②]

阿布卡赫赫是满族萨满教创世神话中的始祖母，也是神话中最重要的人物。她被称为佛多妈妈，即柳树妈妈。天神阿布卡赫赫与地母巴拉吉额姆、布星女神卧拉多是创造宇宙的三姊妹神。远古还没有人类时，已经有了森林和野

---

① 作者简介：张哲俊，四川大学文学与新闻学院讲席教授，博士生导师，长江学者特聘教授。
② 韩国全北大学国文学教授李钟周的《东北亚的圣母柳花——中国东北与朝鲜半岛的柳花神崇拜》（《社会科学战线》，2000 年第 1 期），喻权中、张碧波《东北亚诸族创世与起源神话考原——兼与"东北亚的圣母柳花"说商榷》（《社会科学战线》，2001 年第 1 期），杨军《也谈高句丽柳花神话》（《社会科学战线》，2001 年第 1 期）等论文都是围绕着柳花展开讨论的。

兽。初时野兽都是善神，主要有虎、黑瞎子（熊）、金钱豹、狼、鸟、雕、鹰、蛇、蟒、鱼等。后来豹偷吃了黑瞎子的松树塔，黑瞎子无奈拿走了老虎的倭瓜，从此天下大乱，恶事不断。宇宙大神乌鲁托依翁非常生气，决定发洪水，消灭一切。一只苍蝇落在乌鲁托依翁的脸上，他从九天上折下一根柳树枝驱赶，然后把柳树枝扔掉。柳树枝飘落，与一块云彩接触变成了仙女阿布卡赫赫。她从身上抽出一根柳树枝扔下来，掉到水中变成岛屿，各种动物爬上了这个岛。后来洪水退下去，露出了大地和森林。阿布卡赫赫从天落到长白山，各种野兽前来感谢。阿布卡赫赫采了 10 多颗鲜果吃，当她与大地接触便怀了孕，生下了 10 多个小孩。这些孩子长得很快，男女结成夫妻，养儿育女。最后阿布卡赫赫飞回了天上。满族人祭祀"佛多妈妈"，以求多子多孙。杨柳既象征着始祖，也象征着生殖，杨柳信仰给满族带来了深厚的文化。①

　　阿布卡赫赫与柳花没有多少相似之处，但是成了中韩学者比较讨论的焦点。如果说阿布卡赫赫与柳花有一些相似之处，那么在于两个女性都是始祖母。因而有学者称阿布卡赫赫与柳花是圣母，阿布卡赫赫是满族创世神话的始祖母，柳花是高句丽的始祖母，是最为尊贵的女神。② 女真人与韩国民族有过交流关系，从这个角度来说不应当忽视柳花与女真文化的关系。那么柳花这个人物与满族的创世神话到底有什么关系？柳花只是名字，还是与阿布卡赫赫一样包含了杨柳崇拜？是否也具有生殖崇拜的意义呢？

　　朱蒙神话是从夫余神话转变而来的，这个转变的重要因素之一就是由婢女到河伯女的转变。《论衡》两次提到了东明的母亲，一次载为"国王侍婢"，一次载为"东明之母"，均没有写到东明母亲的姓名。东明的母亲是国王的婢女，是一个地位卑微的普通女性，也就没有必要记载她的名字。这种记述方式与中国的史书相似，一些无名无姓的宫女生过皇帝的孩子，史书虽然会记载皇子的名字，但不一定记载宫女的名字。《论衡》之后的《后汉书》《魏书》《魏略》《南史》《北史》《隋书》等文献也记载了这个神话，但都没有记载这个婢女的名字。有的记载为"侍儿"，这与"侍婢"没有本质上的差异，只是用词稍异而已。

　　感生神话强调的是父亲的血统，天父可以借用女性的身体降下他的孩子，使孩子成为建国者。天父借用的女性是不重要的，母亲可以是普通人，甚至是卑微的人。很多开国皇帝的母亲都是平凡的女性，这是无法改变的事实。但是

---

　　① 参见富育光：《萨满教与神话》，辽宁大学出版社，1990 年，第 228—229 页。

　　② 李钟周：《东北亚的圣母柳花——中国东北与朝鲜半岛的柳花神崇拜》，《社会科学战线》，2000 年第 1 期。

可以通过感生神话改变父亲，将天神说成是父亲，这样可以改变开国君王的身份，建立皇权的权威性。感生神话最初产生于母系社会，但经过父系社会的不断沿用产生了相当大的变化，本来不明生父的神话形式变成了不明生母的形式，或者生母无足轻重的形式。感生神话强调的是父亲，父亲的血统是建立皇权的依据。《论衡·吉验篇》还记载了刘邦的母亲刘媪怀刘邦的传说：

> 高皇帝母曰刘媪，尝息大泽之陂，梦与神遇，是时雷电晦冥，蛟龙在上。及生而有美。性好用酒，尝从王媪、武负贳酒，饮醉止卧。媪负见其身常有神怪。……秦始皇帝常曰："东南有天子气"。于是东游以厌当之。高祖之气也。与吕后隐于芒砀山泽间，吕后与人求之，见其上常有气直起，往求，辄得其处。后与项羽约，先入秦关王之。高祖先至，项羽怨恨，范增曰："吾令人望其气，气皆为龙，成五采，此皆天子之气也，急击之"。[①]

在这段记载中，刘邦的母亲也是一个无名无姓的女人，刘媪不是刘邦母亲的名字，媪是指老年的女人。刘也不是刘邦母亲原来的姓氏，应当是刘邦父亲的姓氏。刘媪的身份和地位并不重要，重要的是她感龙生子。夫余王的婢女感气卵而生东明，龙与气联系在一起，感龙与感气相似，龙和气都象征着王权。

夫余神话的母亲与朱蒙神话的柳花都保持着卵生神话的形态，但两个女性的身份发生了翻天覆地的变化，一个是婢女，一个是神女，身份地位悬殊，可谓天壤之别。东明的母亲从婢女变成了河伯之女，这个变化已经体现在《好太王碑》的朱蒙神话中。《魏书》的朱蒙神话基本完整，但没有出现河伯之女的名字。直到《三国史记》与《三国遗事》才出现柳花的名字，从此朱蒙的母亲变成了有名字的神女，最终完成了从婢女到神女的转变。柳花不再是无名无姓、无足轻重的女子，而是有了显赫的身份和地位。柳花之名产生的时间应当早于12世纪，但也不可能追溯太远，将柳花的名字与原始社会联系起来是不恰当的。从婢女到神女，从无名到有名，都是建立王权权威性的需要，这个过程如同皇帝追赠母亲为太后。婢女的低微身份在以王权为核心的社会等级结构中显得极不和谐，母亲的神性化也就成了必然的要求。表面看来朱蒙母亲的神性化是母系社会遗留下来的痕迹，其实与母系社会的女神崇拜没有关系。在朱蒙神话中柳花具有了圣母的地位，但这不是自身独立价值的体现，只不过是借

---

① 王充：《论衡·吉验篇》，《诸子集成》第七册，中华书局，2006年，第20页。

助了儿子的尊贵地位而已。

> 东神祠：东神祠在宣仁门内，地稍平广，殿宇卑陋，廊庑三十间，荒凉不葺。正殿榜曰：东神圣母之堂，以帘幕蔽之，不令人见，神像盖刻木作女人状，或云乃夫余妻河神女也。以其生朱蒙，为高丽始祖，故祠之。旧例，使者至，则遣官设奠，其牲牢酌献，如礼崧山神式。[①]

徐兢的《宣和奉使高丽图经》是非常重要的文献，徐兢（1091—1153）是与金富轼差不多同一时期的人，宣和六年（1124）出使高丽，在高丽滞留月余。《宣和奉使高丽图经》记载了他在高丽的所见所闻。为柳花建造祠堂，说明柳花的地位不低。但是建祠祭祀柳花并非因为她是河伯之女，而因为她是朱蒙的母亲，高句丽建国者的母亲身份比河伯女的身份更为重要。这里表现出来的是母以子贵的思想，而不是崇拜独立女神的柳花。从东神祠的大小规模与破败景象，可以了解到柳花的地位也不一定很高。徐兢的记载可以作为解读金富轼《三国史记》的依据，《三国史记》没有记述柳花圣母化、神女化的原因，但徐兢的记载一定程度上说明了这一点。

现在看起来柳花这个名字土里土气，不会给人以尊贵女性的感觉，与婢女、侍女的身份较为相配。即使是在古代，这样的名字也未必是尊贵身份的象征。然而柳花这个名字如果蕴含着杨柳崇拜和生殖崇拜，就不应当只是考虑这一名字的身份地位了。如果柳花这个名字包含了杨柳崇拜与生殖崇拜，那么与神话色彩就十分吻合了。河伯女柳花的名字究竟有什么意义，这种意义究竟是源于杨柳崇拜的神性，或者只是女性化的名字，这关系到柳花名字的生成。

从民族源流的角度来看，柳花这个名字应当出现在朱蒙神话最初形成的阶段，也就是在夫余神话中应当有这个因素。高句丽人的祖先是夫余人，夫余人的部分祖先是肃慎人。肃慎人是满族的远祖，既然高句丽人与女真人存在着民族的源流关系，那么柳花的名字应当出现在朱蒙神话的起始阶段。杨柳是通古斯萨满教有代表性的神树，除了满族创世神话的阿布卡赫赫，在鄂伦春、鄂温克等民族的神话中也经常出现。如果柳花的名字出现在朱蒙神话形成的初始阶段就容易理解了，但事实是完全相反。柳花这个名字出现在 12 世纪的文献中，显然柳花不是原始因素，只能是相当迟晚产生的衍生因素。

这不免会令人产生疑问：柳花之名究竟是源于通古斯人的原始神树崇拜？

---

① 徐兢：《宣和奉使高丽图经·祠宇》卷十七，中华书局，1985 年，第 60 页。

还是源于中国的汉文化系统？

先来考察一下朱蒙神话与通古斯民族神话的关系，两者之间确实存在一些相似的因素。女真人的建国神话与始祖神话也是卵生神话，这是与朱蒙神话完全相同的因素。女真人的神话是发生在长白山，鸟神崇拜是卵生神话形成的基础。如果进一步仔细研究朱蒙神话、赫居世神话与女真人的建国神话，就会发现故事形态完全不同，很难认为存在过影响关系。只能认为鸟神信仰与卵生形态是共同的神话因素，这些共同因素也只是鸟神崇拜层面上的相似而已。神话的本质是讲述故事，故事形态的异同是证明神话关系的基本因素，因而不能认为朱蒙神话与女真人的建国神话存在过影响关系。

柳花的名字与阿布卡赫赫的关系也是如此，两者之间确有一些相似之处，但这种相似不足以作为影响关系的证据，两个神话的差异性是主要的：

其一，阿布卡赫赫是宇宙的创造者之一，她是由杨柳变化而成的天神。据说满语赫赫的意思就是女人，此音又与满语的"佛佛"（满语女阴）相合，阿布卡赫赫就是强大生殖力的象征。她生育出了宇宙，也生育出了人间的一切。这种无限的生殖力源于杨柳，因此满族人将柳树奉为始祖。阿布卡赫赫通过生殖力不只是获得了儿孙，还获得了主神的地位。

朱蒙神话的柳花变成女神之后，也没有如此崇高的地位。柳花生育了朱蒙，但没有女阴的象征痕迹。与柳花有关的女阴与生殖的信息不是直接来自朱蒙神话，而是来自《三国志》。《三国志》记载高句丽有祭隧神的习俗，隧神是何神，现在也有多种看法。其中一种认为是女神柳花，夫余神即柳花。《三国志·高句丽传》："以十月祭天，国中大会，名曰东盟。……其国东有大穴，名隧穴，十月国中大会，迎隧神还于国东上祭之，置木隧于神坐。"① 隧穴即女阴，这也就是有关柳花的女阴象征，也有人据此以为所谓的隧神就是有巨大女阴的女神。然而隧神与东明之母是否就是同一个神，尚存许多疑问，至少有两点疑问：第一，《三国志》明确记载十月举行的是祭天仪式，所祭之神当是天神。河伯女固然也是神，但应当是河神，而非天神，这一点与阿布卡赫赫大不相同。第二，夫余神话与朱蒙神话的记载从来没有出现过隧神。即使它们出现在同一文献，也明确地记载为不同的事件，没有混为一谈的迹象。

其二，满族萨满教创世神话的形成时间与朱蒙神话的关系。满族萨满教的创世神话是何时初步形成的，是无法回避的问题。形成的最初时间关系到这一神话的研究方向，也关系到满族萨满神话与朱蒙神话的关系。满族的创世神话

---

① 陈寿：《三国志·魏书》卷三十，裴松之注，中华书局，1997年，第222页。

形成时间不会太早，明清之际是满族形成的时间。部分因素的形成时间相当迟晚，倭瓜是清朝中期以后传入中国的，倭瓜就是南瓜，学名 Cucurbita。倭瓜不是日本原产的植物，最早是 16 世纪中叶由荷兰传入日本的。江户后期才开始种植培育，《草木六部耕种法》（1832）记载了种植的方法。此书还记载倭瓜最初产于东印度亚陈坡塞国，当时称"かんぽちゃ"。中国文献出现倭瓜的时间也是相当迟晚，图理琛《异域录》，《畿辅通志》《续通志》等文献记载了倭瓜。图理琛的《异域录》撰于雍正元年（1723），用满、汉文字刊行。《钦定热河志》是乾隆年间（1781）编撰的，《钦定热河志》的记载较为详尽：

> 南瓜，一名倭瓜，亦作番瓜，《群芳谱》曰：结实形横圆，竖扁而色黄者为南瓜，形似葫芦而色黑绿者为番瓜。其实一圃之中，种形互出，农家亦未尝强为区别也，今土人概称之为倭瓜。其一种色红者亦曰南瓜，止采以供玩，不可食，南方人谓之北瓜。[①]

从此类文献的时间来看，倭瓜从日本传入中国的时间应当是在 18 世纪，或者更早一些。从倭瓜出现于中国的时间来判断，满族的这个创世神话形成的时间不会太早，最早可以追溯到 18 世纪。满族的历史可以追溯到女真人的金国时期[②]，即使神话的部分内容可以追溯到宋金时期，大体也与金富轼编撰《三国史记》的时间相同。朱蒙神话形成的时间应当早于 6 世纪，朱蒙神话最初形成时期受到女真人神话影响的可能性不大。从族源的角度追溯，女真人的历史可以追溯到肃慎时期，然而没有文献记载肃慎时期已经生成了这一神话。即使肃慎时期就生成了这个神话，恐怕也不可能是现在看到的故事形态。如果要比较研究朱蒙神话与满族的创世神话，那么也只能是在还原满族创世神话的生成过程之后，在此之前是无法深入研究朱蒙神话与满族创世神话的。

---

① 《钦定热河志·物产一》卷九二，《景印文渊阁四库全书》第 496 册，台湾商务印书馆，2008 年，第 444—445 页。

② 富育光认为："人们也许会有这样的疑问：满族作为一个民族共同体，出现于明末清初，又与汉民族有较长期的生活接触，本民族的文字语言久已废弃，民族特点似乎不突出了，那么，还有什么神话可言？诚然作为一个民族概念，满族只有短短三百余年的历史，满族神话很少见于典籍，既（即）使有个别满族族源神话传说的官方记载，也似有后世伪述之嫌。但，我们能否据此推断满族没有自己的古代神话传世呢？"（富育光、于又燕：《满族萨满教女神神话初析》，《社会科学战线》1985 年第 4 期，所谓的较早的文献其实也是相当迟晚，长白山三仙女传说是清皇室传说，最早见于《清太祖武皇帝实录》（清崇德元年，1636），亦转录于《满洲实录》《满洲源流考》等文献。此神话被认为是在女真人的古代神话基础上编撰成的。

柳花之名也有可能源于中国文化，其根据有三：其一，朱蒙神话中的柳花之名是女性化的，但这个名字没有强调女性的生殖力，或者借助生殖力神化女性，使柳花成为女神。柳花只是一个名字，此外没有透露出其他的生殖信息。朱蒙神话有生殖的内容，但生殖的因素表现在卵生神话，而不是表现在柳花的名字上。没有柳花的名字，也完全可以充分地表现卵生神话的形态与意义。在韩国古代文学之中杨柳是女性化的植物，这种女性化不是来源于生殖力，而是包含了更多的情感因素。《三国遗事》记载了新罗时期一个妇人的故事：

> 予之始遇君也，色美年芳，衣袴稠鲜，一味之甘，得与子分之，数尺之煖，得与子共之。出处五十年，情钟莫逆，恩爱绸缪，可谓厚缘。自比年来，衰病岁益深，饥寒日益迫，傍舍壶浆，人不容乞，千门之耻，重似丘山，儿寒儿饥，未遑计补，何暇有爱悦夫妇之心哉。红颜巧笑，草上之露，约束芝兰，柳絮飘风，君有我而为累，我为君而足忧，细思昔日之欢，适为忧患所阶。①

表面看来这段文字只是客观地描写了风景，柳絮也只是风景的一部分。但实际上妇人叙述的是自己的相思与怀念。所谓的柳絮就是柳花，故事中的柳絮同样也没有表现出生殖的意义。"柳絮飘风"完全没有强大生命力的神性意义，随风而飘、动荡不定的苦痛显现出来的是弱小无力的生命感。这种意义时常用来表现女性漂泊不定的苦难命运，这其实也是杨柳女性化的一部分。在这种女性化的意义之中还能够体会到佛教的无常感，这段故事表现了浓厚的佛教化色彩。此外还可以找出大量的诗文例证，说明杨柳的女性化出现于《三国遗事》之前。但杨柳的女性化显然不会早于梁代，甚至也不会早于唐代。柳花名字出现的时间与意义，表明柳花的名字中没有杨柳崇拜的神性意义。

其二，杨柳的女性化是产生柳花之名的前提。在杨柳女性化产生之前，不大容易产生柳花这种女性名称。杨柳在中国汉族文化中经历了极为复杂的发展过程，从无性别标志的生命信仰开始，经过男性标记的发展阶段，最后成了女性的象征。《诗经》《周易》等最早的典籍中的杨柳是生命信仰的标志，这是无性别标志的时期。汉魏时期杨柳是男性的象征，甚至是英雄的标志，常与长剑、军号联系在一起。柳营是军营的别称，源于屯兵柳营的周亚夫的英雄之

---

① 一然：《三国遗事·洛山二大圣》卷三（第二册）李载浩译注，솔출판사，1997年，第128页。

师。北方少数民族的文化中杨柳也是兵营的象征，射柳与戴柳是北方少数民族军营的活动。杨柳的女性化是南北朝时期逐渐衍生出来的，还逐渐成为柔弱无力、令人怜爱的美的植物。庭院的小型化使庭院的功能也发生了变化，趋向于唯美化和艺术化。杨柳的女性化使杨柳也变成了美的象征，美的意义超越了生命与生殖的意义。

柳花名字产生的时间与杨柳女性化的时间，是应当引起注意的因素。柳花的名字是出现在杨柳的女性化之后。这不是偶然的巧合，应当是必然的结果。《论衡》等文献没有记载柳花的名字，是符合文献记载的一般特征的。《三国史记》是官修正史，金富轼熟悉中国的官修正史等文献，但他仍然坚持记载了柳花的名字。《三国遗事》是野史，也记载了柳花的名字。这说明柳花的名字不是偶然的，至少在 12 到 13 世纪已经是朱蒙神话的重要因素了。《好太王碑》时期，东亚的历史上还没有形成杨柳的女性化风气，《魏书》的时期已经出现了杨柳的女性化，但还没有普遍化。杨柳女性化的普遍化始于唐代，从此开始进入了杨柳女性化为主的时代。[①] 柳花的名字正是出现在杨柳女性化普遍化之后，这一时间上的先后关系不是出于偶然。如果是出于偶然，那么可能是杨柳之类的名字。但柳花的名字偏偏在柳字后面还加了花字，这是极为女性化的名字。如果没有杨柳的女性化，那么柳花难以成为女性的名字。柳花名字出现的时间表明这是杨柳的女性化产生影响的结果，虽然现在无法知道柳花的名字最初出现的时间，但这个时间不会早于 6、7 世纪。

其三，杨柳与河、龙的关系。柳花是河伯女，是河神，这就与杨柳、龙产生了一定的关系。杨柳宜生长在河边，那么是比较容易想到的名字了。杨柳与龙的关系使人想到宋人祈雨用的蜥蜴和杨柳，龙与杨柳存在着象征关系。《好太王碑》的最后部分记载朱蒙化龙回到了天上，《三国史记》与《三国遗事》删除了这一部分。《三国遗事》记载了龙化为柳的故事：

> 龙又怨恭，乃托之柳，生郑氏门外。恭不之觉，但赏其葱密，酷爱之。及神文王崩，孝昭即位，修山陵，除葬路，郑氏之柳当道。有司欲伐之，恭恚曰："宁斩我头，莫伐此树。"有司奏闻，王大怒，命司寇曰："郑恭恃王和尚神术，将谋不逊，侮逆王命，言斩我头，宜从所好。"乃诛之，坑其家。[②]

① 参见拙著《杨柳的形象：物质的交流与中日古代文学》，人民文学出版社，2011 年。
② 一然：《三国遗事·神咒－惠通降龙》卷五（第二册），李载浩译注，솔출판사，1997 年，第320 页。

龙与柳的亲近关系体现在这段故事中，龙化为柳生长在门口，正是所谓的门柳。唐代以后千家万户种植门柳，称之为千门柳。此制亦传入朝鲜半岛，成为韩国柳文化的一部分。杨柳的神性化也具有中国汉文化的特征。柳花的名字不完全是性别的选择，这一选择还残留了一定程度的神性，但显然不是女阴、生殖的神性，神性的意义远远低于女性化的意义。

其四，脱夷入华的意识。韩国民族与满族的生活区域曾经存在过相当多的重合地带，韩国民族与通古斯人存在着族源关系。朱蒙神话的柳花应当是更多地受到满族神话的影响，但是事实上似乎并非如此。在朱蒙神话中看到的更多是汉文化的因素，而不是满族文化的因素。柳花除了作为名字的符号意义，似乎没有多少其他的意义。在大多的时间里古代韩国领先于通古斯诸民族，号称"小中华"，将通古斯诸民族视为胡夷。在心理上，在文化上，极力地远离通古斯诸民族，尽力靠近汉文化，这其实就是脱夷入华的过程。脱夷入华就是全面地接受汉文化，同时也是全力排除固有文化与通古斯文化因素的过程。柳花的名字是在与汉文化不断交流过程中形成的，在《三国遗事》等文献中的杨柳多是带着汉族文化的特征，这一定程度上说明了柳花名字形成的原因。

杨柳既有中国汉文化的因素，也有通古斯诸民族的因素，这给辨析杨柳因素的来源造成了困难，不过源于中国汉文化的可能性远远大于源于通古斯文化的可能性。从夫余神话到朱蒙神话，从婢女到神女，是朱蒙的母亲地位不断提升的结果，柳花的名字也应当是地位提升的一部分，只能是衍生因素。

# "二鼠侵藤"譬喻在古代亚欧的图像流变

## ——以非插图本史料为中心①

陈　明②

**摘　要**：源自印度的"二鼠侵藤"可谓是一个具有全球史意义的譬喻故事。在古代亚欧的多个地区，它不仅有非常复杂的文本形态，而且有非常丰富的图像。本文全面搜集与该譬喻故事相关的、以非插图本形式呈现的图像，对其图像群的流变进行爬梳和分析，旨在进一步加深对古代亚欧文学、艺术与文化交流复杂性的认知。

**关键词**："二鼠侵藤"　故事图像　跨文化交流　文明互鉴

敦煌文献中经常提及的"二鼠侵藤"譬喻，实际源自印度，可谓是一个具有全球史意义的譬喻故事。因为它不仅出现在史诗《摩诃婆罗多》、耆那教《财天游记》(*Vasudevahiṇḍi*) 等典籍；也出现在《众经撰杂譬喻》《宾头卢突罗阇为优陀延王说法经》和《佛说譬喻经》等汉译佛经中；还通过《凯里来与迪木奈》《智慧的试金石》《伯兰及约瑟夫书》《圣传金库》《圣若撒法始末》《天主圣教四末论》和《分阴当惜》等不同层次的译本，流传到亚欧的多个地

---

①　基金项目：本文为 2016 年度国家社会科学基金重大项目"古代东方文学插图本史料集成及其研究"（批准号 16ZDA199）的成果之一。

②　作者简介：北京大学外国语学院教授、院长，北京大学东方文学研究中心主任，主要研究方向为印度古代语言文学、中印文化交流史、古代东方文学图像。

区和不同的宗教文化语境之中①。该譬喻不仅文本流传广泛，而且有非常丰富的图像。细田绫子②、杉田英明③、Monika Zin④、Marina Toumpouri⑤、小峰和明⑥等学者对"二鼠侵藤"譬喻图像有较为透彻的分析。笔者已经梳理过该譬喻在古代亚欧多语种插图本中的图像⑦，本文则全面搜集与该故事相关的、以非插图本形式呈现的图像⑧，对该图像的流变再度进行爬梳，旨在进一步加深对古代亚欧文学、艺术与文化交流复杂性的认知。

---

① 陈明：《佛教譬喻"二鼠侵藤"在古代欧亚的文本源流》（上），《世界宗教研究》，2018 年第 6 期，第 45－58 页；陈明：《佛教譬喻"二鼠侵藤"在古代欧亚的文本源流》（下），《世界宗教研究》，2019 年第 1 期，第 41－53 页；Constanza Cordoni, *Barlaam und Josaphat in der europaischen Literatur des Mittelalters*，2014. De Gruyter, 2014. Georgios Orfanidis, "Chased by a Unicorn: Re-Studying and De-Coding the Parable of the Futile Life in the Novel Barlaam and Josaphat（Medieval Greek Version）", *Medievalista*, vol. 29, 2021, pp. 183－209.

② 細田あや子『「井戸の中の男」・「一角獣と男」・「日月の鼠」の図像伝承に関する一考察』、新潟大学『人文科學研究』第 109 輯、2002 年、左第 89－121 頁。

③ 杉田英明『中東世界における「二鼠譬喩譚」——佛教説話の西方伝播』、『比較文学研究』第 89 号（特輯『異文化接触と宗教文学』）、株式会社すずさわ書店、2007 年、第 68－101 頁。

④ Monika Zin, "The Parable of 'The Man in the Well'. Its Travels and its Pictorial Traditions from Amaravati to Today", in: *Art, Myths and Visual Culture of South Asia*, ed. by P. Balcerowicz and J. Malinowski,（Warsaw Indological Studies 4），Manohar, 2011, pp. 33－93.

⑤ Marina Toumpouri, "L'homme chassé par l'éléphant: de l'Inde au Mont-Athos", ed. by G. Ducoeur, *Autour de Bāmiyān. De la Bactriane hellénisée à l'Inde bouddhique*, De Boccard, 2012, pp. 425－444. Idem, "Marlaam and Ioasaph", ed. by V. Tsamakda, *A Companion to Byzantine Illustrated Manuscripts*, E. J. Brill, 2017, pp. 149－168.

⑥ 小峰和明：《东亚的二鼠比喻谈——说"月之鼠"》，秦岚译，《文史知识》，2015 年第 4 期，第 114－118 页。小峯和明『东アジアの"二鼠譬喩譚"——説話の东西交流』，2016 年 9 月 16 日北京大学东方文学研究中心专题讲座 ppt，讲稿未正式出版。

⑦ 陈明：《"二鼠侵藤"譬喻在古代亚欧的图像流变——以多语种插图本为中心》，李军：《跨文化美术史年鉴 4：走向艺术史的"艺术"》，山东美术出版社，2023 年，第 135－197 页。

⑧ 法文网站 www.faidutti.com 刊发了一组有关独角兽传奇的博文（"Les legendes de la licorne"），其中 2022 年 4 月 4 日刊发的《伯兰及约瑟夫》（"Barlaam et Josaphat"）一文，提供了不少"二鼠侵藤"譬喻的图像。Cf. https://faidutti.com/blog/licornes/category/contes－legendes－et－allegories/. 又，博主 Peter（Petrus. agricola）在 www.flickr.com 网站有一个名为《伯兰及约瑟夫：寓言》（"Barlaam&Josaphat：Allegory"）的相册，Cf. https://www.flickr.com/photos/28433765@N07/3338629238.

## 一、印度的"二鼠侵藤"故事的古代石刻与现代绘画

J.Ph.Vogel[1]、Monika Zin 等人早已从古代印度的佛教石雕中，辨认出了几种表现"二鼠侵藤"故事的图像，主要有以下四种：

其一，南印度安得拉邦（Andhra Pradesh）龙树山（Nāgārjunakoṇḍa）博物馆收藏的第 24 号石雕（出自龙树山遗址九，见图 1.1a）。该石雕是长条形的，中间有明显的分隔标志。"二鼠侵藤"故事雕刻在其中一格的最左侧，呈竖式图样（见图 1.1b）。该图雕刻了一个被大象追逐的人（胖小孩状）正用双手抓住树根，悬吊在井中，树根的两旁各有一只老鼠在撕咬。左侧井壁有四条蛇，井底盘旋着一条张开大嘴的恶龙。该场景的右边雕刻的是佛在向夜叉 Alavaka 讲法，以此"二鼠侵藤"故事劝导夜叉皈依佛教。

其二，龙树山博物馆收藏的第 18 号石雕（出自龙树山遗址二，见图 1.2）。"二鼠侵藤"故事仅占据整个石雕一格画面中的很小部分，作为佛陀所讲述的故事而呈现出来。雕刻者将故事的讲述者与故事本身在同一个大场景中同时表现出来，属于"异时同构"的手法。这一手法在后世亚欧的使用比较广泛。

**图** 1.1a　Nāgārjunakoṇḍa，Site 9；Nāgārjunakoṇḍa Museum，No. 24

---

①　J.Ph.Vogel,"The Man in the Well and some other subjects illustrated at Nāgārjunikoṇḍa",*Revue des arts asiatiques*,Vol.11,No.3,1937,pp.109—121.

图 1.1b　图 1.1a 的细节图　　　图 1.2　Nāgārjunakoṇḍa，Site 2；
Nāgārjunakoṇḍa Museum，No. 18

　　其三，法国巴黎集美博物馆（Musée Guimet）收藏的第 17067 号石雕
（有可能出自龙树山遗址六，见图 1.3a）。"二鼠侵藤"故事见于残存佛塔石板
下层的最左侧一条的上半部分（见图 1.3b），该故事图像的右侧也是一位交脚
盘坐的僧人，其周边还有双手致敬的其他人等。

图 1.3a　Nāgārjunakoṇḍa，Site　　图 1.3b　图 1.3a 的细节图
6；Musée Guimet，No. 17067

　　其四，大英博物馆收藏的 Amaravati 佛塔的第 69 号石雕（见图 1.4）。
"二鼠侵藤"故事的雕刻也是位于佛塔中部一格石雕的最左边，其构图场景与
图 1.1 极为相似。

图 1.4　Amaravati Stupa，British Museum，No. 69

以上四种石雕中的"二鼠侵藤"故事，所刻画的场景大体一致，具有一些共性。第一，均为早期佛教石雕（佛塔或其他佛教纪念雕刻）中的"补白"部分，该故事的场景与周边的石雕内容，似乎没有直接的联系，但可以视为是佛或某位菩萨的讲说内容的艺术呈现。第二，从构图来看，空间受限，基本上是上下两个部分相连的竖式构图。上半部分的追逐动物（大象）画面不是横向的，而是头朝下、尾巴朝上的纵向姿势。第三，与文本相比，所表现的均是单一性的场景，可以称为单景叙事。所刻画的故事元素均包括大象、井中人、二鼠、树木与树根、四蛇、一恶龙等，但缺少表现"蜜滴"或者"品味五滴蜂蜜"的内容。第四，从时间上看，这些石雕基本上是在公元 3、4 世纪完成的，略早于 5、6 世纪的汉译佛经《众经撰杂譬喻》（即《比丘道略集》、姚秦三藏法师鸠摩罗什译）、《宾头卢突罗阇为优陀延王说法经》（刘宋天竺三藏求那跋陀罗译）。这说明"二鼠侵藤"故事不仅广泛流传于龙树山和 Amaravati 地区，而且进入印度本土的梵文佛经之中，并陆续被翻译成汉文。不过，就图像的流播来看，在此后的犍陀罗石雕、阿旃陀石窟壁画中，乃至中国的克孜尔石窟、敦煌莫高窟等地的壁画或雕塑中，均未再出现该故事的图像。这一点也是特别值得在考察印度故事的图像传播时加以深思的。

除了佛教雕刻中的图像，印度耆那教还有一些现代图像也描绘了该故事（见图 1.5）。很显然，耆那教的"蜜滴"（madhubindu）譬喻故事图像与早期佛经石刻中的"二鼠侵藤"故事场景有非常大的差异。此耆那教的图像可称之为"悬挂型"（即人悬挂在半空中的树枝上），大象用鼻子卷着树干的中间，而该人的脚下，从井中冒出了五条蛇，另在树的左侧出现了坐在小飞车中的天神。与此"蜜滴"譬喻图像大体相似的还有另一些图（见图 1.6），其中的图像元素基本相同，但构图大致相反。大象用鼻子圈着树干，黑白二鼠在撕咬树枝的末端部位。图 1.6 的水池中有四条毒蛇和一条恶龙。图 1.7 装饰性很强，图中的井口边是四条毒蛇，其飞车的周围有梵文的标题"madhu-bindu"两个词语。这几幅图中的耆那教天神应该是来救助这位沉溺享受蜂蜜之甜美而不知死亡降临的家伙的。

图 1.5　现当代耆那教的"蜜滴"
譬喻图像之一

图 1.6　现当代耆那教的"蜜
滴"譬喻图像之二

图 1.7　现当代耆那教的"蜜滴"譬喻图像之三

## 二、"二鼠侵藤"故事在中国的图像表现

目前，在中国仅发现一种与"二鼠侵藤"譬喻相关的古代图像，即福建泉州开元寺镇国塔（东塔）须弥座上的"丘井狂象"石雕（见图 2.1）。该塔的须弥座共有近 40 幅佛传、譬喻和本生的浮雕，乃南宋之作。

法国汉学家戴密微（Paul Demiéville）与德国学者艾锷风（Gustav Ecke，一名艾克）在合著的《刺桐双塔》（*The Twin Pagodas of Zayton*，即《泉州

双塔》）一书中，最早刊布了该幅石刻图像①。该图右侧是一头两牙的大象正在逼近，图中央是一位男子正吊着一根缠绕在树干上的藤条，藤条边有蜂巢，周边有飞舞的蜜蜂，男子抬头向上，而两只老鼠正在啮咬树藤，井中也有四条蛇。此石刻完全是中国化的艺术风格，几乎可以看作一幅中国画的石雕再现。从该图的题词"丘井狂象"可知，此图来自对汉译佛经的阐释。

图 2.1　福建泉州开元寺镇国塔须弥座中的"丘井狂象"石刻

在中国历代艺术作品中，笔者尚未发现该石刻图像的流传痕迹，不过，该图像在当代得到了传承。1985 年，泉州重建了三大佛教丛林之一的承天寺，该寺大雄宝殿两侧长廊新绘的壁画，就是泉州开元寺镇国塔须弥座石刻浮雕的模仿之作，其中也有一幅工笔重彩的"丘井狂象"图（见图 2.2）。二者的载体虽有不同，但描绘的内容和场景几乎完全一样。

图 2.2　福建泉州承天寺大雄宝殿长廊的"丘井狂象"壁画

## 三、欧洲非插图形式的"二鼠侵藤"譬喻的图像

由于《凯里来和迪木奈》等故事文本和《伯兰及约瑟夫书》等多宗教典籍

---

① Gustav Ecke & Paul Demiéville, *The Twin Pagodas of Zayton: A Study of Later Buddhist Sculpture in China*, Cambridge, 1935. fig. E base 18.

的中介，"二鼠侵藤"譬喻在古代西亚和欧洲的插图本中，有数十幅插图之多。除此之外，"二鼠侵藤"譬喻的图像还出现在欧洲其他多种艺术种类之中，包括修道院的壁画、教堂（或其他建筑）的雕刻、单幅的铜版画、木雕等。根据艺术形式的不同，现将相关图像分别论述如下。

## （一）欧洲壁画中的"二鼠侵藤"譬喻的图像

### 1. 意大利科博理考古博物馆及神圣艺术宫基督教堂壁画

意大利阿西亚诺（Asciano，在 Sienne 附近）的科博理考古博物馆及神圣艺术宫（Palazzo Corboli，即 Archaeological Museum and Sacred Art Palace Corboli）的基督教堂壁画，大约绘制于 1370 年。其墙面上有一圆形大画（见图 3.1.1a），圆圈中间套有一幅圆形的小图像，就是描绘了伯兰及约瑟夫故事中的二鼠侵藤譬喻（见图 3.1.1b）。此小图像的周围是八幅面积更小的联珠式圆形画，分别表述了八位昔日强大的国王之宏伟业绩均"俱往矣"，消逝在历史的长河中，已被雨打风吹去[①]。

根据博主 Peter 的博文，二鼠侵藤譬喻之图边缘的金色拉丁语铭文读作 "Hic est omins homo decieptus ab arbore mundo"，可译作"这是被世界之树所欺骗的人"（This is every man deceived by the tree of the world）；此图内的白色拉丁语铭文读作 "Quilibet h（ab）et in mu（n）do"，可译作"任何住世之人"（Anyone who lives in the world）。此外，图中的各种元素的拉丁文分别为：树（Arbor mundis）、独角兽（Unicorn）、龙（Dragon）、白鼠（白天、Die）、黑鼠（黑夜、Notte）。[②] 此图中，一位卷发的年轻男子，身穿一件半边棕色、半边金色的长袍，跨站在树枝上。此人右手所在的部位是一金色的器皿。独角兽和龙站立在树下两边，而黑白二鼠已经将一圈树根快咬断了。在基督教堂中，画家绘制这则譬喻就是为了让来往的观众能体味到人生的脆危，并强调基督教的一个观念，即世俗的财富和享乐是多么的短暂，唯有神的天国才是永恒的。

---

① Francesca Tagliatesta, "Les représentations iconographiques du IVᵉ apologue de la légende de Barlaam et Josaphat dans le Moyen Âge italien", *Arts Asiatiques*, Vol. 64, 2009, pp. 3 — 26.（Cf. pp. 15—16, Fig. 24）

② https://www.flickr.com/photos/28433765@N07/49926865828/in/album—72157714450581563/.

图 3.1.1a　Palazzo Corboli, Fresque de Cristoforo di
Bindoccio et Meo di Pero

图 3.1.1b　图 6.1a 的局部图

## 2. 丹麦维斯特·布罗比教堂广场的壁画

丹麦的维斯特·布罗比教堂广场（Plafon de l'église de Vester Broby）的穹顶部位，有 1380 年绘制的壁画，其中也有源自伯兰及约瑟夫故事中的二鼠侵藤譬喻（见图 3.1.2）。此图位于一个三角形内，其两条斜边描绘了常见的枝蔓状联珠大花纹。花纹之中是一棵树，一人站在树上，树根部位有两只老鼠，树之左右分为独角兽和带翼恶龙。此图没有背景、井或坑、四蛇与蜂蜜（或树上之果）等故事中的必要元素。而且就此图的位置来看，它不太容易被观众看清楚，因此，该图与周边的花环等主要起装饰作用，用来突出教堂内部建筑之美。它的设计很可能不是为了让观者来思考这个故事，而有走马观花的嫌疑。

图 3.1.2　Plafon de l'église de Vester Broby, mural

## 3. 俄罗斯索洛维茨基修道院的玛利亚圣像画

在俄罗斯北部的阿尔汉格尔斯克州（Архангельск/Arkhangelsk），白海中的索洛维茨基群岛，有一座同名的索洛维茨基修道院（Solovetsky Monastery/Monastère de Solovetsky）。该修道院有俄罗斯北部最有名的圣像画，包括 1545 年绘制的玛利亚圣像（Icone mariale）画（见图 3.1.3a）。该幅圣像画居中是圣母玛利亚接受圣众敬拜的场景，其四周有分格的小幅图像。其中下方居中的就是"二鼠侵藤"譬喻的画像（见图 3.1.3b）。此圣母像的主要功能是供信徒们祈祷和敬拜。但信徒在观看其中的"二鼠侵藤"图像时，就可以看见一幅色彩斑斓而艳丽的图景。黑色背景的大坑边，隐约有一株树。一位穿镶金边的黑色长袍、红色披风的男子（修士）站在树上。他双手抓住树枝，头偏向左下，盯着坑中的一头红色的带翅恶龙。大坑右侧还有另一条红色恶龙，而树根部位有两只体型似小猪的黑白二鼠。一只健壮的青铜色独角兽站在黄褐色背景的山地上，扬起左前蹄，似乎要向树上人扑过去。一般而言，插图本中的二鼠譬喻图像基本上是单幅的，且不与其他故事的图像发生联系。而要深入了解此处的二鼠譬喻图像，必须将其视为该圣母像及其周边图像的一部分，要在"图像组合"的视野中去观察和探讨其关系、功能及其涵义，不宜将其视为单一的独立图像，去割裂其与该画像组合的联系。

图 3.1.3a　Monastère de Solovetsky, Icone mariale　　图 3.1.3b　图 3.1.3a 的局部图

### 4. 德国凯泽尔斯图尔的沃茨堡的比肖芬根圣劳伦斯教堂壁画

德国凯泽尔斯图尔的沃茨堡的比肖芬根圣劳伦斯教堂（Fresque de l'église Saint-Laurent à Bischoffingen, Vogtsburg in Kaiserstuhl）有一幅占据了小面墙壁的壁画，人称其为"树上的避难者"（L'homme réfugié dans l'arbre，见图 3.1.4）。此画是浅黄和白色相间的背景，以一株甚高的树为中轴，树的枝叶繁密。枝叶间还有多根飞腾的飘带以及一位带双翼的小天使和一只能飞的兽类。这些都给画面增添了装饰性的美感。树的中部站着一位穿着奇特的天使状的人物，顶端则是一位穿短围裙、光膀子和双脚的男子。距离此男子甚远的树底端左右各有一腾空而起的独角兽和执持盾牌与斧头、准备砍树的魔鬼。此外，黑白二鼠也在树根部准备啃咬。树根底下画面已经模糊不清，可能曾绘有

恶龙的头部。在独角兽、魔鬼、树干、黑白二鼠的旁边，均有拉丁文的名词。此画给观众的直观感觉是树木的高大和树枝与飘带的繁杂，由于视觉距离的差异，树上男子与树底下众动物的视觉效果脱节，因此观者也就很难建立起对故事内涵的理解。

### 5. 罗马尼亚科齐亚修道院大教堂的壁画

罗马尼亚科齐亚修道院大教堂（église principale du monastère de Cozia, Roumanie，即 Mǎnǎstirea Cozia）是东正教建筑，始建于1388年前后，保留了中世纪的壁画等当地有代表性的民族艺术品。该修道院的壁画是1390年之后陆续绘制的。其病院墙壁的一个方框内，有一幅绘于16世纪的"被独角兽追杀的人"譬喻的壁画（L'homme chassé par la licorne，见图3.1.5）[①]。此图可能受到过《伯兰及约瑟夫书》等插图本的影响，以一棵树为中心，一位长袍男子贴着树，双手抓着树枝，双脚踩在下面的树杈上。两只老鼠在他下方的树根处，另一只蜷曲身体的大恶龙似乎正向他吼叫。此图比较暗淡，独角兽以及上下方的两处白色词语均已模糊。从构图大体来看，此图确定无疑就是"二鼠侵藤"譬喻系列的图像。

图3.1.4　Fresque de l'église Saint-Laurent à Bischoffingen, Vogtsburg in Kaiserstuhl

图3.1.5　église principale du monastère de Cozia, Roumanie, mural

MarinaToumpouri还在科齐亚修道院中发现了另一处"被独角兽追杀的人"譬喻的壁画（L'homme chassé par la licorne，见图3.1.6），以及在罗马尼亚的尼姆图修道院入口门廊（porche d'entrée du monastère de Neamtu）也

---

① Marina Toumpouri, "L'homme chassé par l'éléphant: de l'Inde au Mont-Athos", ed. by G. Ducoeur, *Autour de Bāmiyān. De la Bactriane hellénisée à l'Inde bouddhique*, De Boccard, 2012, pp. 425—444. Cf. p. 23, Fig. 10.

有一处该譬喻的图像（见图 3.1.7）①。不过，这两处图像都比较模糊，其中前者依稀可见有一棵树、独角兽和两只鸟儿，而后者只有一棵树的样子，其余都无法辨识。尽管上述三幅图像都不够清晰，但已经能够说明在中世纪的罗马尼亚地区"二鼠侵藤"譬喻随着伯兰与约瑟夫系列故事的传入，在当地的基督教和天主教教堂建筑中，得到了艺术呈现的机会。这也为完整绘制该譬喻图像在欧洲的传播地图，补充了一块重要的区域。

图 3.1.6　bolnita du monastère de Cozia, mural

图 3.1.7　porche d'entrée du monastère de Neamtu, Roumanie, mural

## 6. 罗马尼亚奥尔特尼亚教堂壁画

罗马尼亚奥尔特尼亚（Oltenia）教堂有不少外部壁画，是后拜占庭晚期艺术的代表。这些壁画既有宗教内容的描绘，也涵盖了当地日常生活的一些场景。其中有一幅"二鼠侵藤"譬喻相关的壁画（见图 3.1.8）②。此幅壁画有暗红色的边框，是竖式长方形的。该画颜色对比强烈，但整体画面并不十分亮丽。在上方暗蓝色的背景中，一个穿红色束袖长袍的男子，站在树上的枝叶丛中。他左手伸开，右手上举，似乎把一个果子放到嘴边。树梢的两边各有白色的词语，应该是对此图内容的描述。下方半圆弧的黄色背景中，树干为偏暗的猩红色。左白右黑的两只动物（看起来像驴子）正在啃树干，这圈树干已经被啃了大半。两只动物的上方各有一个黑色词语，应该是用来指代它们的。在树

---

① Marina Toumpouri, "L'homme chassé par l'éléphant: de l'Inde au Mont-Athos", ed. by G. Ducoeur, *Autour de Bāmiyān. De la Bactriane hellénisée à l'Inde bouddhique*, p. 23, Fig. 11 and Fig. 12.

② Cosmin Nasui, "Biserici cu pictură murală exterioară din Oltenia", https://www.modernism. ro/2011/01/06/biserici-cu-pictura-murala-exterioara-din-oltenia/. Also Cf. Muzeograf Albinel Firescu, "Biserici cu pictură murală exterioară din Oltenia", https://www.verticalonline.ro/biserici-cu-pictura-murala-exterioara-din-oltenia.

底部的半圆灰白色部位，似乎没有绘制任何动物。与一般的二鼠譬喻图像相比，此壁画缺乏常见的独角兽、吐火的龙头、四条蛇、蜂蜜，而且啃树干的两只动物显得比老鼠大得太多。但就此图的整体而言，它还是属于二鼠譬喻系列的图像，同样是描述时光流逝的快速、人生的短暂和因为贪图享乐而忘记危险处境的不良人生态度。

图 3.1.8　Pictura murala din Oltenia　　图 3.1.9　斯切维塔修道院的壁画

### 7. 罗马尼亚斯切维塔修道院的壁画

小峰和明注意到，罗马尼亚斯切维塔修道院（16 世纪）的壁画中有一幅二鼠侵藤譬喻图像（见图 3.1.9）[①]。该图以黑色为背景，是大型壁画的一部分，主要描述了一位站在树木顶端的男子双手高举，仰头揭示从天而降的蜜滴的情形。两头如驴子的动物（与图 3.1.8 中的动物非常相似）正在啃食下方的树干。在树下还有一头张嘴喷毒气的恶龙，其头硕大，令人恐惧。

### 8. 罗马尼亚阿尼诺萨修道院的壁画

小峰和明还注意到，在 Nicolae Cartojan 的《罗马文学史》（*Istoria literaturii romane*）一书中，刊布了罗马尼亚阿尼诺萨修道院（Mănăstirea Aninoasa）的一幅壁画，也是"二鼠侵藤"譬喻的图像（见 3.1.10）。此画大体是对称构图，其背景是山地。图左是前腿高抬的独角兽，图右是舌头如三叉戟状的带翼恶龙，二者将站在树上的中间部位男子包夹着。树根部位也是两只正在啃食的老鼠。从上述三幅壁画来看，中世纪之后的罗马尼亚的修道院教堂采用了不同的画风来描述该譬喻。

---

① 小峯和明『東アジアの"二鼠譬喩譚"——説話の東西交流』，北京大学 2016 年 9 月 16 日讲座 ppt，感谢小峰教授惠允使用。

图 3.1.10　Mănăstirea Aninoasa 的壁画①

## （二）欧洲多类雕刻艺术品中的"二鼠侵藤"譬喻图像

中世纪以来，在欧洲的多类雕刻艺术品（如石刻浮雕、木雕、铜版画、泥塑等）中，艺术家们通过各种不同的形式来表现"二鼠侵藤"譬喻的内涵。根据学界已有的研究成果，目前能找到以下有关"二鼠侵藤"譬喻的图像。

### 1. 意大利帕尔马的洗礼堂门楣浮雕

1196 年开始动工兴建的意大利帕尔马洗礼堂南门门楣的浮雕上，也雕刻着"二鼠侵藤"譬喻的图像（见图 3.2.1a—b）。当然，如果不是对该故事非常熟悉的话，一般的游客不一定能看出该幅浮雕的真实内容与宗教涵义。1964年，意大利学者 Enrico Cerulli（1898—1988）在讨论《凯里来与迪木奈》与《伯兰及约瑟夫书》的关系时，已经解释了这幅浮雕图。② 2015 年，Dorothy F. Glass 对帕尔马洗礼堂的所有雕刻进行来源及意义分析时，也对该浮雕图进行了新的解说。③ 在国内，2006 年，张国荣的博士学位论文《图像与文化——从意大利帕尔马（Parma）洗礼堂雕刻看中世纪基督教文化》对此建筑

---

① Nicolae Cartojan, *Istoria literaturii romane*, vol. 1, Fundatia pentru Literatura si Arta Regele Carol II, Bucharest, 1940, p. 79.

② Enrico Cerulli, "The 'Kalilah wa Dimnah' and the Ethiopic 'Book of *Barlaam and Josaphat*' (British Museum MS. Or. 534)", *Journal of Semitic Studies*, vol. 9, no. 1, 1964, pp. 80—88.

③ Dorothy F. Glass, "The Sculpture of the Baptistery of Parma: Context and Meaning", *Mitteilungen des Kunsthistorischen Institutes in Florenz*, 57. Bd., H. 3, 2015, pp. 255 — 291. Cf. pp. 276—280.

的雕刻进行了专题研究。①

　　从图 3.2.1 来看，此浮雕的内容显然是来自《伯兰及约瑟夫书》，但对文字文本的内容进行了一些变更。从浮雕的位置来看，黑白二鼠譬喻的图像被安排在门楣正上方的半圆拱券的正中央，呈现长方形的构图。该图像的左右两边分别是太阳神和月神驾着车子的情形，以表示时光的流逝。这与该譬喻图像中二鼠的象征意义是相吻合的。此浮雕中没有出现追赶人的动物独角兽，也没有用来描述"井"这一故事空间的图像元素，而原故事中的男人似乎被刻画成了一个坐在树杈中的小孩，他的左手指向树杈上的一个蜜罐。井底的恶龙长出了翅膀，两只黑白老鼠也变成了小猪（或狼）的形状。张国荣认为该故事浮雕的布局与整个洗礼堂雕刻所要表述的宗教意涵是有联系的。该处石雕很可能是现存欧洲最早描述黑白二鼠譬喻的石刻史料，其艺术价值是不容忽视的。

图 3.2.1a　帕尔马洗礼堂南门门楣全景　　图 3.2.1b　帕尔马洗礼堂南门门楣的黑白二鼠譬喻浮雕（局部）

### 2. 威尼斯圣马可教堂的"二鼠侵藤"譬喻的雕刻

　　意大利威尼斯圣马可大教堂（Basilique de Saint Marc à Venise）有不少雕刻，在一个基座角落的下方，有一幅为"二鼠侵藤"譬喻图像（见图 3.2.2)②。此石雕由于受空间的限制，本应站在树上的男子根本无法直立，只能是侧躺在大叶树枝上，其左手放在身侧，双腿微曲。在此图中，雕刻家既没有雕刻出独角兽和四蛇的形象，也没有蜂巢和蜂蜜，仅仅保留了文本中最核心的故事元素，即二鼠、人及树。如果不熟悉该故事的内容，观众就很难理解该

---

　　① 张国荣：《图像与文化——从意大利帕尔马（Parma）洗礼堂雕刻看中世纪基督教文化》，中国美术学院博士学位论文，2006 年。

　　② Francesca Tagliatesta, "Les représentations iconographiques du IVᵉ apologue de la légende de Barlaam et Josaphat dans le Moyen Âge italien", *Arts Asiatiques*, Vol. 64, 2009, pp. 3—26. (Cf. p. 10, Fig. 12).

石雕的涵义。从图文关系角度来考察，此雕刻很可能是根据口头流传的二鼠侵藤譬喻，而不是根据《伯兰及约瑟夫书》等文字文本来制作的。

图 3.2.2　Basilique de Saint Marc à Venise，**雕刻**

### 3. 意大利费拉拉大教堂博物馆藏圆顶讲坛的浮雕

　　意大利北部费拉拉（Ferrara）大教堂博物馆收藏有用于装饰圆顶讲坛的浮雕（Dôme de Ferrare）。此浮雕已经脱离了原建筑的语境，其建造年代是 13 世纪（或谓 16 世纪）。该浮雕的内容与"二鼠侵藤"譬喻相关（见图 3.2.3）[1]。在拱门状的框架中，艺术家雕刻出此故事的图像。出于空间的布局考虑，该浮雕有一个非常典型的特点，在人物的头部上方有一道环拱，而独角兽站在环拱之上。环拱中间刻着一行文字，说明此图的内容。独角兽低头盯着跨坐在两株交叉的植物中间的男子。此人的头部微偏向独角兽，仰向上方，与独角兽的视线交叉。其左手掌张开，大拇指向上，似乎与独角兽形成一种呼应的关系。交叉植物上还有两颗大花球。两只肥硕的老鼠正在分别咬着植物之根部。植物下方有一恶龙，头部向上，正向男子喷出怒火。受空间的影响，此浮雕中没有四条蛇的形象，也没有男子吸吮蜂蜜的场景。但二鼠、独角兽、恶龙、树上人等元素，已经比较清晰地表明该图像的内容。它无疑就是"二鼠侵藤"譬喻的刻画。

---

　　[1]　Francesca Tagliatesta, "Les représentations iconographiques du IVe apologue de la légende de Barlaam et Josaphat dans le Moyen Âge italien", p. 13, Fig. 16. Cf. Monika Zin, "The Parable of 'The Man in the Well'. Its Travels and its Pictorial Traditions from Amaravati to Today", p. 72, Fig. 24.

图 3.2.3　Dôme de Ferrare

### 4. 意大利费拉拉大教堂博物馆收藏的牌匾

意大利费拉拉大教堂博物馆（Musée de la cathédrale de Ferrara）还收藏了一块石刻牌匾，出自某一墓建（tombeau d'Adélaïde de Champagne），也是"二鼠侵藤"譬喻的浮雕（见图 3.2.4）[1]。此图在方框内再度设计了一个门廊的形式。其中间的一棵树上站立着一人，此人的微笑面容看起来似乎更像一位女性，其左手搂住树枝，右手不清晰。树下有两只动物正在咬啮树根。令人惊奇的是，这两只动物既不是老鼠，也不像驴子或小猪，而更像是鳄鱼。艺术家此处没有雕刻独角兽、恶龙、四条蛇等有象征含义的动物形象，但从树上人和动物（鳄鱼）啃树根这两个有代表性的图像元素来看，此图无疑属于"二鼠侵藤"譬喻系列的艺术品。它雕刻在墓建之中，实际就表达了对短暂生命的惋惜。

图 3.2.4　détail du tombeau d'Adélaïde de Champagne，Saint-Jean de Joigny

----

① Marina Toumpouri，"L'homme chassé par l'éléphant：de l'Inde au Mont－Athos"，ed. by G. Ducoeur，*Autour de Bāmiyān. De la Bactriane hellénisée à l'Inde bouddhique*，p. 26，Fig. 18.

### 5. 圣彼得堡收藏带有"二鼠侵藤"譬喻图像的木雕棋子

日本学者细田绫子在讨论"二鼠侵藤"譬喻图像的论文中，注意到圣彼得堡收藏有一幅该譬喻的木雕棋子（见图 3.2.5）①。此圆形木雕是 12 世纪下半叶在科隆制作的，其周围刻满了一圈装饰符号。棋子的中间是一棵树，人站在树上，双手抓着树枝，面向下方，似乎正在用力往下压。树的下方有一独角兽和另一四足动物（似乎是恶龙）。虽然二鼠与四蛇的形象均未雕刻出来，但该图像还是属于独角兽追逐人这一譬喻系列的。该棋子的图像设计也反映了此譬喻在欧洲社会多个阶层的娱乐活动中的艺术再现。

图 3.2.5　圣彼得堡的"二鼠侵藤"譬喻木雕

## （三）欧洲的"空井喻"铜版画

### 1. Boetius Adamsz Bolswert 制作的"空井喻"铜版画

铜版画是欧洲 15 世纪发明的一种新雕版艺术形式，后逐渐流行于欧洲各地，出现了大量优秀作品。版画家兼印刷出版家 Boetius Adamsz Bolswert（1583—1633）在欧洲大陆多地工作过，大约在 1616 年完成了一幅被称为"空井喻"的铜版画，或称"人在井中"图像（见图 3.3.1）②。此图采用俯视的形式，强壮有力的独角兽趴在井边，正盯着井中之人。此人身着袍子，正站在大

---

① 細田あや子：『「井戸の中の男」・「一角獣と男」・「日月の鼠」の図像伝承に関する一考察』、新潟大学『人文科學研究』第 109 輯、2002 年、左第 89—121 頁。此见该书第 102 页，图 5。

② Monika Zin,"The Parable of'The Man in the Well'.Its Travels and its Pictorial Traditions from Amaravati to Today", p.73.Fig.25.Also Cf.Jonathan Pater,"A Man Fleeing from a Unicorn Falls into a Well with a Dragon:Parables in the Legend of Barlaam and Josaphat", https://parabelproject.nl/a-man-fleeing-from-a-unicorn-falls-into-a-well-with-a-dragon-parables-in-the-legend-of-barlaam-and-josaphat-2/.

井的第二个内壁凸起边沿。其左手拉着一根树枝，不远处的两只黑白老鼠已经快将树枝咬断了。其右手将树上滴落的蜂蜜涂抹进自己的嘴中。此人身体的周围井壁中有四条蛇，伸出长长的蛇头，正向此人喷射毒液。在大井的底部，有一条巨大的恶龙，张牙舞爪，口喷怒火。象征地狱的井底也发出熊熊之火光。恶龙的体型比此人还大，似乎可以直接吞噬就要掉下来的他。独角兽的旁边写有一个词语。图的边框下部有一首拉丁文诗，应是描绘此图的内容，或许还阐发了其内涵。此图堪称铜版画的精品之作，其画面丰富，形态生动，刻画极为细致，并且形成具有极大张力的视觉冲突，以表现出譬喻的深刻内涵。

图 3.3.1　Gravure de Boetius Adamsz Bolswert，circa 1616

### 2. 伦敦卫康图书馆收藏的一幅铜版画

伦敦卫康图书馆的收藏品中（Courtesy Wellcome Collection），有一幅铜版画是荷兰画家兼雕刻家 Michiel Mouzyn（1630—?）大约在 1656 年仿照多才多艺的画家、艺术家阿德里安·范·德·韦恩（Adriaen van de Venne，1589—1662）的原作刻制的。此图（编号为 Wellcome Library no.38975i，见图 3.3.2）[①] 左上方有一头巨熊，在两前爪之间、熊的头部下方阴影中，有一颗骷髅头骨，显示出几分阴冷的恐怖气氛。巨熊的目光显得阴沉，紧盯着树上的男子。该男子双手紧紧抓住带果子的树枝，左脚跨在树干上，右脚还在树干下晃动，似乎想双腿用力夹住树干。此人背朝着观众，但略向左侧，口对着一颗果实，而脸上的表情并不是享受，而是看起来极为紧张和恐惧。地上的四条蛇从四个不同的方位向此人喷射毒液，形成一条条射线。树弯处有黑白两只老鼠快要咬断树干了，树上的人将很快掉进下面的一个圆坑之中。此坑就像一个燃烧的火炉，一头大恶龙从嘴巴和双眼中喷射毒气或怒火，等待将掉下来的人

---

① https://wellcomecollection.org/works/qvug9m3e. Also Cf. Hari Kunzru, "Dangling Man", in: *Harper's Magazine*, 2022, no.1, Cf. https://harpers.org/archive/2022/01/dangling-man/.

一口吞噬。此图刻画非常细腻，动物与人物的动作细节与情态都很清晰，画面冲突感十足，极大地强化了此譬喻故事的内涵。此外，在图的上方和下方左右两侧，还有三条飘带，飘带上书写了一些文字，用来说明此图的内容。

图 3.3.2　Engraving by M.Mouzyn，Wellcome Library no.38975i

这两幅版画表现力很强，不仅所刻画的内容丰富，而且形象比较完整，显示了独具特色的艺术风格。这也反映出在文艺复兴前后，欧洲艺术家们利用了多种不同的艺术形式来描绘此"二鼠侵藤"譬喻，强化了不同层次的观众与受众对该譬喻的了解，甚至是深刻感悟。

# 四、近代以来东亚地区的"岸树井藤"图像

## （一）朝鲜半岛的"岸树井藤"图像

二鼠侵藤譬喻在东亚的文献中有多种流传形式，包括故事、词语、典故等，也有"月鼠"等不同的名称。其中有一种不是直接来自《众经撰杂譬喻》《宾头卢突罗阇为优陀延王说法经》和《佛说譬喻经》等汉译佛经，而是出自玄奘法师笔下的"岸树井藤"。唐代沙门慧立、彦悰所著《大唐大慈恩寺三藏法师传》（简称《玄奘传》）卷九中，引用了玄奘给唐高宗的上表，其中提及"玄奘每惟此身，众缘假合，念念无常，虽岸树井藤，不足以俦危脆，干城水沫，无以譬其不坚。所以朝夕是期，无望长久"①。玄奘所用的"岸树井藤"

————————

① 慧立本、彦悰：《大唐大慈恩寺三藏法师传》卷九，《大正新修大藏经》第 50 册，第 273 页中栏。

典故就是佛经中的"二鼠侵藤"譬喻。东亚地区的学者不仅在诗文中常引用玄奘的"岸树井藤"一词,而且喜欢题写横幅或匾额,比如韩国学者郑云在书写的横幅(见图 4.1.1),题记为"癸巳 雁来月,时习斋主人青泉郑云在书"①。此外,有些画家还以此为题,来描绘该词语的图像。

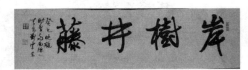

图 4.1.1 郑云在书"岸树井藤"横幅(35×135cm)

### 1. 韩国万德山白莲寺的"岸树井藤"壁画(벽화 '안수정등화')

韩国全罗南道的万德山白莲寺始建于新罗末期,后来成为朝鲜半岛著名的佛教寺院。该寺风景秀美,其大雄殿建于朝鲜后期,周围还有不少壁画。其中的一幅竖式长方形的壁画,在两木栏之间,其左上题名"岸树井藤"(见图 4.1.2)②。此图上方是一只凶猛的狮子,趴在山岩之上,朝向下方的男子。男子双手抓住山岩之间一棵树的长藤,悬挂在半空之中,而黑白两只老鼠正在咬着树根。四条红色的大蛇在山岩之下吐着长长的蛇信子,正等待男子的掉落。这幅"岸树井藤"图的题名来自《玄奘传》卷九,但所描绘的细节却是来自汉译佛经,而不是《玄奘传》,因为《玄奘传》卷九中并没有该典故的详细描述。

图 4.1.2 韩国万德山白莲寺的"岸树井藤"壁画

---

① https://blog.daum.net/25ans-2121/393.

② http://www.baekryunsa.net/bbs/board.php?bo_table=01_1&wr_id=24.

**2. 韩国其他寺院或现当代的"岸树井藤"壁画（或画作）**

尽管朝鲜半岛现存有不少佛教版画或者插图本，但笔者暂未能从中找到相关的图像。不过，借助互联网，我们至少可以找到十五幅韩国其他寺院的"岸树井藤"壁画或现当代的画作（见图 4.1.3－4.1.17）。但有关这些壁画（或画作）的信息（绘制者、时代，甚至所在的寺院或收藏单位）尚不详细，我们只能就目前所能看到的图像来略加探讨。

这十五幅图均采用了风景画的作画方式，色彩对比淡雅，构图形式大体相似。山林、树木、原野、平地等风景元素比较齐全，但没有像欧洲插图本那样出现建筑。这些图像的特点是以一个拉着悬崖边的树藤悬挂在半空的男子为中心。追逐该男子的动物分别是大象或老虎。图像中（图 4.1.5 和图 4.1.7）甚至出现了白发老头的形象。悬吊在半空中的男子呈现不同的姿势，有的头朝下，有的头朝上，有的类似平躺。图 4.1.9 中的大象甚至用鼻子卷起了那根长藤。十五幅图中，象征地狱的井坑基本上不是"井"的形状，而是开放型的悬崖底部、大坑或者深渊。坑中也很少出现恶龙的形象，而多描绘四蛇（或五蛇）呈攻击姿态。图 4.1.9 中的坑内甚至出现了两个骷髅头骨，以表明人掉下去被蛇咬死这样的悲剧早已经发生过了。大部分的图都绘制了蜂蜜滴落而人在品尝的细节，且有二鼠啃咬藤根的场景。这些图像中没有描绘恶龙，或许与东亚流行的一些佛教诗偈有关。比如，《寒山诗集》中所收录的楚石和尚的一首五言偈：

> 井上一株木，藤缠枝已倾。上有二鼠侵，下有四蛇横。
> 牛怒来触之，势危难久停。是身大患本，道亦因他成。①

此偈中就没有提及恶龙。在这些于民间较为流行的佛教文学作品的影响下，东亚的"二鼠侵藤"譬喻图像中有时也就没有绘出恶龙了。

这十五幅图的题名比较一致，基本上是以"岸树井藤"为主题。这些图像比较完整地体现了"二鼠侵藤"譬喻的场景及其涵义，而且还是以中国佛教文献和图像为中介的，再被日本佛教图像所借鉴的，朝鲜半岛的"在地化"风格。

此外，当代韩国的漫画家也把"岸树井藤"作为题材，绘制了不少带有夸张风格的漫画（见图 4.1.18）。此处就不赘述了。

---

① 叶珠红编：《寒山资料类编》，秀威资讯科技股份有限公司，2005 年，第 158 页。

图 4.1.3　韩国全罗南道马耳
山佛寺的"岸树井藤"壁画

图 4.1.4　韩国月岳山德
周寺的"岸树井藤"壁画

图 4.1.5　韩国某寺院的
"岸树井藤"壁画①

图 4.1.6　韩国某寺院的"岸树
井藤"壁画

图 4.1.7　韩国某寺院的
"岸树井藤"壁画②

图 4.1.8　韩国某寺院的
"岸树井藤"壁画③

---

① 图 4.1.3—4.1.5 见小峯和明『东アジアの"二鼠譬喩谭"——说话の东西交流』，北京大学
2016 年 9 月 16 日讲座 ppt。

② https://m.blog.naver.com/PostView.naver? isHttpsRedirect＝true&blogId＝purers&logNo＝
220823769828.

③ https://m.blog.daum.net/kangjin67/306?np_nil_b＝-1(여수의 항일암에 그려져있는 안수정등벽화).

图 4.1.9　韩国现代的 "岸树井藤" 图①

图 4.1.10　韩国现代 的 "岸树井藤" 图②

图 4.1.11　韩国现代的 "岸树井藤" 图③

图 4.1.12　韩国现代的 "岸树井藤" 图④

图 4.1.13　韩国海印寺的 "岸树井藤" 壁画⑤

图 4.1.14　韩国现代 的 "岸树井藤" 图⑥

---

① https：//blog.daum.net/osowny/15973099.
② http：//blog.daum.net/yeonmiso/14698197.
③ http：//blog.daum.net/yeonmiso/14698197.
④ http：//blog.daum.net/yeonmiso/14698197.
⑤ https：//yeonhak.com/7.
⑥ https：//www.clien.net/service/board/park/16527459.

图 4.1.15　韩国现代的"岸树井藤"图①

图 4.1.16　韩国现代的"岸树井藤"壁画②

图 4.1.17　韩国现代的"岸树井藤"图③

图 4.1.18　韩国当代的"岸树井藤"漫画④

## （二）近代以来日本的"黑白二鼠"与"无常之虎"图像

受中国佛教的影响，古代日本的插图本中至少出现了两种"二鼠侵藤"的譬喻图像，分别为日本驹泽大学藏和刻本《新刻禅宗十牛图》中的"苦乐因缘之图"、日本神奈川县镰仓市光明寺收藏的一卷本《净土五祖绘》（善导卷）部

---

① https://www.clien.net/service/board/park/16527459.

② http://edu.chosun.com/m/view.html?contid=2012091800348(김제 흥복사 안수정등 벽화).

③ https://m.blog.naver.com/PostView.naver?isHttpsRedirect=true&blogId=woowaa09&logNo=220618363318.

④ http://www.beopbo.com/news/articleView.html?idxno=65077.

分描绘的"无常之虎"追逐一男子的画面。自江户时代以来，日本以非插图形式出现的该譬喻图像还要更多一些，简要梳理如下：

**1. 江户时期葛饰北斋的《无常之虎图》**

葛饰北斋（1760—1849）被称为日本江户后期的天才型浮世绘画家，据说留下了三万多件作品，其种类繁多，涉及浮世绘版画、亲笔画、漫画、春画等多种形态。其中的一幅挂轴《无常之虎图》（见图 4.2.1）①，绢本着色，别题"四面楚歌"，有北斋的亲笔落款。此画描绘精细，属于工笔画风。所描绘的内容就是"二鼠侵藤"譬喻。所谓"四面楚歌"表明悬藤的男子正遭受猛虎、二鼠、恶龙（及四蛇）的攻击，处于命悬一线的险境之中。恶龙的头部还喷出两条红色的火焰，表示所吐的毒气。男子品尝蜂巢滴落的蜂蜜显得怡然自得，全然忘记了周边迫在眉睫的生命危险。

图 4.2.1　葛饰北斋《无常之虎图》

**2. 日本现当代的"无常之虎图"挂轴**

江户时代之后的日本画家受佛教的影响，绘制了多幅"无常之虎图"（见图 4.2.2—4.2.4）。这三幅图像分别来自某部道德之教科书、榊荣树的笔下、本愿寺派之寺物。它们基本上采用了挂轴的形式，以上方的老虎、中间的悬藤之人、下方深渊的恶龙为主体，树藤处另有黑白二鼠。榊荣树 1974 年绘制的《无常之虎图》（图 4.2.3）是一幅很有艺术感的山水画，画面深渊中有三条毒龙。敦煌本《秀和尚劝善文》（S. 5702、P. 3521）中有一首偈颂，描述了"二鼠侵藤"譬喻："狂象趁急投枯井，鼠啮藤根命转细。上有三龙吐毒气，下

---

① 　https://aucview.aucfan.com/yahoo/q227700388/.

有四蛇螫蜂蛋。"此处提及了"三龙吐毒气",或许该偈颂乃是榊荣树这幅画的
一个远源。

图 4.2.2　某部道德之教科　　图 4.2.3　榊荣树《无常之虎
书中的《无常之虎图》　　　　图》(1974 年)

图 4.2.4　本愿寺派之寺物《无常之虎图》

### 3. 日本现当代的"黑白二鼠"图

自江户后期以来,日本还有数幅与"无常之虎图"相似的图像,取名为
"黑白二鼠图"。目前利用网络,我们可查找到至少六幅(见图 4.2.5 —

4.2.10)。其中包括方丈堂出版的国井道成绘《黑白二鼠图》（见图 4.2.5）[①]、秀凤绘《黑白二鼠图》（挂轴、绢本、肉笔、泥金，见图 4.2.6）[②]、无名氏挂轴《黑白二鼠图》（见图 4.2.7）、爱知县安城市的名刹本证寺藏的《黑白二鼠喻》挂板及其图绘《黑白二鼠图》（见图 4.2.8）[③]、偶堂绘《黑白二鼠图》（挂轴，纸本，题签"偶堂"，另有"偶堂"印，见图 4.2.9）[④]，以及一幅题签"地狱之上人"的《黑白二鼠图》（绢本，见图 4.2.10）[⑤]。

这六幅图均是挂轴形式，画家所绘的细节有很大的不同。比如，国井道成绘制了深渊中的两条恶龙、秀凤笔下的则是盘踞在溪流边大石上的一条大蛇，未出现恶龙的形象；图 4.2.7 与图 4.2.10 一样，也是三条恶龙；图 4.2.10 中的人物从形貌来看，如同老太太的模样。此外，秀凤还在图的左上方添绘了脚踩祥云之上的莲花座的佛世尊的形象，作为画中的一位"观察者"，凝视着图中的悬藤男子。但是，总体看来，这六幅图均用来绘解佛教譬喻经中的黑白二鼠喻。

### 4. 日本现当代的"无常虎猿图"

除了上述的"黑白二鼠图"和"无常之虎图"，日本还出现了两幅挂轴"无常虎猿图"，即嘉田耕收的《无常虎猿图》（见图 4.2.11）[⑥] 和难转升运的挂轴《无常之虎》（实为《无常虎猿图》，见图 4.2.12）[⑦]。这两幅图的构图与"黑白二鼠"图或"无常之虎图"没有本质的不同，其最大的差别是：悬藤的不是男子，而是一只猿猴。很显然，这是两位画家对"二鼠侵藤"譬喻的修改，这样的修改导致文字文本意义上的对人生与命运认知的消解，而在图像上，成为"动物大汇聚"，出现了新的元素和观看的新"美感"，与人类则不再相关。这也是原初的文图关系产生的极大变化，读者不得不察。

---

① https://hojodo.jp/works/premium.php.
② https://aucview.aucfan.com/yahoo/o1057712606/.
③ https://chouonji.net/blog/大谷派东别院皆様がお越しになりました.
④ https://page.auctions.yahoo.co.jp/jp/auction/j1052929919.
⑤ https://page.auctions.yahoo.co.jp/jp/auction/x794432224.
⑥ https://k-ippuku.com/item/嘉田耕収％E3％80％80无常虎猿図/.
⑦ http://blog-imgs-15.fc2.com/i/k/i/ikiruimiwositte/201106092036432f4.jpg.

图 4.2.5　国井道成《黑白二鼠图》

图 4.2.6　秀凤《黑白二鼠图》

图 4.2.7　无名氏挂轴《黑白二鼠图》①

图 4.2.8　本证寺《黑白二鼠喻》挂板及其图绘《黑白二鼠图》

---

①　https://karimon.cocolog-nifty.com/photos/uncategorized/img_2389.jpg.

图 4.2.9　偶堂《黑白二鼠图》　图 4.2.10　题签"地狱之上人"的《黑白二鼠图》

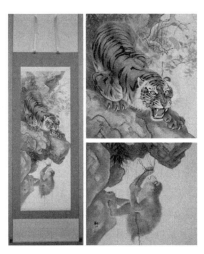

图 4.2.11　嘉田耕
收《无常虎猿图》

图 4.2.12　难转升运《无常之
虎》（实为《无常虎猿图》）

# 小　结

　　"二鼠侵藤"譬喻的文本与图像是长时段、跨地域、多语种、多宗教、多形态的。时间跨度几乎达两千年之久。其地域跨度涉及亚欧多个区域和国家，即印度—中国—东亚；印度—西亚—欧洲；欧洲—（南亚/东南亚）——中国/东亚。"二鼠侵藤"譬喻不仅以多语种、多形态的文本在古代亚欧地区流传，而且以多样化的图像形式出现在亚欧不同时代的文本、艺术创作和宗教场所之中。这些多元的可视化图像具有不同的种类和特性。

　　非插图形式的"二鼠侵藤"譬喻图像主要有石刻、壁画、木雕、铜版画、单幅挂轴、漫画等艺术种类。它们出现在印度、中国、欧洲、东亚的朝鲜半岛和日本。其中，印度主要是古代佛教的石刻和近现代的单幅画稿，中国则有石刻和壁画；欧洲的类型更多，涉及壁画、铜版画、石刻、木雕等种类；而东亚的朝鲜半岛和日本则主要是壁画和单幅挂轴画，还有漫画。实际上，这些不同的艺术形态与当地的艺术风俗和偏好有一定的关系。西亚的"二鼠侵藤"譬喻图像主要出现在插图本之中，而未见于其他的艺术品类。

　　与多语种、多形态的插图本相比，非插图形式的"二鼠侵藤"譬喻图像并不依托于某一种具体的文字文本（如：《凯里来与迪木奈》《智慧的试金石》《伯兰及约瑟夫书》《杂集》等），而主要依赖于口头流传的故事或者画家（艺术家）事先阅读相应文本后所留下的故事记忆。其共性是描绘了"人"（男子）被动物追逐、不得不抓住被黑白二鼠所啃咬的树藤（或树枝），因品尝蜂蜜而忘记生命垂危之情景，但均未描绘该人坠落而被恶龙吞噬的场景。另外，在少量出现于印度、日本的图像中，佛世尊或菩萨等也出现了，形成了"异时同构"的空间叙事形式。

　　就图中男子的动作与行为方式而言，非插图形式的"二鼠侵藤"譬喻图像可归纳为：垂悬型（印度）、上树型（欧洲）、井中型（欧洲）、悬挂型（藤悬在树，中国、日本、朝鲜半岛）等，而上树型又可细分为爬树、挂树、坐树、躺树等。

　　虽然，非插图形式的"二鼠侵藤"譬喻图像没有插图本那样的文图关系可供考察，但也有一些题名（或版题）揭示了该图像的内涵。比如，中国的"丘井狂象"题名与玄奘的"岸树井藤"典故、日本的"黑白二鼠喻"挂板、欧洲壁画中的拉丁语题名，等等，都从不同的侧面阐释了该譬喻图像的涵义。此外，我们也要充分注意到中国学者对该譬喻的吸收、运用与改写，从"二鼠侵藤"到"丘井狂象""岸树井藤"的变化就表现了中国文化的融合与创新的主体意识及其对东亚地区所产生的影响。

"二鼠侵藤"譬喻图像的跨文化流传揭示了在大航海时代之前，古代亚欧的宗教与文化就有一些"长时段"交流的实例，它们在多元宗教（佛教、婆罗门教/印度教、耆那教、伊斯兰教、基督教、天主教甚至道教等）的语境中得到不同区域的人们的认同，堪称是古代亚欧多元文明互鉴具有丰富内涵的一个实例，值得我们进行深入的探索和研究。

# 马哈福兹在中国的翻译与研究

林丰民[①]

　　**摘　要：**马哈福兹作为阿拉伯世界唯一获得诺贝尔文学奖的作家，不仅在世界文坛产生了影响，也得到中国翻译界和学者的重视。其小说的中文翻译数量接近其小说总量的一半，成绩值得肯定，但跟其他诺奖得主作品的翻译相比，还远远不够，版权的制约是主要的原因。文中还探讨了马哈福兹在中国翻译市场被过度消费的问题以及个别作品的翻译质量问题。对马哈福兹的研究包括学术文章、学术论文、学位论文和专著，其中以学术论文最为丰厚，在马哈福兹获奖、遇刺事件、逝世、百年诞辰等时间节点呈现明显增长。各种外国文学史对马哈福兹的介绍从无到有，从有到多，不断充实，逐渐完成了经典的建构，在此基础上展开了对马哈福兹的全面研究。

　　**关键词：**马哈福兹　诺贝尔文学奖　埃及文学　阿拉伯文学　开罗三部曲

　　马哈福兹是阿拉伯世界唯一获得诺贝尔文学奖的作家（1988 年获奖）。他精湛的小说艺术得到了整个阿拉伯世界的承认。阿拉伯作家协会在世纪之交评选了 20 世纪最佳小说排行榜，共 105 部小说登榜，马哈福兹的开罗三部曲毫无争议地排在了榜首，高居第一位。1996 年，埃及创设了"纳吉布·马哈福兹文学奖"，面向阿拉伯世界的小说家，每年奖励一部年度最佳阿拉伯语小说，获奖的作家都以此为荣。获奖的作家除了 1000 美元的奖金，其获奖小说还会被翻译成英语，扩大其在世界范围的影响力。马哈福兹在一定程度上推动了埃及和阿拉伯现代小说的发展，而他的小说作品被改编成影视作品以及他本人创作的电影剧本被拍成影视作品则极大地扩展了其文学作品的影响力，无论是在

---

　　①　作者简介：林丰民，北京大学东方文学研究中心、北京大学外国语学院阿拉伯语系教授。

他身前还是身后，埃及和阿拉伯评论界都给予了高度的评价。中国学者不仅翻译了马哈福兹的大量作品，也进行了一定的研究。

## 一、马哈福兹作品在中国的翻译

马哈福兹一生创作了 56 部作品，其中 37 部为中长篇小说，其余的为短篇小说集。翻译成中文的马哈福兹作品有 20 多种，接近马哈福兹文学全部作品的一半。最早翻译成中文的马哈福兹的短篇小说是 1980 年范绍民翻译的《一张致人死地的钞票》(《阿拉伯世界》1980 年第 2 期)，第一篇翻译成中文的中篇小说是 1981 年元鼎翻译的《卡尔纳克咖啡馆》(见《走向深渊——阿拉伯文学专辑》，江苏人民出版社，1981 年)，而第一部翻译成中文的长篇小说则是 1984 年李唯中、关偁翻译的《平民史诗》(湖南人民出版社，1984 年)。

马哈福兹作品的翻译最集中的时期是 20 世纪八九十年代。在这段时间里，马哈福兹被翻译出版的长篇小说有 12 部，中篇小说至少 7 部。被翻译出版的长篇小说包括他的历史三部曲、开罗三部曲和颇有争议的后期代表作《我们街区的孩子们》。短篇小说有 51 篇，包括短篇小说集、外国文学小说集中的选篇和文学期刊上的短篇译文。在阿拉伯现当代作家的翻译中马哈福兹和纪伯伦是数量最多的，尽管纪伯伦的作品已经有 5 个中文全集出版，但译文总字数上马哈福兹的作品要远远超出纪伯伦的作品。因此，马哈福兹是"作品译成中文最多的阿拉伯作家"[1] 这一说法是完全站得住脚的。1988 年马哈福兹获得诺贝尔文学奖对于其作品的中文翻译来说是一个重要的节点，获奖事件"在短时间内更刺激着翻译活动，并在 1991 年前后达到了翻译井喷的顶点"[2]。《宫间街》三部曲中译本在 1991 年获得第一届中国优秀外国文学图书奖二等奖，这对当时的马哈福兹翻译甚至阿拉伯文学翻译都是一个巨大的鼓舞。

需要指出的是，国内从事阿拉伯文学翻译与研究的学者对于翻译马哈福兹的文学作品还是有着极大的兴趣和强烈的愿望的，尽管遇到版权方面的困难，但是在中国加入世界版权公约组织以后，基本上就很少再出版马哈福兹作品的中文版了。国内的阿拉伯文学翻译与研究界的学者们感到欣慰和骄傲的有两

---

① 丁淑红：《他对我们来说，更有亲近之感——马哈福兹作品在中国的译介》，《文艺报》，2012 年 4 月 16 日。

② 王鸿博：《中国的马哈福兹经典建构：回顾与反思》，《北方工业大学学报》，2014 年第 2 期，第 68 页。

点：一是马哈福兹还没有获得诺贝尔文学奖之前，我们就已经翻译了马哈福兹的一些作品，说明国内学者对于马哈福兹文学作品的价值早已有所认识。二是马哈福兹作品在各个创作阶段的重要作品基本都已经翻译成汉语了。他早期浪漫主义的历史小说三部曲《命运的嘲弄》《拉杜比斯》和《底比斯之战》，现实主义小说开罗三部曲［《宫间街》（一名《两宫间》）《思宫街》（一名《思慕宫》）《甘露街》（一名怡心园）］《梅达格胡同》《始与末》《新开罗》等，类似于西方现代主义的"新现实主义"小说《平民史诗》《我们街区的孩子们》等作品都有了中文版，有的甚至还有多个译本，如开罗三部曲和《我们街区的孩子们》都分别有 3 个译本。这些翻译成汉语的马哈福兹小说为中国的研究者奠定了研究的基础。

马哈福兹作品的翻译有两个问题是值得一提的，一个是在中国翻译文学市场过度消费的问题，马哈福兹早期的历史小说三部曲中的《拉杜比斯》有一个版本在出版的时候被改名为《名妓与法老》，这显然是出版社为了最大限度地获得经济利益，制造能够吸引读者眼球的"刺激点"，有些不法书商甚至根据此书名进一步恶意炒作，冠以"禁书"之名大量翻印，赚了一波钱，从短期效益上看，出版商和书商达到了赚钱目的了，但是从长期效益上看，"名妓与法老"的标题与小说的内容完全是风马牛不相及，被读者识破以后反而影响了图书的销售量，同时也伤害了译者与马哈福兹本人。

第二个问题是翻译质量的问题。马哈福兹的作品大多数基本上都是从阿拉伯文原文直接翻译的，总体的翻译水平还是过得去的，但是也有些译本的翻译存在较大的质量问题，特别是开罗三部曲的两个译本受到了较大的质疑。杨乃贵先生对湖南人民出版社的译本和上海译文出版社的译本都做了认真的研究，其中的部分校勘内容还公开发表了。对湖南本，他指出："第一本《宫间街》尤其是它的前 58 章，翻译得较好，基本上传达了作者的意图，中文也较流畅，文章值得商榷之处不多，平均每章在五处以下。第一部的第 59 至 71 章，即后 13 章和第二部《思宫街》的前 36 章，翻译上存在一些问题，值得商榷处为平均每章 18 处，有些译文找不到出处，不少原文被译得似是而非，不仅是稍微复杂一些的句子译得不太准确或有差错，就连一些短句的准确性也有出入。从第一部后 3 章到第二部前 36 章共 532 页，几乎占全书的百分之四十。第二部后八章值得商榷处有了大幅度减少。第三部《甘露街》，给我的印象是译者的语感较好，翻译亦较通顺，但是一些小处注意不够，可以商榷的地方也不少。"① 对于上海译本，杨乃贵先生显然认为比湖南译本要好一些，但是也存在值得商榷的地方，他指出第一部《两宫间》译得最好，值得商榷的共 100 多处，第 2 部《思慕宫》220 余处，第三部《怡心园》270 余处。不得不说，杨乃贵先生这种精益求精的精神和大胆的批判精神难能可贵，显然是有益于阿拉伯文学翻译的。话说回来，杨乃贵先生对有些译文也有苛求的地方，不能以自己的理解和翻译作为标准答案来衡量其他人的译文。翻译这项工作毕竟是见仁见智的事情，一般认为翻译没有标准答案，只要译文没有明显背离原文的内涵，没有偏离"信"的真实原则，就是可以接受的。

## 二、马哈福兹研究趋势

2021 年 8 月在中国知网上以"马哈福兹"为关键词进行搜索，得到的结果是 227 篇，其中标题含有"马哈福兹"或"纳吉布·马哈福兹"和他的作品名称的论文与文章数目是 128 篇，由于中国知网所能搜索到的论文和文章还不包括一些论文集和集刊，且早期报纸杂志上的文章也无法实现搜索，因此，关于马哈福兹研究的论文和学术文章的数量还要超过这个数目。相比其他诺贝尔文学奖作家的研究来说，国内对马哈福兹的研究是比较少的，但在对阿拉伯的文学研究领域，马哈福兹无疑是被研究得比较多的，仅次于《一千零一夜》研究（相同时段在中国知网搜索《一千零一夜》，文章数目为 638 篇）和纪伯伦的研究（相同时段在知网搜索"纪伯伦"，文章数目为 502 篇）。相比其他几位东方国家的诺奖得主的研究情况，泰戈尔 4212 篇，川端康成 2649 篇，大江健三郎 1282 篇，马哈福兹的研究更是远远落后。泰戈尔和川端康成的获奖时间比马哈福兹要早得多，但是大江健三郎是 1994 年获奖，比马哈福兹获奖时间（1988 年）要晚 6 年，这也说明了马哈福兹作为一名诺贝尔文学奖获得者，还没有得到中国读者和研究者足够的重视。

从研究马哈福兹的历史来考察，大概在 20 世纪 50 年代，马哈福兹就已经进入中国读者和学者的视野了。根据葛铁鹰先生在《天方书话：纵谈阿拉伯文学》一书中的考证，《读书月报》1956 年第 9 期曾刊出一篇苏联学者波瑞索夫

---

① 张洪仪、谢杨主编：《大爱无边：埃及作家纳吉布·马哈福兹研究》，宁夏人民出版社，2008 年，第 250 页。

在《新时代》发表的文章《阿拉伯国家的作品与作家》，该文译者吴馨亭在译文中将一个阿拉伯作家的名字译为"纳吉·玛赫夫斯"，之后的文本中提到纳吉·玛赫夫斯的作品"描写一个埃及家庭中三代人的生活的小说"，很显然这是指马哈福兹的开罗三部曲，由此我们也可以判断此"纳吉·玛赫夫斯"便是我们现在通行所译的"纳吉布·马哈福兹"，因吴馨亭是从俄文转译，故与我们当下从阿拉伯文直接翻译的纳吉布·马哈福兹有些微出入。两年后即 1958 年，林兴华在《文艺报》上发表了一篇译文，是伊拉克学者所写的文章《反帝的文学，战斗的文学！——阿拉伯现代文学概括》，译文中提到"小资产阶级的文学家""乃芝布·买哈福子"显然也是马哈福兹。[①] 林兴华是有阿拉伯语的语言基础的，所以他从阿拉伯语直接翻译的这个名字跟我们现在用的"纳吉布·马哈福兹"还是比较接近的。在马哈福兹之前，国内的外国文学评论界对于埃及文学和阿拉伯文学最为认可的作家是塔哈·侯赛因，而马哈福兹在 20 世纪五六十年代是作为一个阿拉伯文坛"新人"被介绍进来的。塔哈·侯赛因对马哈福兹的高度评价引起了中国学界对马哈福兹的关注。1958 年 10 月，苏联学者舒斯捷尔的文章《谈阿拉伯文学》被落英翻译成中文发表，其中援引了塔哈·侯赛因对"纳吉布·马赫夫斯"的评价，称其作品是"最好的埃及小说之一"[②]。

从有关马哈福兹研究论文发表的趋势（参见图 1）来看，有几个小高峰，第一个小高峰是 1989 年，这显然是因为马哈福兹于 1988 年获得了诺贝尔文学奖，引起了国内的关注；第二个小高峰是 1995 年，很可能跟 1994 年马哈福兹遇刺有关；第三个小高峰是 2006—2007 年，这与马哈福兹逝世于 2006 年有关；第四个小高峰是 2011 年—2012 年，恰逢马哈福兹诞辰 100 周年（马哈福兹出生于 1911 年）。

---

① 参见葛铁鹰：《天方书话——纵谈阿拉伯文学在中国》，首都师范大学出版社，2007 年，第 200—203 页。

② 转引自葛铁鹰：《天方书话——纵谈阿拉伯文学在中国》，首都师范大学出版社，2007 年，第 202—203 页。

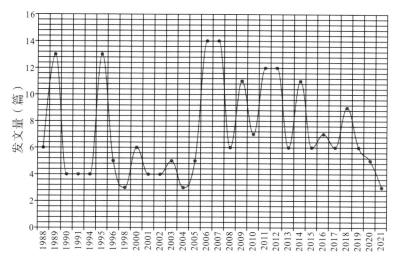

**图1　马哈福兹研究论文发表趋势图（数据来源于中国知网，2021 年 8 月）**

从马哈福兹相关的研究主题分布（参见图 2）来看，2022 年 5 月 6 日以"马哈福兹"主题检索得到的结果是 214 篇。其中以作家本人名字作为主题的数量最多，其中冠以"马哈福兹"的有 71 篇，占全部篇数的 33.18％，冠以"纳吉布·马哈福兹"主题的篇数是 37 篇，占全部篇数的 17.29％，这两项加起来就占了一半。以马哈福兹的作品作为主题的论文，表面上看是其后期代表作《我们街区的孩子们》最多，总共 7 篇，占 3.27％；但把《三部曲》、"三部曲"、开罗三部曲和"开罗三部曲"合起来，则为 13 篇（超过《我们街区的孩子们》），实际上还应该加上《宫间街》2 篇，合起来是 15 篇，可见中国的研究者还是更加重视他的前期代表作开罗三部曲的，这和阿拉伯评论界对马哈福兹代表作的认定意见是比较一致的。除了三部曲和《我们街区的孩子们》这两部作品，其他被作为主题来研究的作品还有《平民史诗》《始与末》《自传的回声》《新开罗》《尼罗河上的絮语》《半日》和《梅达格胡同》等。从思想内容来看，学者们比较关注的是马哈福兹对于民族主义和苏菲主义的思考，但有关苏菲主义的研究不完全是从思想方面去考察，也有对苏菲主义文学作为一种风格的探析。另外一个比较突出的研究主题是女性形象，这方面的研究有的侧重于妇女权益和男女平等的考量，有的则侧重于形象塑造，关注的是马哈福兹的创作艺术。

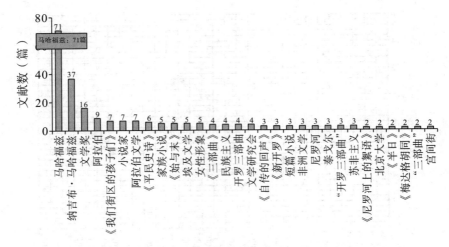

**图 2　马哈福兹研究论文主题分布图**（数据来源于中国知网，2022 年 5 月 6 日）

　　从发表的期刊来看，篇数最多的是《阿拉伯世界研究》，共 23 篇，占总数的 17.04%，这跟刊物本身的定位有很大关系。其实这个数目还是少了，本来应该有更多的论文在这个刊物上发表。但由于后来《阿拉伯世界研究》从原刊名《阿拉伯世界》改版以后，刊物的方向也发生了很大的变化，主要转向发表阿拉伯政治和经济方面的论文，文学方面的基本就很少见了。让人感到欣慰的是，有比较多的论文发表在外国文学类的核心期刊（CSSCI 来源期刊）上，除了《当代外国文学》（图中未收录），《外国文学动态研究》《国外文学》《外国文学评论》《外国文学》和《外国文学研究》等核心期刊都发表了 4 篇以上，这一方面是由于马哈福兹本身的价值得到各个外国文学类核心期刊的认可，另一方面也说明国内的阿拉伯文学领域的学者在研究马哈福兹方面下的功夫比较多。在外国文学类核心期刊上，阿拉伯作家的研究方面可以拿来跟马哈福兹研究相比的，大概也只有纪伯伦研究了，其他阿拉伯作家的研究文章在核心期刊的发表基本无法相比。另外值得一提的是《北大中东研究》是 2016 年新创刊的集刊，却发表了 3 篇有关马哈福兹的研究论文，占总数的 2.22%。

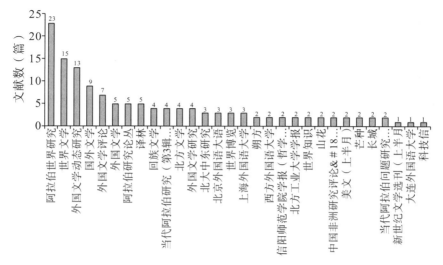

图 3　马哈福兹研究论文的文献来源图（数据来源于知网，2022 年 5 月 6 日）

## 三、从经典的建构到马哈福兹研究的全面展开

对马哈福兹的研究，王鸿博认为有一个经典建构的过程，最具代表性的是中国人编撰的外国文学史中将马哈福兹专门列为一节，最早以专节介绍马哈福兹的是 1998 年朱维之等主编的《外国文学简编》（中国人民大学出版社，1991年）修订版，在该书中编写者将马哈福兹的开罗三部曲认定为作家最具代表性的作品，并指出这是"马哈福兹现实主义文学的高峰，也是阿拉伯现实主义文学的高峰"①。王鸿博认为这一观点对后来国内的文学史书写和相关研究有着长久的影响。② 随后，郑克鲁主编的《外国文学史》（高等教育出版社，1999年）在第三章"近现代亚非文学"中也专节介绍了马哈福兹。当然范围小一点的东方文学史则在更早的时间已经把马哈福兹列为专节了，比如 1995 年吉林出版社出版的季羡林主编的《东方文学史》。

而在 1994 年，高慧勤、栾文华主编的《东方现代文学史》则列出专章来撰写马哈福兹，不像有的外国文学史基本只是简单介绍马哈福兹的生平与创作

①　参见郑克鲁主编：《外国文学史（下）》，高等教育出版社，1999 年。
②　参见王鸿博：《中国的马哈福兹经典建构：回顾与反思》，《北方工业大学学报》，2014 年第 2 期，第 69 页。

并做简单的评述，而是较为系统地对马哈福兹的创作进行了介绍。而在仲跻昆编写的《阿拉伯现代文学史》（昆仑出版社，2004 年）、《阿拉伯文学通史》（译林出版社，2010 年）和《阿拉伯文学史》（四卷本）（北京大学出版社，2020 年）等有关阿拉伯的文学史中对马哈福兹的介绍和研究不仅占据了更多的篇幅，而且对某些方面特别是其代表性作品进行了颇有深度的分析，让中国读者更多地了解了这位诺贝尔文学奖得主的文学成就。

更多体现马哈福兹研究成果的还是学术性论文。比较突出的是一本专门研究马哈福兹的论文集《大爱无边：埃及作家纳吉布·马哈福兹研究》，这也是迄今国内有关马哈福兹研究唯一的一部论文集。该论文集实际上是 2006 年北京第二外国语大学阿拉伯语系为纪念马哈福兹逝世而专门编纂的一本纪念文集。时任中国外国文学学会阿拉伯文学研究分会会长的仲跻昆教授在序言中说道："呈现在诸位面前的这本论文集，是我们阿拉伯文学研究会会员历来有关马哈福兹及其著作的论文的一部分。现选编成集，是对前年（2006 年）逝世的马哈福兹的一种祭奠，也是去年（2007 年）纪念我们外国文学学会阿拉伯文学研究会成立 20 周年的献礼。"① 该论文集收集的论文和文章或研究马哈福兹的生平与创作，或对马哈福兹的某一部作品进行研究，或分析马哈福兹作品中所表现的主题与思想，或研究马哈福兹创作的风格，还有对马哈福兹研究与翻译的综述，还收录了几篇翻译过来的评析文章。该论文集成为后来许多研究者重要的参考。该论文集中的论文作者基本上都是阿拉伯语专业出身的，优势在于对阿拉伯语原文材料的占有，对阿拉伯社会状况的了解，对阿拉伯文化的熟悉。

但其实一些中文专业出身的学者在学术期刊上发表的马哈福兹研究论文也很有深度，有较高的理论水平。比如史锦绣的论文《马哈福兹的"政治文学"》，是国内最早从政治文学的角度去研究马哈福兹的作品的。该文作者认为，马哈福兹的创作以政治为"核心轴"，以对人民的责任感和对真理的信念，构建了他的"政治文学"体系，从历史、现实、未来三个层面的相互联系中提出了自己的社会理想：建立一个"自由、平等"，"公正而全面和平"的人类社会。其整体创作充满了对邪恶的批判，对正义的追求，对人类命运的思考，体现出诺贝尔文学奖造福于人类的崇高思想。② 甚至一位中文专业的硕士研究生焦丽兰也曾从一个非常独特的视角研究了马哈福兹后期的代表作《我们街区的

---

① 张洪仪、谢杨主编：《大爱无边：埃及作家纳吉布·马哈福兹研究》，宁夏人民出版社，2008 年，序，第 6 页。

② 参见史锦绣：《马哈福兹的"政治文学"》，《外国文学研究》，2006 年第 6 期，146－152 页。

孩子们》，她的论文以 A. J. 格雷马斯符号矩阵理论为切入点，分析了《我们街区的孩子们》的叙述结构，以作品中的人物和情节确立秩序与反叛的二元对立项，并相应推出辅助故事情节发展的非秩序与非反叛两项义素，从而发现马哈福兹的这部作品之所以颇多争论，其原因就在于作家本人固有的宗教与科学的价值观与文本中可被多维度解读的宗教科学观之间存在矛盾。论文作者指出："小说的争议性源于文本的多义性，阿拉法特这个人物的争议性导致了解读的多样性。"①

正是国内懂阿拉伯语的研究者和中文出身的研究者这两支研究队伍的共同努力，促进了马哈福兹研究的发展和深化。这些学者从各个角度对马哈福兹及其作品展开研究，有的论文着重于马哈福兹思想和内容的研究，如林丰民的《公平正义与社会秩序的重构——重新解读马哈福兹的〈我们街区的孩子们〉等小说》（《国外文学》2014 年第 4 期）、蒋婧的《马哈福兹〈新开罗〉对畸形社会的批判》（《阿拉伯研究论丛》2019 年第 2 期）；有的从语言学的角度研究马哈福兹的作品，如唐雪梅、马吉德的《纳吉布·马哈福兹小说〈始与末〉语言风格研究》（《西安外国语大学学报》2013 年第 1 期）；有的从小说艺术形式方面对马哈福兹进行研究，如赵建国的《纳吉布·马哈福兹小说的现实主义》（《阿拉伯世界》1990 年第 1 期）；有的从传播的角度研究马哈福兹，如葛铁鹰的《纳吉布作品在英美的译介》（《阿拉伯世界》1996 年第 1 期）、丁淑红的《诺奖得主马哈福兹在中国的接受与影响研究》（《外国文学研究》，2014 年第 6 期）；还有的从比较文学的角度进行研究，如罗田的《马哈福兹与川端康成小说空间艺术比较》（《外国文学欣赏》1989 年第 3 期）、刘清河的《历史命运和文化精神的投影——〈百年孤独〉与〈平民史诗〉对读》[《汉中师院学报（哲学社会科学版）》1993 年第 1 期]、余嘉的《前后喻文化视域中的马哈福兹与巴金的家族小说之比较》[《广西师范大学学报（哲学社会科学版）》2000 年第 S2 期]、陆怡玮的《殊途同归的两位文化巨人——简析巴金与马哈福兹的家族小说》（《文艺理论研究》2009 年第 6 期）等。

有关马哈福兹的比较文学视角的研究反映了国内学者较为广阔的学术视野。有的论文将马哈福兹和中国作家进行比较，有的则将马哈福兹和其他国家的作家作品进行比较。宗笑飞的论文《幻象旁通：〈平民史诗〉与〈百年孤独〉》将马哈福兹的代表作之一《平民史诗》和哥伦比亚作家马尔克斯的代表

---

① 焦丽兰：《〈我们街区的孩子们〉的符号矩阵分析》，《世界文学评论》，2012 年第 1 期，第 248 页。

作《百年孤独》进行了比较研究。尽管这两位作家和这两部作品都没有交集，更确切地说，两者之间并没有影响关系，但是论文作者指出，两部作品实际上都受到《一千零一夜》的影响。但论文作者并没有停留在这一共同点上，而是对两者在象征和幻象方面的触类旁通以及作品中表现出来的各自民族的集体无意识进行了重点的分析："无论是心理攻同的耦合，还是触类旁通的神秘、若即若离的艺术通感或间接互文，二者都有美美与共的幻象旁通和源远流长的史诗气派。尤为重要的是，它们的笔触从社会底层伸出，又直抵民族的集体无意识，展示了深切的现实和人文关怀。"①

不过比较文学视角的马哈福兹研究更多的还是集中在和中国作家的比较研究方面。在北京师范大学就读的约旦学生尤素福·哈塔伊拜（Yusuf Khatay-ibah）的博士学位论文《矗立在世界东方的两位文化巨人——鲁迅和马哈福兹文化思想的比较》（指导教师：王富仁，北京师范大学，1999），着重分析了马哈福兹和鲁迅这两位伟大的作家在其"西方观""革命观""妇女观"和"知识分子观"等四个方面的异同，认为马哈福兹和鲁迅虽然属于不同的民族和国家，生活在不同的时代，有着迥异的生活经历，受到了不同的文化浸染，作品各有特色，但他们的心灵是相通的，都对邪恶与黑暗势力进行了深刻的揭露和大胆的抨击，表达了对善与美的追求、对自己民族乃至整个人类命运的关注，都善于吸收外来文化和文学思想的优秀成分，同时努力继承本民族的传统文化和文学遗产，熔成一炉，终至获得巨大的成就。

笔者注意到国内有些学者从比较文学的角度研究阿拉伯文学还不是很成熟，比如有一篇论文《论纳吉布·马哈福兹三部曲〈两宫之间〉的讽刺艺术——与鲁迅、钱钟书讽刺手法比较》也是试图从比较文学的角度来进行分析，题目初看很吸引读者，但仔细看论文的内容，发现作者在文中仅仅是对马哈福兹、鲁迅、钱钟书作品中存在的讽刺艺术以及讽刺的不同手法进行简单的类比，而并没有从讽刺的思想内容进行深入的比较分析。如作者说道："三部曲中的讽刺不露声色，虽平静却凝重，虽无鲁迅先生似的毫不留情、疾风骤雨般的冷嘲热讽，却于平静淡然中把读者引入对社会、人生的深度思考。"② 这一类的比较研究多数还停留在浅层次。

在比较研究方面比较深入的是《中国文学与阿拉伯文学比较研究》专著中薛庆国所撰写的第五章内容，该章从"家"的文化和人物形象的象征意义比较

---

① 宗笑飞：《幻象旁通：〈平民史诗〉与〈百年孤独〉》，《东吴学术》，2020 年第 5 期，第 76 页。
② 汪祖贵：《论纳吉布·马哈福兹三部曲〈两宫之间〉的讽刺艺术——与鲁迅、钱钟书讽刺手法比较》，《文教资料》，2007 年 6 月中旬刊，第 85 页。

了马哈福兹《宫间街三部曲》（即开罗三部曲）与巴金《激流三部曲》的异同，并且分析了中埃两位文学巨匠的小说写作艺术。

除了学术论文，还有一部分硕士研究生和博士研究生论文也丰富了国内马哈福兹研究的内容，相关论文作者也成了阿拉伯语言文学领域的教学和研究的人才。如倪颖的《阿拉伯现实主义小说的里程碑：论纳吉布·马哈福兹的〈三部曲〉》（指导教师：仲跻昆，北京大学 2006 年）、蒋和平的《理想与现实之间：论纳吉布·马哈福兹的〈我们街区的孩子们〉》（指导教师：仲跻昆，北京大学 2006 年）、谢扬的《马哈福兹小说语言风格研究》（指导教师：国少华，北京外国语大学 2006）、陆怡玮的《"思想式写作"造就的得与失：从叙述学的角度初探〈三部曲〉的杂糅性》（指导教师：陆培勇，上海外国语大学 2007 年）、田露露的《马哈福兹"三部曲"的叙事学研究》（指导教师：周烈，北京外国语大学）和吴昊的《纳吉布·马哈福兹小说语言中的隐喻构建与解读》（指导教师：国少华，北京外国语大学 2012 年）等。这些论文作者大多都成为高校阿拉伯语专业的骨干教师，有的还继续进行着对马哈福兹的研究。

## 四、有关马哈福兹的学术活动

1987 年中国的阿拉伯文学研究学者和阿拉伯文学爱好者建立了中国阿拉伯文学研究会，后成为中国外国文学学会的阿拉伯文学研究分会，在研究会成立的会议上讨论的主题有两个：一个是《一千零一夜》，另一个就是马哈福兹。据研究会的前会长仲跻昆回忆，从 1987 年研究会成立，到 2008 年国内出版第一部马哈福兹研究论文集的时间段里，至少有三次研讨会专门将马哈福兹及其著作列为研究的主题。[①]

2006 年 11 月在由北京大学承办的中国外国文学学会阿拉伯文学研究分会 2006 年学术研讨会上，有一个主题是专门针对马哈福兹进行研讨的，多位学者分别以《纳吉布·马哈福兹的创作道路》《马哈福兹"三部曲"中的女性人物》《〈我们街区的孩子们〉之创作手法分析》和《马哈福兹作品中的时间和空间》为题进行发言和讨论，以此纪念马哈福兹的逝世。[②]

---

① 参见张洪仪、谢扬主编：《大爱无边：埃及作家纳吉布·马哈福兹研究》，宁夏人民出版社，2008 年，序，第 5 页。
② 参见徐雯：《中国阿拉伯文学研究会 2006 年学术研讨会综述》，《国外文学》，2007 年第 1 期，第 125 页。

　　2012 年 3 月 29 日，"纳吉布·马哈福兹百周年诞辰纪念会"在北京大学民主楼隆重举行，北京大学国际合作部副部长郑如青教授、时任埃及驻华大使艾哈迈德·里兹克先生、中国阿拉伯文学会副会长薛庆国教授、埃及使馆文化参赞穆罕默德·贾比尔·阿布·阿里教授出席纪念会并致辞。纪念会由北京大学外国语学院阿拉伯语言文化系、埃及驻华大使馆文化教育科学处、中国阿拉伯文学研究会和中国对外友好协会联合主办。来自北京大学外国语学院阿拉伯语系的师生及各兄弟院校的阿拉伯语专业教师和学生代表，阿拉伯文学爱好者100 余人参加了纪念会。时任北京大学阿拉伯语系党支部书记、现任中国外国文学学会阿拉伯文学研究分会会长林丰民教授主持了纪念会。郑如青副部长在致辞中表示，举行纳吉布·马哈福兹纪念活动旨在促进中埃两国文化教育交流，为阿拉伯文学和文化在华传播建立起新的桥梁。艾哈迈德·里兹格大使表示，推动中埃文化与教育领域合作具有重要意义，此次活动只是一个前奏，并希望有更多的中埃两国大学、研究机构积极开展人文教育领域交流与合作。同时，他对在马哈福兹研究领域做出突出贡献的学者们表示由衷的感谢，他们不仅传播了马哈福兹的作品和思想精髓，更促进了中埃两国文化间的相互了解与交流、增进了两国之间的友谊。

　　埃及驻华使馆文化参赞肯定和表彰了中国学术界在推动中阿双方文化领域的交流发展中做出的积极努力和杰出贡献，感谢曾翻译或研究过马哈福兹先生文学作品的中国学者，并为仲跻昆、林丰民、陆孝修、冯佐库等 27 位从事研究、翻译纳吉布·马哈福兹作品的中国学者颁发了获奖证书和奖品。阿拉伯语文学研究者、爱好者们各自畅怀，抒发了对马哈福兹的景仰与怀念，高度评价了马哈福兹文学作品的历史与现实意义。仲跻昆回忆起当年在埃及开罗大学留学时，初次见到马哈福兹先生的情景，一代文豪虚怀若谷，谦逊内敛的性格和渊博的文化知识使他印象深刻。在为期三天（3 月 27 日至 29 日）的纪念活动中，北京大学阿拉伯语系、外国语学院学生会、埃及驻华大使馆文化处还共同在北京大学展映了由马哈福兹创作的小说改编的电影《卡尔纳克咖啡馆》《梅达格胡同》《小偷与狗》，400 余名北京大学师生以及校内外的阿拉伯文化爱好者观看了影片，同时还展出了马哈福兹作品阿拉伯文原著和中文译本以及相关图片。

　　在马哈福兹 110 周年诞辰之际，北京大学外国语学院阿拉伯语系、中国外国文学学会阿拉伯语文学研究分会、埃及驻华大使馆文化处于 2021 年 12 月12 日联合主办了"阿拉伯文学研究分会 2021 年会暨纳吉布·马哈福兹诞辰110 周年纪念专题研讨会"。时任埃及驻华大使穆罕默德·巴德里出席研讨会开幕式并致辞。巴德里大使在开幕式发言中表示，马哈福兹留下的文学遗产超越了时间与地域，搭建了沟通中西的桥梁，给世界各地的读者以启示。巴德里肯定了中埃两国学者在学术研究和翻译领域的贡献，深化了两国的友好交流合作关系。在此次研讨活动期间，还举办了马哈福兹汉译作品展览，大使还为获得"埃及文学翻译与研究奖"的学者颁奖。①

---

① 参见《纳吉布·马哈福兹诞辰 110 周年纪念专题研讨会在北京大学举行》，2021 年 12 月 14 日，https://news.pku.edu.cn/xwzh/b235f64d79a84e77bc4b3bfda02ca2ed.htm。

# 再论田冈岭云文论对王国维"意境说"的影响

祁晓明①

**摘　要**：王国维受田冈岭云的影响是多方面的，在他接触过的外国思想家当中，没有哪一位像田冈这样，其文论与王国维存在如此之多的相似之处。且这些相似，大多不是"二人思想中共同的叔本华的存在"所能解释的。语言是思想的载体，如果针对相同的问题，采用相同的概念、相似的表述方式，表达相同或相近的观点，就应考虑二者之间是否存在某种思想上的联系。指出这种联系，可以帮助我们弄清王国维曾经借鉴过哪些思想资源，这并不因此而抹杀他本人的诗学成就和理论贡献。

**关键词**：王国维　意境说　田冈岭云　罗钢　辨析

拙文《王国维与日本明治时期的文学批评——田冈岭云文论对王国维"意境说"的影响》②发表后，文中的观点即受到罗钢、刘凯《影响的神话——关于"田冈岭云文论对王国维'意境说'的影响"之辨析》③一文（以下略称《辨析》）的质疑。罗钢的专著《传统的幻象——跨文化语境中的王国维诗学》中也将《辨析》收入附录。④作为文章的作者，在感谢《辨析》批评意见的同时，也觉得有必要对其中的指摘做出回应。

---

①　作者简介：祁晓明，博士，教授，对外经济贸易大学中国语言文学学院，研究领域：中日比较文学。

②　祁晓明：《王国维与日本明治时期的文学批评——田冈岭云文论对王国维"意境说"的影响》，《清华大学学报（哲学社会科学版）》，2015年第4期。

③　罗钢、刘凯：《影响的神话——关于"田冈岭云文论对王国维'意境说'的影响"之辨析》，《清华大学学报（哲学社会科学版）》，2015年第4期。

④　罗钢：《传统的幻象：跨文化语境中的王国维诗学》，人民文学出版社，2017年。

# 一

为了反驳拙文中"王国维的文学批评常常是以田冈岭云文论为参照的"观点，《辨析》引用了王国维《自序》中的文字，从中得出了从王国维自己的论述中找不出必要的证据的结论。

然而，恰恰是这篇《自序》提供了这种影响的证据。《自序》说："余之性质，欲为哲学家则感情苦多，而知力苦寡；欲为诗人，则又苦感情寡而理性多。诗歌乎？哲学乎？他日以何者终吾身，所不敢知，抑在二者之间乎？"[①]我们只需拿来与田冈刊于 1900 年的《云之碎片·序》"欲为哲学家，则吾情感过热；欲为诗人，则吾理性过冷。于是为诗人与为哲学家，两不可得"[②] 相对观即可明了，王国维甚至连遣词造句，都在模仿田冈岭云。

《辨析》称，田冈"一度成为他（王国维）最初了解西方哲学的中介，但也仅仅是中介而已"，"并不构成他研习的对象。他研习的对象仍然是西方思想"。为了淡化田冈的影响，《辨析》强调王国维在自己的著作中提及田冈岭云和他的作品只有"唯一一次"此后"再无一字提及"。而"就个人交往而言，除了东文学社时期以外，王国维与田冈岭云后来只有一次在苏州短暂的邂逅。相比之下，东文学社的另一位日本教师藤田丰八（剑峰）对王国维的影响更大。他不仅是王国维学习西方哲学的'指导者'，而且和王国维保持着终生的友谊"。在《辨析》看来，影响的有无、大小，取决于当事人的自述中是否提及以及"个人交往"时间的长短。那么，《自序》中一次也没有提及席勒、尼采，王国维更无缘与叔本华有交往，难道就能否认王国维接受过他们的影响吗？藤田剑峰的主要成就在东洋史学，有关西方美学的论著，一部也没有，其对王国维诗学的影响，与田冈不能同日而语。

《辨析》强调王国维如何具备"独立地研读康德、叔本华等人的原著"的能力。然而《自序》中"幸而已得读日文，则与日文之此类书参照而观之，遂

---

① 王国维：《三十自序（二）》，清华大学国学研究院主编，方麟选编：《王国维文存》，江苏人民出版社，2014 年，第 699 页。

② 田岡嶺雲「雲のちぎれ・序」、「哲学者たらんには、吾は情に熱るに過ぎたり。されと詩人たらんには、吾は理に冷かなるに過ぎたり。詩人たらんも得ず、哲学者たらんも得ず」。转引自竹村则行「王国維の境界説と田岡嶺雲の境界説」、『中国文学論集』1986 年第 15 期。

得通其大略"① 的叙述，显然不支持这一说法，于是《辨析》略去这些文字。王国维说得很明白，他是借助"与日文之此类书参照而观之"的方式，才对西方哲学原著"通其大略"的。既然是"参照而观"，自不能不将"日文之此类书"与西方哲学原著一并作为"研习的对象"。"不构成研习的对象"，怎么"参照"？除了日人译著，日本学者有关西方哲学的论著也在参照之列，而田冈文艺批评随笔中有关康德、叔本华美学的阐释（绝非《辨析》所说的"片言只句"），也就成了当然之选。

《辨析》说，王国维"在获得独立阅读英文著作的能力之后，他随即开始独立地研读康德、叔本华等人的原著。其中对素称艰涩的康德的《纯粹理性批判》先后读过四遍"。但问题是，哲学著作不同于其他书籍，即使"获得独立阅读英文著作的能力"也未必能读得懂。康德《纯粹理性批判》连他专门研究哲学的朋友读了也不知所云②，何况当时年仅二十几岁的王国维？所谓"独立地研读康德、叔本华等人的原著"的说法，恐怕王国维自己也不会承认。王国维《自序》类文字常不吝自夸③，如果他确实获得了这种能力，则不会坦承曾参照过日人著作。

为了佐证这一主张，《辨析》据王国维给沈曾植信中"往者十年之力耗于西方哲学"说："王国维从 1903 年开始研读康德、叔本华的著作，至写此信时大约十年时间。"但是，《自序》发表于 1907 年，而《人间词话》则发表于 1908—1909 年。1909—1913 年的 4 年与"意境说"无关，不在探讨范围内。1903—1907 年的 4 年可忽略不计，因为直到 1907 年写《自序》之时，王国维读康德、叔本华，仍须参照日人著作，更不要说这之前了。难以想象，在 1907 年后不足 3 年的时间内，王国维可以完全不借助日人译著而读懂康德、叔本华原著。

---

① 王国维：《三十自序（一）》，清华大学国学研究院主编，方麟选编：《王国维文存》，江苏人民出版社，2014 年，第 697 页。

② 蒋孔阳：《德国古典美学》，商务印书馆，1981 年，第 55 页。参考 Durant，W. *The Story of philosophy：The Lives and Opinions of the Greater Philosophers*，Simon&Schuster，1926，p277.

③ 例如《三十自序（二）》："余之于词，虽所作尚不及百阕，然自南宋以后，除一二人外，尚未有能及余者。则平日之所自信也，虽比之五代、北宋之大词人，余愧有所不如，然此等词人，亦未始无不及余之处"。《宋元戏曲史·序》："凡诸材料，皆余所搜集，其所说明，亦大抵余之所创获也，世之为此学者自余始。"《人间词话卷上》："沧浪所谓'兴趣'，阮亭所谓'神韵'，犹不过道其面目，不若鄙人拈出'境界'二字为探其本也"。清华大学国学研究院主编，方麟选编：《王国维文存》，江苏人民出版社，2014 年，第 700 页、第 189－190 页、第 165 页。

## 二

　　《辨析》称"田冈岭云与王国维思想之间的某些相似之处，并非缘于前者对后者的影响，而是由于二人思想中共同的叔本华的存在"，并坚称"王国维对'无我之境'的理解直接来源于叔本华"。在解释"不知何者为我，何者为物"时，《辨析》引叔本华的"人们自失于对象之中了，也即是说人们忘记了他的个体，忘记了他的意志；他已仅仅只是作为纯粹的个体，作为客体的镜子而存在；好像仅仅只有对象存在而没有觉知这对象的人了，所以人们也就不能再把直观者（其人）和直观（本身）分开了，而是两者已经合一了"，并断言，叔本华描绘的"审美中所谓无我的状态"就是王国维"无我之境"之所本。

　　果真如此吗？田冈《美与善》说："唯吾人忘我之际，物我并忘，感得无差别绝对，既已至此无我之境界，无念无想之境界也。"① 《读元良氏参禅日志对于禅述我所怀》说："想想吾人所谓观美术或山水之瞬间吧，正如'忘我'这一用语所示，此非无念无想之境界，恍惚兮吾人游于无何有之境之时乎？盖凝住于一念一物，则杳然而忘兹我个身之时，嗒然物我乎？我物乎？物我浑然相融而不可分。"② 叔本华"好像仅仅只有对象存在而没有觉知这对象的人了……两者已经合一了"与田冈"物我并忘""观美术或山水之瞬间"而"忘我"，特别是"物我乎？我物乎？物我浑然相融而不可分"相比，哪一个更近于王国维"不知何者为我，何者为物"？王国维对"无我之境"的理解，究竟是直接来自叔本华，还是来自田冈岭云，不言而喻。

　　《辨析》在引用《孔子之美育主义》中一段文字后指出："为了证明王国维与田冈岭云的关系，祁晓明对这段文字做了必要的处理。他删去了文中'由叔氏说'在内的一大段文字直接写道：'《孔子之美育主义》说：人之根本在生活之欲……'这样就造成一种错觉，似乎这是王国维自己的观点。"

　　《辨析》虽认定《芭蕉》的论述"实为叔本华"的观点，但也承认田冈有"自己的改写和发挥"。既然如此，王国维又何尝不能从田冈的改写、发挥中得到启发？何况他对叔本华的"转述"亦不乏改写、发挥之处。即便是王国维

---

① 田岡嶺雲「美と善」、「雲のちぎれ」、转引自竹村則行「王国維の境界説と田岡嶺雲の境界説」、『中国文学論集』1986 年第 15 期。
② 田岡嶺雲「元良氏の參禪日誌を讀みて禪に關する我所懷を述ぶ」、『宗教』第 39 期、转引自竹村則行「王国維の境界説と田岡嶺雲の境界説」、『中国文学論集』1986 年第 15 期。

"特地注明准确出处"的部分，也非原封不动地引用。例如叔本华说："我们在美感的观察方式中发现了两种不可分的成分：（一种是）把对象不当作个别事物而是当作柏拉图的理念的认识，亦即当作事物全类的常住形式的认识；然后是把认识着主体不当作个体而是当作认识的纯粹而无意志的主体之自意识。"①王国维的引述则是：观美之状态为二原质。（一），被观之对象，非特别之物，而此物之种类之形式。（二），观者之意识，非特别之我，而纯粹无欲之我也。

大概《辨析》也觉得王国维"特别之我""纯粹无欲之我"与叔本华"个别事物""认识的纯粹而无意志的主体之自意识"之间差异太大，于是解释道："他在这里所说的'特别之我''无欲之我'在叔本华的著作中又写为'认识个体'与'纯粹认识主体'"。实则王国维的"特别之我"即《芭蕉》"有欲有念有识"之"有我"；"纯粹无欲之我"即《作为俳论家的渡边支考》"无心无念"之"无我"。② 与其说王国维"转述了叔本华观点"，不如说他转述了经田冈改写的叔本华观点。再如"由叔氏说"后的一段文字：

《孔子之美育主义》说："人有生矣，则不能无欲；有欲矣，则不能无求，有求矣，不能无生得失……然世终无可以除此利害之念，而泯人己之别者欤……曰：有，所谓'美'者是已……美之为物，不关乎吾人之利害者也，吾人观美时，亦不知有一己之利害……然吾人一旦因他故，而脱此嗜欲之网，则吾人之知识已不为嗜欲之奴隶，于是得所谓无欲之我，无空乏，无希望，无恐怖；其视外物也，不以为与我有利害之关系，而但视为纯粹之外物，此境界唯观美时有之。"③

田冈《作为俳论家的渡边支考》说："美之为物，与世俗百般之物相异，非实用实利之物……吾人当感知美之时，没有任何其他目的，美感自身即是目的，不可动任何利害是非之念虑。"④ 又《芭蕉》说："夫有所欲故有所念，有念故有识，有识故有我，有我故万境为我而现，万境为我而现故此万境为吾意志的影像，取舍拣择存于胸中而生见解，故于万境而生违顺憎爱，生违顺憎爱，故有计较拟议，自计度，自较量……能斩断意志之葛藤，六欲不动，五官各忘其职，忘然失我，嗒然丧偶。我失偶丧，万境无别，无别故不异……无取

---

① 叔本华：《作为意志和表象的世界》，石冲白译，商务印书馆，1982 年，第 273 页。
② 田冈嶺雲「俳論家としての渡辺支考」、『嶺雲搖曳・第 2』、新声社、1899 年、第 32 页。
③ 王国维：《孔子之美育主义》，清华大学国学研究院主编，方麟选编：《王国维文存》，江苏人民出版社，2014 年，第 99−100 页。
④ 田冈嶺雲「俳論家としての渡辺支考」、『嶺雲搖曳・第 2』、新声社、1899 年、第 23 页。

舍，无憎爱，无是非，无得失，美可使任何人一时达此境界（限于有美感之人）。"①

两相对比，王国维的表述及语言，较之叔本华，无疑更接近田冈。特别是对于叔本华"内在的情调，认识对欲求的优势，都能够在任何环境之下唤起这种心境。那些杰出的荷兰人给我们指出了这一点。他们把这样的纯客观的直观集注于最不显耀的一些对象上而在静物写生中为他们的客观性和精神的恬静立下了永久的纪念碑。审美的观众看到这种纪念碑，是不能无动于中的"② 的表述，田冈以"美可使任何人一时达此境界"加以概括，王国维的"此境界唯观美时有之"也是对田冈的仿效。至于叔本华"甩掉了为意志服务的枷锁"，田冈改成"斩断意志之葛藤"，"脱却与意之羁绊"③，"超出意志的金刚圈"④，"脱离意志之系缚"⑤ 等，王国维改成"脱此嗜欲之网"。田冈也有类似的比喻："天地为一大蛛网，以时间、空间为经纬织成。苟有形之物，皆系于罗网之上……人除非灭却意识，入于无我涅槃之境，则终与罗中雀雏无异。"⑥

《辨析》说，田冈"有的发挥已和叔本华相悖。如引文中最后一句'以情与力直攫之'，就预设了一个发出这种'情与力'的主体，这与叔本华的'无欲之我'是格格不入的"。

田冈的"情"是与智、意并列的心理学概念："情最深奥、最根本，意由情所发，智则定意之所向。智即智巧，意即意欲，情即情操。情于未发之时，至醇至真，唯感而已。动虽外来而无所迎，虽去亦无所止。"⑦ "情"又作"纯情"："纯情裸倮倮，赤条条，呈露本质。唯人有意有智，而情存在于意、智的包围之中。智饰情而成伪，意加情而为欲。此欲此伪，念念刻刻触事应物而发于心。而纯情为之所掩，不能洩其真光。"⑧ "纯粹之情感先于意志而存在……美感为纯粹之情感"。"唯诗人能脱意志之束缚而游于纯粹情感之天地。"⑨ "诗人若不能以纯粹之情感游于无意志之境界，则难以接神来及宇宙之美。"⑩ 且

① 田岡嶺雲「芭蕉」、『嶺雲搖曳・第2』、新声社、1899 年、第 12—13 頁。
② 叔本华：《作为意志和表象的世界》，石冲白译，商务印书馆，1982 年，第 405 页、第 275 页。
③ 田岡嶺雲「芭蕉」、『嶺雲搖曳・第2』、新声社、1899 年、第 14 頁。
④ 田岡嶺雲「芭蕉」、『嶺雲搖曳・第2』、新声社、1899 年、第 12 頁。
⑤ 田岡嶺雲「俳論家としての渡辺支考」、『嶺雲搖曳・第2』、新声社、1899 年、第 32 頁。
⑥ 田岡嶺雲「その日その時二十八題」、『有声無声』、嵩山房、1908 年、第 88 頁。
⑦ 田岡嶺雲「惡魔的文明」、『壺中我観』、博信堂、1906 年、第 39 頁。
⑧ 田岡嶺雲「一葉女士的『濁江』」、『嶺雲搖曳・第2』、新声社、1899 年、第 110 頁。
⑨ 田岡嶺雲「俳論家としての渡辺支考」、『嶺雲搖曳・第2』、新声社、1899 年、第 23—24 頁。
⑩ 田岡嶺雲「俳論家としての渡辺支考」、『嶺雲搖曳・第2』、新声社、1899 年、第 34—35 頁。

"纯情"也是美的："美既然是纯粹之情感，当立于意志的动像以外……为了能感知美，吾人又必须避免诉诸智能的心理活动，而以直觉感之。"① 田冈的"纯情"与叔本华"纯觉"或"纯粹认识"并无不同，二者都独立于意志，是审美的前提，而与欲求、利害无关。田冈甚至说"纯情"与"无欲之我"是一回事："此无欲无我的状态……从心理学来说，予称之为'纯情'。"②

"情与力"，《芭蕉》中原作"情之力"，亦即"纯情之力"："纯情为之所掩而不能洩其真光，虽然，伏隐于内之潜势之力犹未泯灭，触物时一闪，犹电光石火不易捕捉，仅可瞥见而已，故察之甚难。"③ "情之力"又称"直觉之力"："夫既曰诗人，则感情之人也，故富于直觉之力……诗人既富于直觉之力，故于万有以神秘解之。"可见，"以情之力直攫之"即以"纯情之力"凭直觉感知美之意。与叔本华的"无欲之我"相通，并非"格格不入"。

《辨析》说："王国维在《孔子之美育主义》中解释'无我'时引用了拜伦的诗句，祁晓明对此评论道，王国维与田冈岭云'对拜伦诗的引用则一字不差'，意在证明田冈岭云对王国维的影响。实际上，拜伦这几句诗就出现在叔本华上面这段文字之后，准确地说，是二人'对拜伦诗的引用'与叔本华'一字不差'。"

但是，引用拜伦诗，并非田冈与王国维唯一的共同点。否定了这一点，也不能抹杀二者之间的关系。《孔子之美育主义》中还有这样一段文字："邵子曰：'圣人所以能一万物之情者，谓其能反观也。所以谓之能反观者，不以我观物也。不以我观物者，以物观物之谓也。既能以物观物，又安有有（案此字为衍）我于其间哉？'（《皇极经世·观物内篇》七）此之谓也。"④ 宋代邵雍这一"以我观物""以物观物"论，后来被王国维运用于《人间词话》，以诠释其"有我之境""无我之境"，其在王国维诗学中的重要性，远非引用拜伦诗所能比。

而对于邵雍"以我观物""以物观物"的引述，已见于田冈《美与善》："有唯美者，唯观其所宜观而不动利害之念。既不动利害之念，故吾人之意志亦不动。既吾人之意志不动，则当其对物之际，不觉物与我之间有寸毫之阻隔。邵康节有所谓'不以我观物''以物观物'，即反观者也。'所以谓之反观

①　田岡嶺雲「俳論家としての渡辺支考」、『嶺雲搖曳・第 2』、新声社、1899 年、第 24 页。

②　田岡嶺雲「惡魔の文明」、『壷中我観』、博信堂、1906 年、第 8 页。

③　田岡嶺雲「一葉女士的「濁江」」、『嶺雲搖曳・第 2』、新声社、1899 年、第 110 页。

④　王国维：《孔子之美育主义》，清华大学国学研究院主编，方麟选编：《王国维文存》，江苏人民出版社，2014 年，第 100 页。

者，不以我观物也。不以我观物者，以物观物之谓也。既能以物观物，又安有我于其间哉'。"①

对于这一不可思议的"巧合"，又如何解释呢？王国维与田冈之于邵雍，就算是再心有灵犀，在阐述叔本华之际，也不可能碰巧同时想到邵雍的"以我观物""以物观物"。何况在从日人著作转引古代文献方面，王国维也并非偶一为之。② 我们在王国维和田冈之间，也找不出一个"共同的思想上的他者"。完全有理由相信，王国维的《孔子之美育主义》，是综合参考了田冈《芭蕉》《美与善》的内容而写成的。③

《辨析》在讨论"有我之境"时说：田冈指出举凡诗人能取非常之景物于笔端，使人感受如亲眼所见者，则非同情所不能。"物皆著我之色彩"与"万物皆活动而向我"，一是由我及物，一是由物及我，其精神运动的方向完全是相反的。更重要的是，田冈岭云此处的"同情之眼对万物"尽管也来自叔本华，但很难引起王国维的共鸣。

不过，田冈是这样解释"以同情之眼对万物"的："同情即以我为彼，以彼为我。以彼为我，故我可入渠肺肝；以我为渠，故我能与彼一体。"④ "以我为彼，以彼为我，故我能与彼一体"即王国维"以物观物，故不知何者为我，何者为物"之意，怎么能说"很难引起王国维的共鸣"呢？

上文"田冈指出"云云，引自《芭蕉》⑤，但《辨析》略去了这段话之前的"芭蕉由主观观念而引起同情，从而使客观活跃起来"⑥ 这一段文字。而田冈表达的，正是"由我及物"之意。不仅如此，《辨析》引叔本华"主观的心境，意志的感受把自己的色彩反映在直观看到的环境上"时，还略去紧随其后

① 田冈嶺雲「美と善」、「雲のちぎれ」、转引自竹村则行「王国维の境界説と田岡嶺雲の境界説」、『中国文学論集』1986 年第 15 期。

② 例如王国维《论性》引《孟子》《荀子》、董仲舒《春秋繁露》，即据足立栗園『東洋倫理大綱』、積善館、1903 年、第 71-72 頁、第 77-78 頁、第 96-97 頁。又如《宋元戏曲史》所引《谷梁传》有关"优"的史料，亦据久保天随『支那文學史』、早稻田大学出版部、1907 年、第 224-225 頁。

③ 罗钢《关于"意境说"的若干问题》(《清华大学学报》2018 年第 5 期) 一文反驳肖鹰认为王国维"对诗词'有我之境''无我之境'的划分直接脱胎于邵雍'以我观物'与'以物观物'的划分"的观点时指出："他或许不知道，王国维与邵雍这几句话结缘，很可能是通过他在东文学社念书时的老师、日本文艺批评家田冈岭云的中介""田冈岭云在介绍叔本华哲学时，就引用了邵雍这几句话""这说明王国维曾经受到田冈岭云的影响"。这表明，罗钢在王国维"意境说"曾否受田冈岭云影响的问题上，对《辨析》中的观点有所修正。

④ 田冈嶺雲「露伴」、『嶺雲搖曳・第 2』、新声社、1899 年、第 126 頁。

⑤ 《辨析》未注明引文出处，翻译也有问题。其中"非情の景物"意为无情 (感情のない) 之景物，《辨析》误译成"非常之景物"。

⑥ 田冈嶺雲「芭蕉」、『嶺雲搖曳・第 2』、新声社、1899 年、第 6 頁。

的"后者对于前者亦复如是"①。这段文字，石冲白的翻译过于简略。参照增富平藏②及姊崎正治③的译文可知，叔本华的本意是，在"物皆著我之色彩"的同时"我亦著物之色彩"。前者"由我及物"后者"由物及我"。田冈兼此两方面而言之，与叔本华的原义相符。所谓"其精神运动的方向完全是相反的"云云，不足为据。

《辨析》还否认王国维与田冈同样持有"无我之境"优于"有我之境"的看法："在王国维这里，作为诗歌，'有我之境'和'无我之境'一样，都是超脱于直接的利害计较的，所以他才说：'古人为词，写有我之境为多'……因为词正是抒情诗的一种。在他看来，能达于'无我之境'的只是很少的'豪杰之士'，在王国维的著作中，'豪杰之士'就是'天才'的翻译。但与叔本华不同的是，叔本华认为抒情诗不需要天才，而在王国维看来'有我之境'④ 也是诗歌的境界，因此诗歌也需要天才。"

其实，王国维也主张抒情诗不需要天才，这一点与叔本华并无不同。其《文学小言》说："抒情之诗，不待专门之诗人而后能之也。"⑤ 我们很难接受王国维这个将"无我之境"与"有我之境"等量齐观的说法。事实上，王国维评论归属在"有我之境"的秦观的"可堪孤馆闭春寒，杜鹃声里斜阳暮"时用了贬义的"凄厉"。而对归属在"无我之境"的"采菊东篱下，悠然见南山"则倍加称赞："写景如此，方为不隔。"⑥ 这说明，"无我之境"优于"有我之境"，正是王国维本人的观点。

---

① 叔本华：《作为意志和表象的世界》，石冲白译，商务印书馆，1982 年，第 346 页。

② シヨペンハワエル『宇宙及人生：原名・意志及び心識としての世界』、下卷（译文）："意志之感动变成主观之心境而反映于被静观的周围世界，后者亦反射前者而互相分合其色调"增富平藏訳。玄黄社、1925 年、第 528 页。

③ シヨペンハワエル『意志と現識としての世界』前編 1、（译文）："意志之感动变成主观之心境，眺望四围并赋予其色彩，天然又反射而给予（意志之）感动以色彩"姊崎正治訳。改造社、1949 年、第 308 页。

④ 揣摩《辨析》的原意，这里的"无我之境"似为"有我之境"之误。

⑤ 王国维：《文学小言》，清华大学国学研究院主编，方麟选编：《王国维文存》，江苏人民出版社，2014 年，第 158 页。

⑥ 王国维：《人间词话卷上》，清华大学国学研究院主编，方麟选编：《王国维文存》，江苏人民出版社，2014 年，第 163 页、第 169 页、第 171 页。

# 三

《辨析》称："祁晓明要从田冈岭云的著作中为王国维的'大诗人所造之境，必合乎自然'寻找依据，是非常困难的。例如，他引证田冈岭云关于'美之材料'的说法，认为这就是王国维'虽如何虚构之境，其材料必求之于自然'之所本，固然十分牵强，更重要的是王国维的下一句话：'必从自然之法则'，这表达的是现实主义文学最根本的原则，而它与田冈岭云的上述理论立场是截然对立的。"

田冈关于"美之材料"的说法，尚有"写实本无不可，以小说之能事毕于写实则不可。作家非以写实为材料构筑理想之楼阁，取写实于理想之猛火中熔化而不可。理想为模型，将实际熔化而重铸之"[①]。"理想之楼阁"即王国维"虚构之境"，而"以写实为材料"即"材料必求之于自然"，说它是"虽如何虚构之境，其材料必求之于自然"之所本，不知有何"牵强"？

至于"必合乎自然""必从自然之法则"即"词人想像，直悟月轮绕地之理，与科学家密合，可谓神悟"[②] 之意。没有必要与什么"现实主义文学原则"相联系。"自然之法则"即真理。王国维认为："哲学与美术之所志者，真理也。真理者，天下万世之真理，而非一时之真理也。"只不过哲学家"发明此真理"而文学家则"以记号表之"。[③] 田冈也说："纯正哲学"是"研究所谓宇宙大原理"[④] 的。大诗人能知晓"自然之法则"，凭借的不是推理，而是直觉，即王国维所谓"神悟"。而这正是田冈再三申说的观点："天才用直觉，不经理路，直下而觉也。故天才直说结论而无前提、无辩证，彼直说其所感也。彼唯感之如此而已，彼自身亦不知所以感者何？因何而感？故天才有时亦预言家也。"[⑤] "诗人亦等同于哲学家，有一种直觉的见地、观想。其对于自身所具有的那种直觉亦不自知。唯其对某个象之际，颇能以有见地有观想之眼观之。"[⑥]

① 田岡嶺雲「寫實と理想」、『嶺雲搖曳』、新声社、1899 年、第 32 頁。

② 王国维：《人间词话卷上》，清华大学国学研究院主编，方麟选编：《王国维文存》，江苏人民出版社，2014 年，第 172—173 页。

③ 王国维：《论哲学家与美术家之天职》，清华大学国学研究院主编，方麟选编：《王国维文存》，江苏人民出版社，2014 年，第 120 页。

④ 田岡嶺雲「哲學の目的」、『壺中我観』、博信堂、1906 年、第 116—117 頁。

⑤ 田岡嶺雲「天才と豫言」、『壺中我観』、博信堂、1906 年、第 122 頁。

⑥ 田岡嶺雲「露伴」、『嶺雲搖曳・第 2』、新声社、1899 年、第 12 頁。

　　王国维称赞《红楼梦》是一部最伟大的著作，并非因为其作者是"客观之诗人"，而是由于《红楼梦》一书，实示此生活，此痛苦之由于自造，又示其解脱之道不可不由自己求之者也"这一人生"法则"①。《辨析》说，王国维称赞《红楼梦》表明他倾向于现实主义，有"扬素朴诗抑感伤诗的倾向"。那为何弃现成的最能代表王国维态度的《红楼梦评论》而不用，偏偏选取《人间词话》手定稿第十九则的只言片语呢？因为《红楼梦评论》根本不是从创作方法的角度来评价《红楼梦》的。

　　为了证明王国维"必从自然之法则"，"表达的是现实主义文学最根本的原则"，"而它与田冈岭云的理论立场是截然相对的"，《辨析》联系明治时期日本现实主义与浪漫主义文学论争的"特殊语境"指出，王国维"既不可能像坪内（逍遥）一样鼓吹文学的'没理想'，又不可能像田冈那样大谈'写实主义'的谬误"。而"在某种意义上，王国维与坪内的历史地位相似"，因而也就与田冈的立场"截然相对"了。

　　《辨析》在回顾王国维"如何接触到'写实派'与'理想派'的概念"时，仅提及王国维曾将席勒的"素朴诗""感伤诗"译为"写实派""理想派"，似乎以这两个汉字词汇对译 realism 及 idealism 是王国维的发明。实则坪内逍遥刊于 1885 年的《小说神髓》就使用了"现实派""理想派"的概念。② 而明确以"写实派"与"理想派"对称，则始自北村透谷。北村 1893 年 5 月发表于《文学界》的《内部生命论》一文说："所谓写实派，是指应该客观地观察内部生命，客观地观察内部生命中的百般显象。除此之外，写实派值得称道的目的不存在……所谓理想派，是指应该主观地观察内部生命。应该主观地观察内部生命中的百般显象。无论如何讴歌高大极致，无论如何咏唱美妙理想。除此之外，理想派值得称道的目的不存在。"③ 王国维 1907 年前后发表于《教育世界》的西方作家评传中使用的"写实派""理想派"不过是沿用了北村的概念而已。至于"写实""理想"这两个概念，则见于田冈刊于 1899 年的《岭云摇曳》中《写实与理想》一文。

　　《辨析》说："田冈站在主观的立场上排斥客观，站在理想的立场上排斥写

---

①　王国维：《红楼梦评论》，清华大学国学研究院主编，方麟选编：《王国维文存》，江苏人民出版社，2014 年，第 139—141 页。

②　坪内逍遥「小說神髓」、『坪内逍遥集 二葉亭四迷集 北村透谷集』、筑摩书房、1977 年、第177 页。

③　北村透谷「内部生命論」、『坪内逍遥集 二葉亭四迷集 北村透谷集』、筑摩书房、1977 年、第473 页。

实。"实则田冈并未否定客观的实在性，他说："人生于宇宙之间，人非造宇宙者，故宇宙未必凑合人的意向。"① "天地若自人手创造，则天地之间万机皆随人意得而治之，秩序整然，因果历然。天地非人所创造，故起于其间之事物，其动静未必如人所欲，其变化往往出于不测。"② 田冈秉持叔本华的唯心主义认识论，主张宇宙万象只有作为主观认识对象时才有意义："吾人未必否定客象的存在，然既曰客象，然其客象为人面对之物象，主观所对之客象，人所见闻触知之客象，反映人的写象也。"③ 王国维也持同样观点，他认为，客观自然只有在能够唤起人的精神快感，符合人的审美需求时才成其为景物。"境界"是先"呈于吾心"而后"见于外物"的，"一切境界，无不为诗人设。世无诗人，即无此种境界。"④ 彭玉平"盖先有感情之境界，方能在景物中发现与感情相应相合之境界，此是基础，是前提"⑤ 正是此意。《辨析》一再强调田冈岭云与王国维思想之间的某些相似之处，是由于二人思想中共同的叔本华的存在，为何在此问题上，又对这一观点不作坚持了呢？

而且，田冈也没有"站在理想的立场上排斥写实"。他说："作家先有理想而后将其融入客境作品之中，谓之写实可也。但不存在不先之以理想的写实。"⑥《辨析》对田冈的"莫言没理想"存在着严重误解。田冈从未"与森鸥外、北村透谷一样"批判过坪内逍遥。田冈说："莫言没理想。大诗人何必没理想？理想是对世界的一种观想、直觉的见地。只不过大诗人以具象而非抽象表现之，故浑然无痕，如天衣无缝然。故非无理想，不表现理想而已。非不能表现理想，不表现而已。说明是哲学家而非诗人之事，诗人虽有理想，但寓之于个象，非有意寓之，自然而寓也。诗人想化之，想化者何？诗人与哲学家同样具有某种直觉的见地、观想，而对于自身具有的直觉却不自知。"⑦

在田冈看来，完全没有理想的文学是不存在的。但文学表现理想有其自身的特点，无论是理想家还是写实家，都必须遵从寓抽象于具象，以个别见一般的规律。只不过在表现形式上，一偏于主观，一偏于客观而已。他说："天下之诗，无不经主观而产生者。之所以有区分主观诗与客观诗的必要，是因为诗

---

① 田岡嶺雲『有声無声』、嵩山房、1908 年、第 70 頁。
② 田岡嶺雲『有声無声』、嵩山房、1908 年、第 88—89 頁。
③ 田岡嶺雲「寫實主義の根本的謬想」、『壷中我観』、博信堂、1906 年、第 66—67 頁。
④ 王国维：《人间词话附录》，姚柯夫编：《〈人间词话〉及评论汇编》，书目文献出版社，1983 年，第 52 页。
⑤ 彭玉平：《〈人间词话〉疏证》，中华书局，2011 年，第 195 页。
⑥ 田岡嶺雲「寫實主義の根本的謬想」、『壷中我観』、博信堂、1906 年、第 66—67 頁。
⑦ 田岡嶺雲「露伴」、『嶺雲搖曳・第 2』、新声社、1899 年、第 127 頁。

人的发挥有的存于客象，有的存于主观。"① 田冈认为，森鸥外与坪内逍遥有关"没理想"的争论，名异而实同。森鸥外尽管主张表现理想，但他的理想不是以说明的方式而是自然地寓于作品之中的，在这个意义上，也可说是"没理想"；坪内逍遥虽主张"没理想"，但在作品中，他的理想只是不表现而已，并非不存在。或者有而不自知。在这个意义上，也可说是"有理想"，二人并无不同。

事实上，森鸥外在描写的客观、准确及"如实反映现实"方面，更能遵循现实主义文学原则。田冈说："鸥外是理性之人，故流于偏重理性。"② "鸥外是医生，医者死生之术，颇要细心。且近世医术建立于科学之上，故医生也是科学家。至少在观察之精致与推理之正确方面，鸥外是以医生的职业特点影响于文学的。人们以'精核整肃'评他的文章，实缘于此。"而以写实派著称的坪内逍遥，则在遵循"现实主义文学原则"方面远不及鸥外，其秉性气质更接近浪漫主义："逍遥是情感之人，故失于偏重常识。"③ "逍遥素学政治，政治为一国之经纶，为此者更需要的是放胆。逍遥虽当不起'小心翼翼'四字，其才子之滑脱，较之科学家更像政治家。故评家谓'逍遥纡徐曲折'。"④ 因此，更符合"必从自然之法则"标准的是森鸥外，而非坪内逍遥。森鸥外与坪内逍遥，一为理想家而能写实，一为写实家而未尝没理想。这正是王国维"虽写实家亦理想家也，虽理想家亦写实家也"的"历史语境"。

田冈对于森鸥外与坪内逍遥的评价也是不分轩轾的："逍遥之文，鸥外之文，都能巧妙地将和、汉、洋三种元素浑融起来。二者相较，则鸥外汉学素养胜过逍遥，逍遥和学素养优于鸥外……逍遥欲当政治家而终为文士，鸥外则医生文士兼而有之。鸥外是文士而更具科学家素质，逍遥是政治家而更具诗人气质……要之，逍遥开明治小说界之新纪元，鸥外创我国文坛哲理批评之端绪，二者均功不可没。"⑤ 王国维对"写实派""理想派"都抱着赞赏和支持态度，与田冈一脉相承。

《辨析》否认王国维的"境界"与田冈的"境界"存在任何关联。理由是：田冈的"境界"只是用来表示某种抽象的界限、层次或状态，自身并不具有实质性的意义。而王国维的"境界"却具有实质性的诗学内涵；"境界"在田冈那里，是可有可无的概念，例如他可以用"状态"之类的字眼来代替它。但在

---

① 田岡嶺雲「俳句は主觀詩か」、『嶺雲搖曳・第 2』、新声社、1899 年、第 90—91 頁。

② 田岡嶺雲「鷗外と逍遙」、『嶺雲搖曳・第 2』、新声社、1899 年、第 132 頁。

③ 田岡嶺雲「鷗外と逍遙」、『嶺雲搖曳・第 2』、新声社、1899 年、第 132 頁。

④ 田岡嶺雲「鷗外と逍遙」、『嶺雲搖曳・第 2』、新声社、1899 年、第 136 頁。

⑤ 田岡嶺雲「鷗外と逍遙」、『嶺雲搖曳・第 2』、新声社、1899 年、第 137—139 頁。

王国维那里，它构成了其诗学理论的中心范畴。其他的术语，如"有我之境""无我之境""造境""写境"等，都是围绕着这个中心范畴建立起来的。

田冈的"境界"并非抽象的界限、层次、状态。《美与善》说："此无我之境界，即意志未发之状态，叔本华氏所指之纯全意志者也。"① 这不是"实质性的意义"是什么？田冈以叔本华"纯全意志"为"无我之境界"的具体所指，不是整合"外来的美学观念""诗学内涵"是什么？《辨析》如果想彻底否定田冈"境界"对王国维"境界"的影响，就必须详细列举田冈著作中所有的"境界"，并逐一排除它们与王国维的"境界"的关联，而不是仅凭一句"王国维完全不需要田冈岭云来传授"就可以断言的。

《辨析》这部分的论证，显得自相矛盾。例如说，田冈的"境界"是可有可无的，因为它可以用"状态"来代替。其后又说，王国维也曾用"意境"代替过"境界"。按照同样的逻辑，王国维的"境界"岂不是也可有可无？《辨析》说，田冈的"境界"是在"……之境"的意义上使用的，其意义是由前缀的定语决定的。后面又提到，王国维翻译席勒《审美教育书简》有"审美之境界乃物质之境界与道德之境界之津梁也"之语。而此处"境界"的意义，不也是由前缀的定语决定的吗？这与"……之境"又有什么不同呢？

《辨析》说，田冈的"境界"只是用来表示某种抽象的界限、层次或状态，然而《人间词话》说："古今之成大事业、大学问者，必经过三种之境界。"② 这里的"境界"在《文学小言》中又作"阶级"③，正是抽象的"层次"之意。《人间词话》删稿说："词之为体，要眇宜修。能言诗之所不能言，而不能尽诗之所能言。诗之境阔，词之言长。"④ 这里的"境"也正是抽象的"界限"之意。

# 四

《辨析》说："细读祁晓明引用的几段文字，我们却很难接受他得出的'王

---

① 田冈嶺云「美と善」、「雲のちぎれ」、转引自竹村则行「王国維の境界説と田冈嶺雲の境界説」、『中国文学論集』1986 年第 15 期。

② 王国维：《人间词话卷上》，清华大学国学研究院主编，方麟选编：《王国维文存》，江苏人民出版社，2014 年，第 168 页。

③ 王国维：《文学小言》，清华大学国学研究院主编，方麟选编：《王国维文存》，江苏人民出版社，2014 年，第 155－156 页。

④ 王国维：《人间词话卷下【删稿】》，清华大学国学研究院主编，方麟选编：《王国维文存》，江苏人民出版社，2014 年，第 180 页。

国维赤子之心说的直接渊源，是田冈岭云文论'的结论。"理由是：其一，"婴儿"是田冈对日本国民心理特质的一个整体性认识。这种整体认识"或多或少流露出国粹主义的倾向"。其二，田冈是将"婴儿"特质作为日本国民性的短处来看的，田冈也意识到"婴儿"特质的不足并持有警惕的态度。而王国维所说的"赤子之心"却恰好是他认为的"词人所长处"，二者的态度也不一致。

这两个理由是互相否定的关系，难以同时成立。既然田冈对于日本人"婴儿"特质的"不足"和"短处"有清醒的认识，"并非要像国粹派那样单方面地进行赞美或将其发扬光大"①，那么《辨析》用大量篇幅去回顾田冈甲午战争前后言论中的国粹主义倾向，岂不是多此一举吗？

田冈"赤子之心"的内涵是"无邪无我"。他说："赤子即无我也，无邪也。无邪无我，始牵惹人之所爱。至人皆有赤子之心之际，乃得行相爱之大道。"②"无邪无我"是真实的人性，人的本来面目。"赤子之心"人皆有之，并非"在对某一时代，或某一民族文学的论述中使用的概念"或"日本国民心理特质"或"日本国民性的短处"。③

田冈强调，"赤子之心"往往为后天的境遇、习性所遮蔽。他说："人有两面，有因习而成之性，也有与生俱来之灵性。有境遇而造之自己，也有本来之自己。虽然，此本来之自己、与生俱来之灵性常为境遇之我及习性所蔽而深藏，隐约不易辨认。而境遇之我及习性，则显现于日常举手投足之上，为吾人所不断目睹。唯其不断目睹之故，吾人遂径以此境遇之我及习性为其人之真实之本来。殊不知其真实其本来反存于难见难之之处。且其真实其本来之显现如暗夜之电光然，时而击破黑云而一闪，未及看清既已隐没，故甚难捕捉。然捕捉虽难，却有人之真实、本来在。"④ 也就是说，环境的影响，阅历的增加，反而使"真纯的心灵"难以保持。王国维将"不必多阅世"作为"不失其赤子之心"的前提，强调"阅世愈浅，则性情愈真"，正是此意。

《辨析》说："怎么可能把'安于朴讷素朴'的原始时代的诗人和'生于深宫之中，长于妇人之手'的文弱君主联系在一起呢？"其实，田冈说得很清楚："太古元始时代之素朴在精神上、道义上是最健全、最完全的。从这个意义上说，

---

① 罗钢、刘凯：《影响的神话——关于"田冈岭云文论对王国维'意境说'的影响"之辨析》，《清华大学学报（哲学社会科学版）》，2015 年第 4 期，第 25 页。

② 田岡嶺雲「その日その時二十八題」、『有声無声』、嵩山房、1908 年、第 72 页。

③ 罗钢、刘凯：《影响的神话——关于"田冈岭云文论对王国维'意境说'的影响"之辨析》，《清华大学学报（哲学社会科学版）》，2015 年第 4 期，第 25 页。

④ 田岡嶺雲「境遇と靈性」、『嶺雲搖曳』、新声社、1899 年、第 26 页。

所谓文明……不过是一种病态，道德上的病痛，精神上的心脏病。道德的败坏，精神的动悸。"① 人类婴儿期的原始人的素朴与欧洲浪漫主义文学礼赞的"儿童真纯的心灵"是一回事。"太古之世犹小儿之时，其民皆富于情而智、意极不发达"②，而"意志坚强者情感冷漠，日本人则是具有热烈情感之人"③。原始人的"富于情而智、意极不发达"与日本国民的特质亦复相同。李后主"生于深宫之中，长于妇人之手"与日本国民"养于此优美和乐的风土之中""眠于桃源仙窟之中"的关联，也在于他们"阅世"不多，近于"不失小儿之心"的诗人。④

《辨析》说："尽管王国维也'以人类之感情为一己之感情'，但对这种人类感情的具体理解却与田冈有所不同……在田冈看来，就像诗人必须超越个体的限制，他也必须超越民族国家（国民）的限制，才能写出普遍的人生。而王国维在《屈子之文学精神》中却提出了相反的观点：'诗之为道，既以描写人生为事，而人生者非孤立之生活，而在家族、国家及社会中之生活也'。在文中他正是据此区分中国古代的北方派文学与南方派文学：'北方派之理想，置于当日之社会中，南方派之理想，则树于当日之社会外'。"

《辨析》的引文，删减了其后"易言以明之，北方派之理想，在改作旧社会，南方派之理想，在创造新社会。然改作与创造，皆当日之社会之所不许也"一段文字。因为"皆当日之社会所不允许也"显然是"超越民族国家（国民）的限制"之意，与《辨析》所谓"提出了相反的观点"相悖。而这一观点，正是王国维一再强调的。《文学小言》说，"科学之事业皆直接间接以厚生利用为恉，故未有与政治及社会上之兴味相刺谬者也……若哲学家而以政治及社会之兴味为兴味，而不顾真理之如何，则又决然非真正之哲学……文学亦然"⑤。王国维此论，与田冈"诗人不必阿一时之好，而不可不以永久之生命观之；不必寓于国民之心胸，而须触人心最深处之琴弦；不必以个人观之，而不可不以人生观之。大才之作所以不朽者，不媚于一时者也"⑥ 之论，如出一辙。

《辨析》大概忘了，王国维在《论哲学家与美术家之天职》中说："哲学与美术之所志者，真理也。真理者，天下万世之真理，而非一时之真理也。其有

---

① 田岡嶺雲「哲人は回顧す」、『壷中我観』、博信堂、1906 年、第 113 頁。

② 田岡嶺雲「詩人と厭世観」、『嶺雲揺曳・第 2』、新声社、1899 年、第 44 頁。

③ 田岡嶺雲「火山的國民」、『壷中我観』、博信堂、1906 年、第 175 頁。

④ "小儿者，诗也，诗者，小儿也。英雄者，不失小儿之心者也，不惟谓英雄，诗人亦然也。"大町桂月『わが筆』、日高有倫堂、1905 年，第 247 頁。

⑤ 王国维：《文学小言》，清华大学国学研究院主编，方麟选编：《王国维文存》，江苏人民出版社，2014 年，第 154 页。

⑥ 田岡嶺雲「文學と民心」、『嶺雲揺曳・第 2』、新声社、1899 年、第 99 頁。

发明此真理（哲学家）或以记号表之（美术）者，天下万世之功绩，而非一时之功绩也。唯其为天下万世之真理，故不能尽与一时一国之利益合，且有时不能相容，此即其神圣之所存也……哲学家与美术家之事业，虽千载以下，四海以外，苟其所发明之真理与其所表之之记号之尚存，则人类之知识情感由此而得其满足慰藉者，曾无以异于昔；而政治家及实业家之事业，其及于五世十世者希矣。"① 又《人间词话》删稿说："'君王枉把平陈业，换得雷塘数亩田'，政治家之言也。'长陵亦是闲丘陇，异日谁知与仲多'，诗人之言也。政治家之眼，域于一人一事。诗人之眼，则通古今而观之。词人观物，须用诗人之眼，不可用政治家之眼。故感事、怀古等作，当与寿词同为词家所禁也。"② 又《文学与教育》说："生百政治家，不如生一大文学家。何则？政治家与国民以物质上之利益，而文学家与以精神上之利益……物质上之利益，一时的也；精神上之利益，永久的也。前人政治上所经营者，后人得一旦而坏之。至古今之大著述，苟其著述一日存，则其遗泽且及于千百世而未沫。"③ 此论非主张诗人必须"超越个体的限制，超越民族国家（国民）的限制"而何？与田冈"一语一句悉触人内心深处之琴弦，故只要有人生有人，其作品便千古常在且能感人"，其感情"非一国国民所专有，早已成为人生的情绪、感慨"，诗人之泪"无对一国国民之心胸而洒之理，非以人生为其对象而不可"之间的思想联系，明明白白。

　　附带说一句，"北方派文学与南方派文学"之说的大力倡导者，正是田冈岭云。其《操觚界之地理的分色》即持此论。④ 其《屈原》说："北方之地，山兀水浊，莽莽平原，天然风物亦乏多趣，自与重实用之念相合。以故北人诗之所向，唯曲尽人情世故而已。"⑤ "南方文学与北方异。（南方）有多趣活动之自然，人民富于充满感情之诗思，诗歌发达于其间，而成一种别样之文字。韵律散漫，其章句长短错落，富于瑰语丽词。"⑥ 王国维"大诗歌之出，必须

　　① 王国维：《论哲学家与美术家之天职》，清华大学国学研究院主编，方麟选编：《王国维文存》，江苏人民出版社，2014 年，第 120 页。
　　② 王国维：《人间词话卷下【删稿】》，清华大学国学研究院主编，方麟选编：《王国维文存》，江苏人民出版社，2014 年，第 185 页。
　　③ 王国维：《文学与教育》，清华大学国学研究院主编，方麟选编：《王国维文存》，江苏人民出版社，2014 年，第 48 页。
　　④ 田岡嶺雲「操觚界の地理的分色」、『嶺雲搖曳』、新声社、1899 年、第 24 頁。另见宇野哲人『東洋哲学大綱』、皇典講究所、1911 年、第 151—152 頁。
　　⑤ 田岡嶺雲「屈原」、『支那文学大綱 卷八』、大日本圖書株式會社、1899 年、第 20—21 頁。
　　⑥ 田岡嶺雲「屈原」、『支那文学大綱 卷八』、大日本圖書株式會社、1899 年、第 25 頁。

俟北方人之感情，与南方人之想象合而为一，即必通南北之驿骑而后可，斯即屈子其人也"①，亦沿田冈之成说："屈子之时，楚国已沐浴北方文化，而此北方文化带有的伦理性质亦影响于其地之人气。当时为学者大多不得已而受北方儒教伦理说感化。屈子当时称博学宏辩之士，其素行被儒教伦理感化固无疑义。即如其贯彻一生的忠诚之心，固存于其至情，亦不无儒教伦理对其观念的稠度之迹……儒教伦理一方面亦有其敦人情者，是以屈子发乎人情自然之忠君至情得其博学之助而更加敦厚。"②

《辨析》说："祁晓明又对王国维所谓'入乎其内''出乎其外'进行诠释，他认为'西方美学距离说尽管在当时尚未介绍到中国，但这并不妨碍王国维通过田冈岭云接触到它'。1912年瑞士学者布洛在《英国心理学杂志》第五卷第二期发表《作为艺术的一个要素与美学原理的"心理距离"》，第一次提出审美距离说。田冈岭云恰恰在这一年去世，包含'出入'说的《人间词话》已于四年前发表。有鉴于此，王国维通过田冈岭云接受西方距离说，进而提出'出入'说云云，就不必再展开讨论了吧。"

《辨析》此论，未免有"唯名论"之嫌。美的距离说，早在布洛之前，德国新康德派美学家艾德华·凡·哈特曼（Eduard von Hartmann 1842—1906）在其《美的哲学》中就有阐述。该书第二章说："创造艺术的是艺术家，不是艺术的对象者。艺术之美是观赏者从艺术感受到的主观影像。这种主观影像所以能够成立，是由于客观实在物与我们的官能交互作用的结果。一言以蔽之，艺术本身无所谓美，美存在于观赏者意识之内的主观影像之中……例如对于音色之美的感受，如果离开了主观，剩下的只有空气或电磁波的震动而已……诗歌虽伴随音响之美，但诗歌美的主脑则存在于由此音响表示的意思而惹起的空想影像。故相对于造型美术之美存于感觉假象而言，诗歌之美则存于空想假象。而客观实在物中没有与此空想假象相应的对象。所以美常在假象（感觉的或空想的）之中。"③

哈特曼认为："假象从实在物中游离出来，是美能存在的必要条件。"他举例说："诗歌之美，与诗中事实的真伪、善恶并无丝毫关联。音乐悦于人耳，常遗却乐器的构造、乐人的容貌及手指的运动……依演员个人的品行来褒贬其演技，或见演员所演之事令人憎恶而向舞台投掷瓦砾，如此则非真能欣赏美之

① 王国维：《屈子文学之精神》，清华大学国学研究院主编，方麟选编：《王国维文存》，江苏人民出版社，2014年，第161页。
② 田冈嶺雲「屈原」、『支那文学大綱 卷八』、大日本圖書株式會社、1899年、第44頁。
③ 转引自高山樗牛『近世美学』、博文館、1899年、第125—126頁。

人所为。又如见裸体神像雕刻及绘画而催起性欲，如此亦难谓具审美眼光之人。"①

哈特曼还说："美的假象不仅需要游离于惹起它的实在，还需要游离于知觉的意识作用。换言之，不仅需要从面对的客观实在游离出来，更需要从观者的主观实在以及一切意识精神的作用游离出来。美的假象在忘却客观实在的同时也忘却主观自我及心的作用。只有在完全纯粹之时，才有可能获得真的美的假象；而观者也只有在忘却自我，将自我没却于假象之中，才有可能获得纯粹的美的假象。因此，自我仅从对实际或对理论的关心中摆脱出来是不够的，还需要从自我本身游离出来。"②

上引哈特曼有关"审美假象"的论述，本质上就是审美"心理距离"说。拙文中所引田冈"脱实说"即据此而来。且王国维发表于 1907 年的《古雅之在美学上之位置》中美的"第一形式""第二形式"的概念，也是对哈特曼"第一次形式美""第二次形式美"直至"第五次形式美"的借用。③ 因此，王国维完全可以从哈特曼"审美假象"说得到启发，而不必非等到布洛《作为艺术的一个要素与美学原理的"心理距离"》一文发表不可。

## 结　语

总之，田冈岭云对王国维的影响是多方面的，绝非"仅仅是中介而已"。我们在探讨两者"思想联系"的时候，固然不能堕入"唯名论"的陷阱。但语言是记录思想的符号，如果两人针对相同的问题，采用相同的概念、相似的表述方式，表达相同或相近的观点，就应考虑他们之间是否存在某种思想上的联系。何况在《人间词话》问世之前，王国维亦不乏直接袭用日人观点的先例。④

---

①　转引自高山樗牛『近世美学』、博文馆、1899 年、第 126－127 页。
②　转引自高山樗牛『近世美学』、博文馆、1899 年、第 130 页。
③　转引自高山樗牛『近世美学』、博文馆、1899 年、第 152－169 页。
④　例如，王国维《论性》论荀子、孟子"人性论"之矛盾及以董仲舒为"阴阳二元论"，扬雄为"性善恶混之二元论"即沿袭足立栗园的观点："孟子为辩护其'性善论'而对告子弄其诡辩，然到底未能尽性论之实。窃谓此乃孟子于哲学研究方面尚有所不足所致。""荀子以性为恶也。其化恶性起伪故圣人可贵者，何谓也？恶性即不化亦能起伪，此则其诡辩之'性恶说'果可期待其成立乎？此即其矛盾之所从来者，岂有他故哉？""董子……既言性能善亦能恶，向前一步，既已至于性善恶相混矣……扬雄承董子之说，终至于述其性善恶相混之说。"清华大学国学研究院主编，方麟选编：《王国维文存》，江苏人民出版社，2014 年，第 75－77 页，足立栗園『東洋倫理大綱』、積善館、1903 年、第 72 頁、第 78 頁、第 97 頁。

考察王国维"意境说"，固然不能不以叔本华为对象，但叔本华著作中并没有"境界""有我""无我""古雅""赤子之心"这些概念。中国古代文献虽有这些概念，却与王国维所赋予其中的诗学内涵不同。而构成王国维"意境说"重要内容的"不隔"，则无论在叔本华美学中还是中国传统美学中都找不到语源。它也不仅仅是"直观"一语的翻译。因为"直观"一语频见于王国维《文学小言》、《人间词话》初稿本、《论新学语之输入》、《叔本华之哲学及其教育学说》等文中，足见王国维并不认为这个概念有翻译的必要。其实，我们只要细读田冈文集就可明白，它实际上来自田冈的"无阻隔"（阻隔なく）。①

不仅如此，王国维著作中还存在大量与田冈文论相似的表述。

例如：《人间词话》"诗人……必有重视外物之意，故能与花鸟共优乐"②之于田冈《诗人与人道》"诗人……若不能表现对人类之怜爱，则吾人不信其对山川花鸟能有真的同情。既不能为同胞而哭泣，则吾人不信其真能因恋爱而哭泣。彼等若真能因恋爱而哭，对花鸟风月有同情，为何不能为人类为同胞而哭泣？"③ 又如《人间词话》删稿"社会上之习惯，杀许多之善人。文学上之习惯，杀许多之天才"④ 之于田冈《诗人与厌世观》"十九世纪是唯物之世，十九世纪是智巧之世，十九世纪杀诗，杀诗人"。"'科学的'，此三文字，成为当今这个世纪多么流行的词语，同时又让当今这个世纪变得多么俗不可耐。其结果是，杀了几多诗歌，杀了几多诗人。"⑤ 这方面的例证还可以举出很多。

在王国维接触过的外国思想家当中，有哪一位像田冈岭云这样，其文论与王国维之间存在如此之多的相似之处？而且这些相似，在多数情况下，仅用"二人思想中共同的叔本华的存在"是解释不了的。对此，我们不能一概视而不见，将其简单归结为"影响的神话"。如果将王国维的"意境说"比喻成一块豆腐的话，那么，在我们争论这块豆腐的成分有多少是豆浆，多少是卤水之前，是否更应该先弄清楚，在王国维之前，有没有人曾用同样的材料和方法做出了同样或相似的豆腐呢？

---

　　① 见田冈嶺雲「美と善」、「元良氏の参禅日誌を読みて禅に関する我所懐を述ぶ」、「俳論家としての渡辺支考」等文。

　　② 王国维：《人间词话卷上》，清华大学国学研究院主编，方麟选编：《王国维文存》，江苏人民出版社，2014 年，第 175 页。

　　③ 田冈嶺雲「境遇と霊性」、『嶺雲搖曳』、新声社、1899 年、第 21 页。

　　④ 王国维：《人间词话卷下【删稿】》，清华大学国学研究院主编，方麟选编：《王国维文存》，江苏人民出版社，2014 年，第 179 页。

　　⑤ 田冈嶺雲「詩人と厭世観」、『嶺雲搖曳・第 2』、新声社、1899 年、第 46 页。

# 堀田善卫与战时上海最后的日文刊物《新大陆》

## ——《上海·南京》中的"战后式"话语①

秦　刚②

**摘　要**：日文刊物《新大陆》于 1945 年 8 月 1 日在上海创刊，两周后日本宣布投降，该刊遂以创刊号告终，亦成为被历史长久遗忘的稀见刊物。同时期日本国内主流刊物已全部停刊，因此《新大陆》有助于了解太平洋战争末期日文媒体的战争话语的状况与特点。该刊的执笔者集结了当时在上海的文化人群体的代表者，其中包括了日后成为日本战后派代表作家的武田泰淳和堀田善卫。堀田善卫撰写的文艺评论《上海·南京》，对于认识这位作家在上海形成的他者意识和文学思考，追溯其创作长篇小说《时间》的写作动机，都具有重要的文献价值与启示意义。

**关键词**：日文期刊　《新大陆》　堀田善卫　第二次世界大战末期　战后

发行于上海的《新大陆》，是一种稀见日文期刊。因其创刊于 1945 年 8 月 1 日，仅两周之后，日本政府接受《波茨坦公告》，宣布无条件投降，《新大陆》的创刊号也成为终刊号，发行一期便自生自灭，创下了最短命月刊的记录。因发行时期特殊，加之流通期短暂，收藏于中国国家图书馆的《新大陆》是目前国内仅见的孤本，在日本还未见有图书馆收藏该刊。

为发行期刊《新大陆》，在日本驻上海的陆军报道部及日本大使馆的支持下，《大东亚》《大陆往来》等四家在上海发行的日文月刊停刊并整合，成立了

① 基金项目：本文为北京市社会科学基金项目"战后初期中国对日传媒的文献整理与综合研究"（19WXB003）的阶段性成果。

② 作者简介：秦刚，东京大学博士，北京外国语大学北京日本学研究中心教授，研究领域：日本近现代文学。

新大陆社。《新大陆》创刊号的稿件撰写者中包罗了当时上海日本文化人群体的代表者，其中就包括后来成为日本战后派文学代表作家的武田泰淳和堀田善卫。当时他们分别任职于"中日文化协会上海分会"和"国际文化振兴会"的上海资料室。二人刊发于《新大陆》上的文章，都是其个人全集中未曾收录的佚文。特别是堀田善卫撰写的评论《上海·南京》，是印证堀田善卫的上海体验与战时思考的重要文献，对探明其文学创作的素材来源，认识其文学观与文学意识的形成具有较大的启示性。

2018 年 7 月 27 日，日本共同社发布《逸失日语杂志在中国发现 45 年创刊 因终战仅一期》的新闻稿，日本多家新闻媒体对笔者关于《新大陆》的调查进行了报道①。同年 9 月号的文艺杂志《昂》（『すばる』）全文再录了堀田善卫的《上海·南京》和《国际文化振兴会的回忆》这两篇在《堀田善卫全集》中未收录的文章。笔者撰写了解说文章《堀田善卫一九四五年留在上海的话语》②，这也是关于刊物《新大陆》的首度公开的介绍。随后，陈童君著《在华日侨文人史料研究 堀田善卫的上海时代》③ 一书，也对《新大陆》和堀田善卫的文章做出了重点分析，提出不少真知灼见，并且对第二次世界大战末期上海日文言论空间中，以堀田善卫和武田泰淳为中心的日本文化人群体的相互关系做出了清晰勾画。

鉴于《新大陆》对于了解日本无条件投降前上海日文媒体话语动态的标本性价值，以及堀田善卫评论的文学史意义，本文在《昂》所刊解说文章的基础上，对《新大陆》及其刊发的堀田善卫的评论文章再度详尽介绍并考据分析，补充前文未充分展开的论述，进而提示出该刊物对于考察上海战时与战后日文媒体的范式转换，辨析日本战前与战后文学的连续性等多方面的史料价值。

---

① 「中国で幻の日本語雑誌発見 45 年 8 月創刊、1 号で幕」、2018 年 7 月 27 日「静岡新聞」［夕刊］（「北国新聞」［夕刊］、「信濃毎日新聞」［夕刊］、「徳島新聞」［夕刊］ など）；「中国で幻の日本語誌発見 堀田善衞さん随筆掲載」、2018 年 7 月 28 日「北日本新聞」（「愛媛新聞」、「山陰中央新報」、「琉球新報」、「南日本新聞」、「北日本新聞」、「伊勢新聞」、「北国新聞」 など）；「幻の日本語雑誌北京で発見 堀田善衞さん随筆 冷静さ、誌面と対照的」、2018 年 7 月 30 日「日本経済新聞」［夕刊］、「日本語雑誌中国で発見 作家・堀田さんの随筆など掲載」、2018 年 8 月 2 日「山形新聞」；「「幻の日本語雑誌」中国で発見 堀田善衞さん「時間」の原点」、2018 年 8 月 11 日「北陸中日新聞」；「幻の日本語雑誌 中国で発見 堀田善衞さんらの原稿掲載」、2018 年 8 月 14 日「神戸新聞」等。

② 秦剛「堀田善衞、一九四九年の上海で残した言葉——「上海・南京」の戦後的な思考」、『すばる』2018 年 9 月号。

③ 陈童君：《在华日侨文人史料研究 堀田善卫的上海时代》，上海人民出版社，2020 年。

## 一、《新大陆》的创刊背景

　　《新大陆》无疑是第二次世界大战末期上海最后创刊的日文综合月刊，代表了上海日文媒体出版传播的主要力量。不唯如此，《新大陆》更是同时期创刊的绝无仅有的日文期刊，是日本本土几乎荡然无存的综合性期刊出版的替代物。

　　1945 年 3 月东京大空袭之后，日本国内的报刊出版已难以为继，能继续印刷发行的期刊已是凤毛麟角。早在一年之前的 1944 年 4 月，《文学界》《妇人公论》等大型刊物便已宣告停刊。同年 7 月，两大综合性杂志《中央公论》《改造》也同时停刊。《文艺春秋》和《新潮》两刊勉强维持到 1945 年，但也在东京大空袭后被迫停刊。同时期，为实施日本内阁的《关于对应战局的新闻非常态势的暂定措施要纲》，《朝日新闻》《每日新闻》《读卖新闻》都将印刷机和部分社员转到地方，1945 年 5 月 10 日，日本取消了全国的报纸零售，在 5 月 25 日的大空袭中，《读卖新闻》《东京新闻》的总部被毁。也就是说，在战败无条件投降前夕的日本本土，报纸出版媒体的信息传播与公共言论都已经名实俱亡。因此，《新大陆》的创刊实为在"以言论崛起挽救皇国危机"（广告页标语）的目标下，具有官方性质的日文报刊媒体在上海的最后一搏。

　　《新大陆》是一本 32 开本的日文刊物，创刊号上刊发评论、随笔、诗歌、小说等共 21 篇，页数 104 页，定价为二千日元。该刊封面设计极为简单，版权页上标有"综合杂志""每月一次定期发行"的字样，所标明的编辑兼发行人为米仓岩美，发行所新大陆社的地址为"上海南京路 20 号沙逊大厦 27 号"。创刊号于 7 月 20 日印刷，8 月 1 日发行。由"中央印刷股份公司"印刷，地址为"上海香港路 117 号"。这家公司与堀田善卫在日本战败无条件投降当天的经历相关，对此将在文末提及。

　　根据刊物的封底标注，可知该刊于 1945 年 5 月 16 日获得了领事馆的许可，因此刊物决定发刊的时间应该是 5 月中上旬。自 1943 年起上海百物腾涨，纸张、油墨、印工的价格不断暴涨。印刷纸张作为军用物资被严格管控，第二次世界大战时期上海发行的日文报纸《大陆新报》的晚报于 1944 年 2 月停刊，同年 7 月起该报的版面进一步削减为每日两版。日本在太平洋战场的失利加剧了上海的物资短缺，由日本大使馆支持的数种日文期刊也难以为继。但 1945 年 5 月前后，美军在冲绳岛战役中取得决定性战果，5 月 7 日纳粹德国宣布无条件投降，欧洲战场战事结束。太平洋战场的战争走势，成为世界的焦点。美军加紧了对上海的日军目标的轰炸，5月15日上海宣布实施灯火管制①。加之为商讨和制订《联合国宪章》的旧金山会议从4月25日开始召开，日本军方将上海视为"大东亚战争"的"最前线"，舆论界必须响应"大东亚战争完遂"的号召，强化战争宣传，即所谓"将文笔化为战斗力"（来自"新大陆时论"标题）。这就是虽已面临太平洋战争的全面失败，却仍要创办一个新刊物的历史背景。

1945年5月26日《大陆新报》（第二版）刊登了《〈新大陆〉创刊》的消息，称"本地杂志《大东亚》《中国政经》《大陆往来》《妇人大陆》四社现经统合，创设新大陆社，将发刊《新大陆》杂志，计划于七月一日发行创刊号"②。消息称刊物在7月1日发刊，但实际的发刊时间整整延后了一个月。同日《大陆新报》的广告版面，另刊有《综合杂志〈新大陆〉发刊鸣谢文》③，全文如下：

> 综合杂志《新大陆》发刊鸣谢文
>
> 此前在本地文化界以各自立场独自开展杂志活动的《中国政经》《大东亚》《妇人大陆》《大陆往来》四种期刊，在陆（军）、海（军）、大（使馆）等各相关机构的指导援助下，为期出版文化的一元化，各社集结于此，决定在新构想下发行综合杂志《新大陆》。就此，向支持各杂志的诸贤致以深谢，同时特别恳请今后给予指导。
>
> 昭和二十年五月二十六日
>
> 新大陆社 理事长 森山定 专务理事 米仓岩美 理事 春野鹤子

这里明确列出了新大陆社的各主要负责人，其中理事长森山定为原《大东亚》杂志的社长兼主编森山定七，专务理事米仓岩美为原《大陆往来》的主编兼发行人，理事春野鹤子为原《妇人大陆》杂志的主编兼发行人。而新大陆社的社址所在地"沙逊大厦27号"，1943年2月后曾一度用于大陆往来社的社址。《大东亚》和《大陆往来》是分别创刊于1939年、1940年的综合月刊，都是发行期较长也较有影响的日文刊物。《大陆往来》上刊发的多田裕计的小说《长江三角地带》，曾获得1941年上半年的芥川文学奖，甚至被奉为日语

---

① 「裸の電燈は禁物　外出時には必ず消燈」、「大陸新報」第2面、1945年5月13日。
② 「『新大陸』創刊」、「大陸新報」第2面、1945年5月26日。
③ 「総合雑誌『新大陸』発行挨拶」、「大陸新報」第2面、1945年5月26日。

"现地文学"的首篇作品，该刊之后也发表过进入芥川文学奖候选的小说，因而被日本本土文坛所关注。日本学者大桥毅彦多年来对《大陆往来》做过最为系统和深入的研究调查①。目前《大东亚》和《大陆往来》能确认到的最晚的发行刊号都是 1944 年 11 月号。

新大陆社既然由大东亚社、大陆往来社等合并重组而成，《新大陆》的《编辑后记》中对原四种刊物使用了"实现发展性解消"的措辞。据此判断，《大东亚》《大陆往来》等四刊均有发行至 1945 年 4 月前后的可能性，只不过后期的原刊物现已难于找到，暂时无法确认。

上述报道和谢辞里提及的《中国政经》，所指应为 1941 年 10 月创刊的《中国政经月报》。该刊由"中国政治经济研究所"发行，编辑、印刷兼发行人为吉武朝四郎。目前能确认到的《中国政经月报》的最后期号为 1945 年 1 月号。

由于时局动荡之下上海日媒已极度萎缩，《大陆新报》上的消息几乎是仅见的《新大陆》创刊的佐证资料。关于《新大陆》的创刊宗旨，该刊卷末的《编辑后记》中称"时局之面貌在所有方面都已到了战力增强刻不容缓的局面"，该刊将以新的决心实现"文章报国"，并做出如下表示：

> 中国——尤其上海，是将大东亚战争引向胜利的前线，此为众人皆承认的共识。因此，新杂志《新大陆》可谓是日华文化创造的挺身队。
>
> 上海不仅是一座地方城市，更是大东亚地区的中核地带，是最前沿的战线。我们《新大陆》也并非上海经济浪涛左右之下的一本地方刊物，而更应是一本具有连接东亚、将日华文化精神覆盖到东亚全域之气概的核心刊物，立志成为文化的尖兵。②

这篇后记中频频使用"战力增强""飞跃体制""总力战""必胜""挺身"等时局用语，显示了该刊最基本的话语基调，但在外强中干式的空洞口号的背后，也能看出在败局已定的前提下有意强化中日关系的企图。《编辑后记》最后还无奈表示，"因交通和通信关系，稿件无法依靠内地及其他地区，暂时重点只能放在当地"。如前文所述，日本国内主流刊物已全部停刊，"稿件无法依靠内地"也并非只因"交通和通信"。因此《新大陆》甫一问世，即刻成为日

---

① 大橋毅彦「『大陸往来』解題」、「『大陸往来』細目」、戦前期中国関係雑誌細目集覧刊行会編『戦前期中国関係雑誌細目集覧』、三人社、2018 年、第 335 — 379 頁。

② 「編輯後記」、『新大陸』創刊号、1945 年 8 月、第 104 頁。

文媒体的"核心刊物"，创刊号上刊发的全部稿件均来自上海本地。

## 二、上海日文媒体的话语裂隙

《新大陆》创刊号上，紧随开篇的"新大陆时论"《将文笔活动化为战斗力》之后，是日本大使馆报道部部长松平忠久的《日华民族的将来》，专门谈及对中日关系的未来展望，可见对时局之变已有预感。此外，陆军顾问吉田东祐的《苏联与中国》和朝日新闻中支总局长和田齐的《渝延与美苏》都分析了中国与苏联和美国之间的关系，隐含对战争走向的判断。这些文章虽带有不同程度的官方言论色彩，但也都和"社论"的标题所强调的"将文笔活动化为战斗力"的口号并不完全同调。而在其他评论之外的文艺类创作中，更是不同程度地反映出日本行将战败的种种征兆。

创刊号执笔者中，来自民间的代表人物是内山书店的经营者内山完造。他也是所有执笔者中居住上海最久、此时在媒体上最有影响力的人物之一。他的文章题为《两张明信片》，是"新大陆随苑"栏目中的一篇随笔。文章的开篇便谈到 5 月 15 日报纸上报道了美军 400 架 B29 轰炸机编队对名古屋的轰炸，随即介绍了同一天他收到的来自出征军人的两张明信片，其内容均显示日本在战争中的败局已近在眼前。而三浦桂祐的一组短歌《日日有心》中，有四首间接吟咏了东京大轰炸之后东京的惨状。他收到妻妹从东京的来信，告知自家房屋在空袭中全部烧毁，没来得及取出一件物品。其中的一首为"叹息东京变焦土，妻子无言卷家书"（東京の変れるすがた嘆けども 文まきかへす妻しづかなり①）。三浦桂祐是当时上海最有代表性的歌人，1938 年来沪后主持过短歌研究会、上海短歌会等，1943 年后负责《大陆新报》的《大陆歌坛》的选歌。

大陆新报社的朝岛雨之助是《上海文学》的同人之一，他发表的诗歌《书籍的去向》用超现实主义的手法，预言俄语、英语辞典将开始流行，以此折射出时局即将发生的重大变化。"如今正值苏联强大/美国步步紧逼之时/俄语字典、英语辞典啊/你变成今天的鸟/从日本、上海的书店/腾空起飞了！"② 第二次世界大战期间英语在日本国内被视为"敌性语"而禁止使用，但当盟军占领

---

① 三浦桂祐「日日有心」、『新大陸』創刊号、1945 年 8 月、第 55 頁。
② 朝島雨之助「書籍の行方」、『新大陸』創刊号、1945 年 8 月、第 27 頁。原文为：「いまやソビエット強大にして/アメリカ しんしん迫る秋/ロシヤ語手引きよ 英語の辭引きよ/おまえはけふの 鳥となり/日本や 上海の 本屋から/ひらひら ぱあつと 飛び立った――」

日本后,《日美会话手册》3 个月便售出 360 万部,完全验证了这首诗里的预言。

岛本惠似子的《父亲的肖像》是《新大陆》发表的唯一一篇小说。小说主人公是一位多年前留学美国,后在上海一所外国人学校教日语的日本女性。小说后半部分写到,她经常被其他国家的同事质疑、日本为什么不投降? 甚至晚上做梦经常梦到美国军人从天而降。虽然主人公表示要相信"死也不能接受无条件投降的这个国家信念",貌似仍是坚定决战士气的主题;但小说通过女性视角表达出的则是对战败的恐惧。像这样提及日本无条件投降的小说,出于言论管制和刊物停刊的多重原因,在日本本土是根本没有机会公开发表的。

武田泰淳在《新大陆》上发表的《关于苏青女士》,也是一篇被重新发现的佚文。武田泰淳曾与竹内好等人共同创办"中国文学研究会",1943 年出版了长篇评论《司马迁》,受到日本文坛的关注。他于 1944 年 6 月来到上海,任职于"中日文化协会上海分会"的"东方文化编译馆"。1945 年 6 月号《大陆》(大陆新报社)上发表了他的随笔《龙华镇》,同时期《上海文学》春季号上还刊发了他的小说《中秋时节(上)》(后改名《上海之月》),这也是他发表的首篇小说。这一时期,武田泰淳正试图从中国文学研究向小说创作转型,而且已成为上海日文文坛最活跃者之一。《关于苏青女士》是对流行女作家苏青作品的评论文章,特别聚焦了其小说中的"骂人"。他评价苏青的小说是了解中国人的生活本能的入门书。武田泰淳的早期小说《庐州风景》《上海之月》中都塑造了个性鲜明的中国女性,因此,在他对苏青作品的理解和评论中,不难找出理解他小说人物塑造的辅助性线索。

其他执笔者中,值得提及的还有"上海自然科学研究所"病理学科研究员小宫义孝,他与陶晶孙同是该研究所同人杂志《自然》的主要成员,也是上海日文文坛的代表者。小宫义孝发表的《扬州的水》是一篇从传染病学角度对扬州饮用水做出的调查报告,没有涉及时局内容。被冠名为"中间读物"的《中国的笑话》,是一篇介绍了从《广笑府》中找出日本近世笑话之源头的文章,此文的作者辻久一当时在"中华电影联合股份有限公司"国际合作处任职,而该公司即位于汉弥尔登大楼(现福州大楼)。堀田善卫的《上海·南京》里写到了对这座大楼的"非人性化"的印象,如若深读,或暗含对一元化管理上海电影业的"中华电影联合股份有限公司"的嘲讽。《新大陆》卷末刊登的广告中,即有该公司即将引进的四部影片的广告,分别为德国电影《密林掠夺者》、反映日本南方军航空部队的日本纪录片《大翼》、黑泽明编剧的《快活的一心太助》和丸根赞太郎编剧的《神风如此吹起》。从"近期登场的盛夏豪华版"

的宣传词判断，这些影片可能根本没来得及在上海公映。

　　吴中行的《中国国家观的探求》，是《新大陆》刊发的唯一一篇中国人撰写的文章。吴中行是当时任伪《申报》总主笔的吴玥的笔名。他在这篇冠以"中国论坛"的文中披露了一首诗作，能看出他的时局之感。"多难登高处，家邦运正穷。骷髅盈宇内，稚子满朝中。不识居仁事，妄夸聚敛功。乱难民力尽，感慨寄江东。"① 由中国人在日文媒体上直接谈论"中国国家观"的话题，若非日本败局已定，恐难以想象。陈童君注意到这篇文章里几乎不提日本，证明作者实际上已将日本排除在考虑之外，而且文中多次使用了"沦陷区"一词，这曾是上海言论界的禁忌词，是需要用"和平区"来表示的。② 吴玥的文章也证明，《新大陆》上的言论空间中包含了不可调和的矛盾与裂隙，呈现出表里不一的双面性。正是这些裂隙与双面性，构成了这本在日本战败无条件投降前夜创刊的日文月刊的特质。

　　在《新大陆》所有日方执笔者中，1945 年 3 月底来沪的堀田善卫在上海的阅历最浅。他从庆应义塾大学文学部法国文学学科毕业后，进入国际文化振兴会调查部任职。1945 年 3 月他争取到被派驻上海资料室的机会，但正值第一次东京大轰炸之后，振兴会已经无法为其提供渡航手段。他向友人借钱，设法乘上一架军方征用的朝日新闻社的飞机，3 月 24 日从东京飞抵上海。③ 当时，与堀田善卫同机来到上海的，是出任朝日新闻中支总局长的和田齐。"国际文化振兴会"上海资料室，设于南京路的别发洋行大楼，紧邻外滩的最高建筑沙逊大厦（现和平饭店北楼）。而《新大陆》的编辑部正位于沙逊大厦，堀田善卫在他的文章里就提到了"坚固"得令人"瞠目结舌"的沙逊大厦。

　　堀田善卫在上海和武田泰淳交往最多。1945 年 5 月，二人在名取洋之助的资助下去南京旅行数日，受到了当时在汪伪政府宣传部任职的草野心平的接待。《新大陆》创刊号刊发的《上海·南京》，就是堀田善卫从南京返回上海后不久撰写的评论文章。日本战败无条件投降后，他被中国国民党中央宣传部对日文化工作委员会留用，从事对日文化工作，直至 1947 年 12 月回国。堀田善卫本人似未能拿到出刊的《新大陆》，也未能将这篇文章带回日本。因此，筑摩书房先后于 1974 年、1993 年出版的两个版本的《堀田善卫全集》均未将《上海·南京》收录其中。这篇评论的内容与他日后创作的《祖国丧失》等一

① 　吳中行「中國國家觀の探求」、『新大陸』創刊号、1945 年 8 月、第 65 頁。
② 　陈童君：《在华日侨文人史料研究 堀田善卫的上海时代》，上海人民出版社，2020 年，第 113 页。
③ 　堀田善衞「国際文化振興会での思い出」、『すばる』2018 年 9 月号、第 127 頁。

系列上海题材的小说，特别是与长篇小说《时间》、随笔集《在上海》等都有关联，对于了解他在日本战败前夕的对华思考提供了最直接的参考文本。

## 三、堀田善卫眼中的上海："乱世"中的"沙漠"

"一九四五年当东京大轰炸、饥荒蔓延、尸横遍野之际，'神州不灭'、'皇国'云云等煞有介事却又荒唐可笑的豪言壮语充斥报刊，达到了登峰造极的程度。"[1] 这是堀田善卫在《方丈记私记》中斥责的第二次世界大战末期日本国内媒体的现象。他称为"近乎犯罪"的口号宣传，也可见于《新大陆》。上海陆军报道部长岛田胜巳的《回击敌美的宣传》一文，便是叫嚣以"大和精神"抗击美军的显例。该文强调美国的任何宣传都无法渗透于"在三千年悠久历史中连绵流淌的大和民族的纯种血液"，无法渗透于"从纯种血液中生出的神州不灭必胜的大信念"[2]。就在《新大陆》创刊当日即 8 月 1 日，日本驻沪报道机关合并为上海弘报部。因此，《回击敌美的宣传》当为岛田胜巳以上海陆军报道部部长身份发表的最后的文章。

然而，作为同时期撰写的文章，堀田善卫的文章里找不出任何"神州""皇国"之类的民族主义词汇和"挺身""尖兵"之类的时局用语，他不仅远离"大东亚战争"式的官方话语，也自觉从超越民族主义、反民族主义视角观察与思考，在"人类""思想""文学"等具有普遍性的范畴中审视上海的现实。笔者曾指出堀田善卫在"八·一五"日本战败无条件投降之前，就已经开始了"战后式的思考"，以此来解释《上海·南京》一文蕴含的穿透时代的洞察力和预见性[3]。那么，堀田善卫的"战后"从何时开始？笔者认为堀田善卫于 3 月 10 日亲身经历的东京大轰炸，即可视为一次"战后"体验。这里的"战后"并非一般所指的"八·一五"日本"战败之后""战争结束后"的"战后"，而是指经历过战争对城市与人类的毁灭式破坏之"后"，这也是"战后"一词的应有之意。

对于大轰炸后的东京和被日军占领的南京的观察，有可能催生了堀田善卫的"战后式"思考。《上海·南京》的开篇，就从被炸为焦土的"东京"写起，

---

① 堀田善衞「方丈記私記」、『堀田善衞全集 10』、筑摩書房、1994 年、第 329 頁。
② 島田勝巳「敵米の宣傳を衝く」、『新大陸』創刊号、1945 年 8 月、第 14 頁。引文为笔者译。
③ 秦剛「堀田善衞、一九四九年の上海で残した言葉——「上海・南京」の戰後的な思考」、『すばる』2018 年 9 月号、第 132 頁。

自述从东京飞往上海时，携带的书籍只有一本文库版的《论语》，之所以如此，是因为"没有哪本书能比它更让人痛彻地感知乱世了"，在这样的"乱世"里，"伦理道德等等，已皆无可讲"①。这里出现了后来成为堀田善卫文学的最重要关键词的"乱世"，体现出他与众不同的时局判断和现实认知。在成为战后派作家之后，堀田善卫结合东京大轰炸时的战时体验，在《方丈记私记》《定家明月记私抄》等著作中刻画出"乱世的记录者"鸭长明和乱世诗人藤原定家。现在可知在先于两者前，他就对中国古代圣人孔子做出过一个不拘常规的大胆评价，称其为"第一等"的"乱世诗人"。

堀田称一部《论语》"字字句句皆为遗言，或有如预言般的回响"，在大轰炸中"我想起的便是'朝闻道，夕死可矣'这句壮烈的话语"。在美军对东京的大规模空袭下，面对与死亡为邻的现实，以诗歌创作步入文学之路的堀田善卫在孔子的思想中发现了乱世中"最伟大的诗"。他对孔子做出的独特评价，基于对"乱世"具有批评意识的洞察，在这里已经浮现出战后堀田文学所聚焦的文学主题的端倪，即塑造生存于"乱世"的观察者或思想者的文学主题。

离开东京，来到上海，他称自己随即将《论语》忘到脑后，反而想阅读《圣经》，以此来说明上海与东京在现实层面上的巨大差异。《新大陆》的编者将上海视为"将大东亚战争引向胜利的前线"，可是在堀田的眼里，上海是个聚集了众多人口但"不存在真正的人际交流"的城市，建筑也都呈现着"非人性化"的表情，是一座缺乏"人性"与"爱情"的"沙漠"般的城市。这些微词中暗含着对日本的占领政策与战时体制的质疑。作者反问"思想能够穿透这种现实的虚构之网降临大地吗？"他讽刺"这里的思想已成为一种怪物般的状态"②，而且彻底"排斥人性"。可见，堀田始终以"人"为尺度和坐标，以一道冷峻的视线，审视日本占领统治下的上海。

堀田称"这里的思想"已成为"怪物"，那么，第二次世界大战末期上海当局的官方"思想"究竟为何物？以最切近的例子来回答的话，《新大陆》刊载的各式广告上的时局标语即可为其代言——"击灭美英""增产挺身""尽全力取得完胜"等"豪言壮语"。其中有一幅日本哥伦比亚唱片公司录制的唱片广告，歌曲是由岛田胜已作词、服部良一作曲、李香兰演唱的两首"口号歌"，歌名为《民为我等之友》和《同为东亚民众》。"大东亚战争"的思想宣传已无所不用，但确已是强弩之末。堀田善卫直指上海没有"思想"，反而"充斥着

---

① 堀田善衞「上海・南京」、『新大陸』創刊号、1945 年 8 月、第 86 頁。引文为笔者译，后同。

② 堀田善衞「上海・南京」、『新大陸』創刊号、1945 年 8 月、第 90 頁。

思想的幽灵"，这里的"思想"已成为"怪物"，这一判断意味着对"大东亚战争"意识形态的蔑视与否定。继而，他认为上海将产生怎样的"文学"，将"关乎到世界的命运"，并断言"置身于这个沙漠般的都市，以人为主体思考时，文学不应该是华丽的海市蜃楼，而必须发挥骆驼或手杖的作用"①。"海市蜃楼"只提供一时的迷幻，"骆驼"和"手杖"，才是行走于"沙漠"必不可缺的工具。这时的堀田善卫还没有开始创作小说，但已经形成了较为成熟的"文学"观，战后也未曾放弃和"转向"。

值得注意的是，堀田善卫还暗中援引了鲁迅的散文诗《希望》中的"绝望之为虚妄，正与希望相同"的思考，指出"不论是希望还是绝望"，上海不存在"真正适用这些词汇本意的现实"②，这等于说在上海没有能看到"希望"的现实，但在这里"绝望"也是虚妄的。他多年后曾表示，鲁迅的这句话"在后来的战争期间支撑了我"③，甚至说自己"被这句话所感动，才萌生了去中国的想法"④。从《上海·南京》中，已能看出他融入鲁迅式思考的痕迹。

## 四、"史后"的南京与《时间》

《上海·南京》的标题中，特意将"南京"与"上海"并置，直观显示出"南京"作为思想化资源具有和"上海"同等的价值。这也让人看到堀田善卫创作了《时间》这部以南京大屠杀为题材的长篇小说的必然性。然而他当时对南京大屠杀了解到何种程度，还有待进一步探讨。

《上海·南京》在临近结尾处，运用了富于象征性的语言叙述作者对被日军占领后"国破山河在"的南京所见。在他的眼里，前往南京的铁路沿线的风景中，长势旺盛的麦田和稀疏寥落的人家形成了鲜明的反差，他将这以"人"不在场为特征的风景，表述为"人类历史已经终结之后的风景"。

前往南京的铁路沿线风景里，小麦长得高壮挺拔、繁茂旺盛，是一切

---

① 堀田善衞「上海·南京」、『新大陸』創刊号、1945 年 8 月、第 89 頁。
② 堀田善衞「上海·南京」、『新大陸』創刊号、1945 年 8 月、第 90 頁。
③ 堀田善衞「魯迅の墓その他」、『堀田善衞全集 14』、筑摩書房、1994 年、第 458 頁。引文为笔者译。
④ 堀田善衞「芥川賞受賞記念祝賀会」での挨拶、『堀田善衞全集』1、筑摩書房、1993 年、第653 頁。

人为的比喻都无法形容的生机盎然的风景。可是，原野上星星点点的人家，散落在生机盎然、一望无际的麦田之间，显得十分孱弱。看上去，仿佛是在麦子面前保持着谦卑。这不禁令我去想，对于风景来说，人真是必不可缺的吗？眼前的山峦，不知该说它是太古的姿态，还是该说是人类历史之后的姿态，总之是与我们人类的概念内容都相去甚远的样态。一般有"史前"这个词汇，但在我看来，那是人类历史业已终结后的风景。"国破山河在"的诗句，实为彻底洞察一切的表达。但那绝不是悲壮的表达，与其这样说，毋宁说它是关于这片土地的一种正确的自然观。"破"这个词，并非败北之意，而是当国家远离此地之后，极为自然、极为客观的一种感慨。对于这片土地来说，国家占据首要位置的历史已成为久远的过去。

站在南京的城墙上，眺望着紫金山、玄武湖的美景，我将目光久久地聚焦在山肩处的高塔上，"哀而不伤"这句话涌上心头，我痛切地感受到中华民国的新建设将会面临怎样巨大的艰辛。唯一能清楚预见的，就是能够统一这个国家的人，必定是一位擅长吟诵气魄宏大的长调诗歌的诗人。[①]

这段结尾文字虽然运用了抽象化的语言表现，其部分原因源于撰写时发表条件所限，但如果借用堀田善卫本人对《方丈记》的评价，则必定是以现实为基础的"以出人意表的精确和彻底的观察为依据"[②] 的认知。

这次南京之行，成为作者在九年后创作长篇小说《时间》的契机与原初体验。而且，《时间》中使用了"史后"这一造词，"如果你想看一看史后（我不知道有没有这一词汇）的自然、史后的风景，那么，就请在深秋的傍晚来到南京，然后站在玄武湖前的城墙上，或者站在玄武门的城楼上去眺望一下紫金山"[③]。这显然来自《上海·南京》中的"人类历史业已终结后的风景"的描写，也证明这个隐喻式的表达，出自作者的真实体验。在"八·一五"日本无条件投降后撰写的评论《反省与希望》中，作者对南京所见"人类历史之后"的风景与自我人生的决定性关系做了如此表述："紫金山呈现着地球上的人类彻底灭绝、全部灭亡之后的美丽而恐怖的身姿，我对中日关系、对东方命运的悲哀亦愈加深重，我真切地感到，这些都将与我自己人生的悲哀与绝望相

① 堀田善衞「上海·南京」、『新大陸』創刊号、1945 年 8 月、第 92 頁。
② 堀田善衞『堀田善衞全集』10、筑摩書房、1994 年、212 頁。
③ 堀田善卫：《时间》，秦刚译，人民文学出版社，2018 年，第 4 页。

连续。"①

　　上述引文的最后段落，有一个需要略加诠释之处。即"站在南京的城墙上，眺望着紫金山、玄武湖的美景，我将目光久久地聚焦在山肩处的高塔上"一句。"山肩处的高塔"指的是什么塔？在这里没有明确交代，仅读此文是难以做出判断的。但是如果和长篇小说《时间》联系起来，就能很容易地找到答案了。——这座塔应该是紫金山南麓灵谷寺内所建"国民革命军阵亡将士公墓"建筑群中的"国民革命军阵亡将士纪念塔"，俗称九层塔，现称灵谷塔。在小说《时间》里，主人公陈英谛的眼中映现出了这样的景观："紫金山也被笼罩在夜色之中，唯有山巅此刻泛着鲜红的光，山顶上的革命纪念塔，如同一把刺出的匕首熠熠闪光。"②在日军占领南京之后，他又再次在日记中提道："烧得火红的夕阳，将今天最后的热度倾注给了紫金山，仿佛要将山巅的革命纪念塔熔化。"③民国政府定都南京后，在灵谷寺址建造了国民革命军阵亡将士公墓，其中最具有象征性的建筑，便是"国民革命军阵亡将士纪念塔"。其塔外第一层有蒋介石亲书的"精忠报国"四个大字。在公墓北侧墓墙的东西两端，还建有第十九路军、第五军淞沪抗战阵亡将士纪念碑。堀田善卫在南京期间，必定造访过这里，而且留下了极深的印象。

　　但实际上经过实地验证可知，从玄武湖一侧的城墙上，是看不到"国民革命军阵亡将士纪念塔"的。换言之，"站在南京的城墙上"所眺望的那一景观，可能是堀田善卫以主观意识编辑合成出来的。但即便如此，或者说正因为如此，堀田善卫引用"哀而不伤"之语，表示"痛切地感受到中华民国的新建设将会面临怎样巨大的艰辛"，表达出对中国阵亡将士的共情，对中国战后复兴建设的瞻望，便愈显情真意切。《上海·南京》从"东京"起笔，以"南京"收尾，最后放眼于对中国而非日本未来的前瞻。必须承认，这其实是超越其国家民族身份的一种换位思考。

　　堀田善卫于日本战败十年之后创作完成的长篇小说《时间》的最突出的特点，是以南京大屠杀的中国受难者视角展开第一人称的叙述，这需要作家克服自我局限，让自己身处历史现场，将主观视角置换到受难者的位置和角度。如今可知在 1945 年日本战败无条件投降的前夕，堀田善卫就已经有换位思维的意识了。陈童君指出在日本战败后无条件投降的最初十年里，堀田善卫是书写

①　堀田善衞「反省と希望」、『改造評論』創刊号、1946 年 6 月、第 178 頁。引文为笔者译。
②　堀田善卫：《时间》，秦刚译，人民文学出版社，2018 年，第 6 页。
③　堀田善卫：《时间》，秦刚译，人民文学出版社，2018 年，第 141 页。

中国最为活跃的日本作家，在日本战后文坛扮演了"中国解说人"的角色。"堀田善卫战后五十余年的文学生涯实质上就是一次不断寻找他者、履行对话责任的漫长旅行。他用自己的战后文学和战后人生诠释了一个越境者的诗学。"① 那么，《上海·南京》正记录了二十七岁的堀田善卫从"东京"到"上海""南京"的第一次真正意义上的"越境"。

## 结语：堀田善卫的"八·一五"

堀田善卫在上海前后共一年零九个月时间，《上海·南京》既是他在日本战败无条件投降前的上海发表的唯一文章，也是唯一发表于上海日方媒体的文章。日本战败无条件投降之后，他还在中国对日宣传报刊《改造日报》《新生》《改造评论》等上先后发表了《关于希望》《文学的立场》《反省与希望》等评论文章。

评论《上海·南京》的发表还与堀田善卫在上海迎来日本战败无条件投降的决定性体验有关。在得知日本即将投降的第二天，8 月 12 日，他决定策划和印制《告中国文化人书》的传单，并为此前往军方筹集资金、调配纸张，请求调用直升飞机从空中散发。关于这件事情，他在《在上海》《相遇之人》中都有详细追溯。

根据他的日记可知，他计划邀请参与撰文《告中国文化人书》的执笔者有吉田东祐、广濑库太郎、小竹文夫、武田泰淳、末包敏夫、内山完造、山岸多嘉子、星野芳树、船津辰一郎、刈屋久太郎、高桥良三、林俊夫等，最后请室伏克拉拉将日文稿件全部译成中文。8 月 15 日日本天皇宣布投降的广播，堀田善卫是在一家印刷所里听到的。他为天皇没有向亚洲国家的合作者做出任何表示而感到失望。关于这家印刷所，他说是"美国系的印刷公司美灵登印刷所"，其实，就是印刷了杂志《新大陆》的地址为"上海香港路 117 号"的中央印刷股份公司。称其为"美国系"的印刷公司，应属记忆错误。美灵登印刷有限公司原本是英国人美灵登在 1927 年与人合伙收购的，依靠印刷中英文电话簿而获巨利。太平洋战争爆发后，作为敌产被太平出版印刷公司接管。美灵登本人被关进集中营。1957 年重访上海时，堀田善卫再次来到了这里。

当日本天皇宣布投降的广播播出后，原本这家印刷印制《告中国文化人

---

① 陈童君：《堀田善卫：越境者的诗学》，《世界文学》，2018 年第 3 期，第 118 页。

书》的计划，因对方不再承接日方业务而终告流产。印制传单的本意，是希望让在沪日本文化人向中国文化人写出面对日本战败无条件投降之际的真实感言，堀田善卫说，那恐怕是他一生仅有的一次受强烈的爱国心驱动的行为。

也许由于《新大陆》的流通时限过于短暂，乃至于堀田善卫竟也没能拿到一本刊物。一年之后的 1946 年 7 月 20 日，他在日记中写道："要设法找到刊发了《上海·南京》一文的《新大陆》杂志。若找不到的话，那就是绝对没有了。"同年 9 月 15 日的日记中，又记有"在大家回国之前，要托付米仓确保一本《新大陆》。""米仓"指的就是原新大陆社专务理事、主编兼发行人米仓岩美。由于留用人员的特殊身份，堀田善卫是最有条件将这本战时出版的期刊带回日本的人，但他最终也没能找到一本，他后来的文章里也从未提及这本"昙花一现"的刊物。中国国家图书馆收藏的《新大陆》创刊号成为国内保存的孤本。

# 上海·南京

[日] 堀田善卫 撰　秦　刚 译

　　从东京的机场起飞时，我带的书只有一本文库版的小开本《论语》。读着《论语》而来，对此，并没有什么堂而皇之的理由。唯一能称得上理由的，便是在我的所知中，没有哪本书能比它更让人痛彻地感知乱世了。伦理、道德，等等，已皆无可讲。怀抱学说，四处漂泊，浮现于眼前的孔子的身影令人痛心。我们都在中学、大学读过很多遍《论语》，可这段时间我读的《论语》，不再是一本道德之书，而是一部直逼人心的悲切的文学作品。而且，孔子的悲伤有如绷紧的琴弦般张力十足，字字句句，皆为遗言，或有如预言般的回响。正因为他以自身漂泊的命运为代价，其话语皆升华为一种断然的预言。"道不行，乘桴浮于海"，然后他又说"从我者其由与"，其实孔子绝没有寄希望于"从我者"，也没有办法这样强制，但他看到了一条煌煌发光的道路。他发现了这条路，并没有任何理由，也深知唯有这条路，才值得自己为之殉道。而若不能为之殉道，那条路便也没有理由存在，他也便无法获得决定性的话语表达。

　　我身在东京读着《论语》，仿佛在读一篇最伟大的诗。在炸弹、燃烧弹的降落声、炸裂声、高射炮的发射声、炸裂声等一片轰然的声响中，我想起的便是"朝闻道，夕死可矣"这句壮烈的话。这句话，若非身处乱世的诗人，是不可能用语言表达出来的。有第一流诗人之觉悟者，必然常有此想。然而，一旦用语言表达出来，之后便更为艰巨了。因为，一旦说出这样的话，之后恐怕就再无话可讲了。

　　我不太懂得仁、义、礼为何，但我从《论语》中，感受到了第一流的诗人。

　　我坐上飞机后，也一遍遍地翻开了这本书。可是，随着飞机在上海机场降落，我进入市区，随后我就几乎忘记了自己曾将这本书放进口袋里带来这回事。我发现，那之后在上海的生活，几乎让我忘记了读书是怎样的一回事。

上海——

来到这个城市后，我每天都必定会设想有一天自己流落街头。而且，每天都必定想阅读《圣经》。我意外地看到书桌上有本《论语》，翻开书页，我马上忘记了自己是在上海，仿佛又回到了在东京时的自己。这究竟是什么原因呢？

人们都是因何种原因聚集到这座城市的？让人有如此强烈的"聚集"感的城市，恐怕也是世上少见的。这样讲，当然包括这里的人来自地球上各个地域的含义，但其实就连这里的中国人，也是从四面八方"聚集"而来，这种印象是异常强烈的。

人们为何聚集到这座城市？原因当然可以说是为了生计，但人到底为什么而活着？人们似乎是为了不去追究这个问题，才聚集到这里的。在上海度日的艰难，恐怕指的绝不是所谓的生活的问题，而一定只是单纯的思想的问题。

直到现在，我也会每天设想自己流落街头的样子。《圣经》恐怕就是在失去一切生存的办法和手段时，为流落街头的心灵而准备的书吧。耶稣那异常孤独的身影，以及只有在孤独中才能诞生出的人性至上的宗教……这是我来到上海之后，才痛切体会到的。

我独自一人走在上海的街头，可是，我却没有走在街上的感觉。一幢幢建筑在我看来，就如同"思想"。比如华懋饭店，那种石头和水泥建筑的坚固感超乎想象，简直令人瞠目结舌。在吃惊的同时，我也渐渐地感受到了恐惧。因为那种坚固，决不属于人类的日常，也并非一种无情之物，而是和人类完全完全不同类型的东西。人是一定要居住在人力可以拆掉的房屋里的。

走进旅馆的客房，在井然摆放的家具中，我的第一感受是"人不是仅依靠家具而生活的"。这也是我在去汉弥尔登大楼时的强烈感受。我去那里和人见面时迷了路，走进了似乎是清洁工上下楼专用的窄小、阴暗的楼梯里。这时，我因突然被打动而不禁停下了脚步。映现在我眼前的，是写在墙上的猥亵的脏话。面对墙壁上的涂鸦，我感到非常亲切。这样说或许会有人笑话，但这恐怕不是一个笑话。那是我在那些建筑里目睹到的唯一人性化的东西。在那一瞬间，我联想起石器时代的原始人在洞窟里画的幼稚而美丽的壁画。住在那里的人在我看来，无法以人类去理解，他们是一种思想的幽灵吧。

建造了华懋饭店的沙逊是怎样一个男人，我不知道，但他是犹太人这一点必然不会错。除了犹太人，没有人需要盖一座那样坚固无比的建筑。在那种建筑中生活，想想就让我感到战栗。但如果居住其中，恐怕我就不会想到上面所说的这些事情，可这又是为什么呢？上海充斥着思想的幽灵。夜晚走在街道上，即便看到了妓女，我也不认为她和真正的性欲有什么关联。

　　在那样的建筑中，人能做的究竟是什么呢？恐怕只能做些超现实的"交易"。即便做了几亿美元的交易，置身在那样的建筑中，恐怕也无获得"孤注一掷"的充实与快乐。那里边从事的仅仅就是"交易"。几亿美元的交易和一两日元的交易，恐怕也没有什么区别。一双鞋卖到几万美元，也丝毫不足怪。我在报纸上看到有"这种病态经济状态"的说法，这让我想了很久。如果一双鞋卖几万美元是病态，那么，卖十五美元是否就算健全呢？——这还不仅因为眼下所说的是战时关系。到底哪一种才算是健全，在上海是无法看得懂的。

　　世界上恐怕再也没有哪个城市像这里一样，对横卧街头的乞丐如此无动于衷。在我眼里，在上海拥有几亿美金的富豪和乞丐，几乎没有任何差别。或者也可以说，这个城市具有这种本质上的残酷性。同时，它能帮我们拂拭一切空洞的观念，在这个意义上，起到一个关口作用的地方就是"上海"。

　　尽管如此，如果说在这里，只是赤裸的事物以赤裸的状态存在着，那却是一种虚妄。因为不论是希望还是绝望，在与这些词汇相符的精神领域思考这些问题时，都非常困难。如果说在上海体会到了绝望，那究竟是对什么感到绝望？是对人？还是对世界的命运？——不论是希望，还是绝望，真正适用于这些词汇的本意的现实，在上海其实是不存在的。换句话说，关键并不在于现实维度的不同。在这里，认真思考人生，走上艺术所通往的传统命运之路，其实是非常困难的。艺术家大多会在无意识之中，保持在日常世界里作为异端者的危机感，同时也保持着艺术家的一份矜持。可是，在这样的时候，在一个没有让人熟悉的日常、维度也完全不同的异样的城市里，艺术家所要敌视和面对的，应该不是"俗臭"。毋宁说，在这座城市里，企图变得俗气是非常困难的。虽说这些皆已成为过去的习惯，当货币市场或国际外汇汇率等虚构之物成为真实的现实，思想能够穿透这种现实的虚构之网降临大地吗？凭借吞噬虚构而存在的思想，是最排斥人性的。在我看来，这里的思想已成为一种怪物般的状态。我在嘈杂的街头看到年轻母亲手里怀抱的婴儿，仿佛看到了被玛利亚抱着的耶稣。可是，母亲的眼睛却是浑浊的，他与婴儿之间，有"上海"相隔。东方的命运究竟如何，就要看是否有一天，这位母亲能否以清澈的眼睛和婴儿交流和对话。有人说，如果让世界第一流的作家在上海住上一段时间，让他们搞创作比赛，那一定非常有趣。不单是有趣，而且可能关乎到世界的命运。内藤湖南博士已经说过，中国是"世界的未来"。本世纪实际上是国际化管理作为一种虚构而开始流行的世纪……这种虚构一旦变成现实，人彻底失去的到底是什么？这是今天必须认真考虑的问题。没有哪个地方，比上海更适合思考这样的问题了。人的手和头脑，并非只是为了埋头在"账簿"中而存在的。

　　出入高楼大厦的经纪人的表情与苦力、黄包车夫的表情以及两腿的动作之间，实际上存在着重要的课题。在两种表情之间，仿佛有足以流过两三条长江的距离。而且，上海似乎在精神层面已经忘却了近在眼前的大河——长江的存在。虽然上海存在的理由，是以长江为基础的——当一切都开始忘记其存在理由时，一切思想的怪物就将降临。总之，在这座城市的街头，彻底缺乏的就是"爱情"。在哪里能看到以"爱情"为基础设计的住房呢？上海的建筑物呈现非人性化表情的根本原因，恐怕就在于没有考虑到这件最平凡也是最重要的事。而且，在非人性化的诸多条件下，从事的事情却是异常人性化、甚至到了残酷的地步。这里也必定会出现非同寻常的问题。如果仔细观察中国商业街的繁华，就会发现其中散发着无法用"商业"一词解释清楚的气氛。

　　鉴于上述人类在上海的存在方式，文学必定会遇到异常的，或者世界上任何一个文学者都没有经历过的困难。

　　这里的幼儿和少男少女们，不论是哪个阶层，都有着一副知性化的表情，看上去聪明伶俐。可是，成长之后的青年男女的表情，在我看来总是难以理解，这并非因为他们总是戴着墨镜的缘故。而对于壮年期的男女来说，似乎任何欲望都能得到满足。上海的老人，却长着惊人般睿智、成熟的脸庞。他们在一生的日常中所见到的各类外国人和各种东方人，似乎都混杂、融入他们的眼底里，绽放出异样的光芒，让人难以名状。这种光芒，我还从未在文学里看到过。

　　在这座城市里，即便是性欲的发情，也必定在本质上渗透着某种精神上的扭曲。在这个没有城墙的城市里，家庭生活恐怕是唯一留存的人性防护墙了。但完全可以想象，一定有很多居住在这里的外国人，无法维系正常的家庭生活。

　　谈及"人"的问题，对于从事文学的人来说，若是将文学视作海市蜃楼般虚空之物，他恐怕终将一无所成。置身于这个沙漠般的都市，以人为主体思考时，文学不应该是华丽的海市蜃楼，而必须发挥骆驼或手杖的作用。所以在这座城市里，特别是外国人的恋爱，应该在异常中带有某种悲壮。自以为甘美快乐的恋情，在精神的生理上，也必有悲壮的一面。对于心灵的创伤，这个城市里没有任由自我怜悯、自我悲伤的感伤生长的土壤。在上海能清晰感受到的那种彻底的孤独，恐怕将异常可怕。它终将让人执着于最切实的身体之爱，或者将其遗弃。而在一般情况下，这里的恋爱恐怕都会有一两次达到狂乱的境地。这里是否有让孤独者自己唱孤独之"歌"、自我欣赏的舞台呢？上海会产生"歌"吗？这里有的，似乎一切都是"思想"。但困难的是，在这里思想并非以思想的形态而存在，而是作为鲜活的现实摊放在那里。如果在一般的城市，这种僵化的样态都会因该城市地理或历史上的因素，或者是在与自然的交涉中获得拯救。但是上海的建筑学与自然已经彻底诀别。在这里，人与人只有通过机器才能交流，甚至可以说基本上不存在真正的人际交流。在我看来，上海的历史感觉和西欧的历史感觉分属于不同的范畴，和我们的历史感觉、特别是日本人的历史感觉比更是如此。在上海，哲学绝不可能是朴素的存在论。这个城市一切的实业，看上去都像是虚业一样。在这座城市里，人们是如何对待死者的？眼前倒错的现实不禁让人思考这个问题。在街道上思考死亡，第一感觉是，这里的死亡便是"无"。所以，静安寺的外国人墓地才能有那种超越了感伤的感伤之美。"无"难道不是唯一的美丽之梦吗？这个城市的感伤，在墓地的墙内静静地集聚在一起。总之，无论是怎样的死者，在一座对于死者一概没有虔敬之心的城市里，就不会有社会的存在，人的历史感觉也必定会变质。在历史感发生扭曲的地方，人是不可能做出深呼吸的。我没有丝毫的兴趣去听上海的怪谈和传说，如果说这里也有怪谈和传说，那恐怕是足以令人战栗的、咆哮在人类心理的缝隙的刺骨的冷风。

一天，我坐上了开往南京的列车。让我每天惊诧不已的事情之一，就是上海其实是没有郊外地带的。但仔细一想，这座城市没有宁静的郊外住宅地带，也是理所当然的，有了可能反而更奇怪。

前往南京的铁路沿线风景里，小麦长得高壮挺拔、繁茂旺盛，那是一切人为的比喻都无法形容的生机盎然的风景。可是，原野上星星点点的人家，散落在生机盎然、一望无际地生长的麦田之间，显得十分孱弱，看上去，仿佛像是在麦子面前保持着谦卑。这不禁令我去想，对于风景来说，人真是必不可缺的吗？眼前的山峦，不知该说它是太古的姿态，还是该说是人类历史之后的姿态，总之是与我们人类的概念内容都相去甚远的样态。一般有"史前"这个词汇，但在我看来，那是人类历史业已终结后的风景。"国破山河在"的诗句，实为彻底洞察一切的表达。但那绝不是悲壮的表达，与其这样说，毋宁说是关于这片土地的一种正确的自然观。"破"这个词，并非败北之意，而是当国家远离此地之后，极为自然、极为客观的一种感慨。对于这片土地来说，国家占据首要位置的历史已成为久远的过去。

站在南京的城墙上，眺望着紫金山、玄武湖的美景，我将目光久久地聚焦在山肩处的高塔上，"哀而不伤"这句话涌上心头，我痛切地感受到中华民国的新建设将会面临怎样巨大的艰辛。唯一能清楚预见的，就是能够统一这个国家的人，必定是一位擅长吟诵气魄宏大的长调诗歌的诗人。

原刊于《新大陆》1945 年 8 月创刊号

# 东亚文学与文化

# 夏目漱石作品中的中国书画元素

黎跃进①

**摘　要**：日本近代文豪夏目漱石爱好中国书画艺术，他的不少作品中都出现了中国书画艺术元素，或者作为人物活动的背景，或者用来展示人物的心境，抑或是人物谈论的话题，甚至是情节发展的节点。漱石创作的汉诗中有一类"题画诗"，是漱石对中国诗书画综合艺术的借鉴，无论是题写别人画作的"题画诗"，还是"题自画"，读者都可以通过诗作想象画面的内容，达到画中有诗、诗中有画的艺术效果。夏目漱石为自己的小说《心》的出版设计装帧，以中国唐初发现的秦朝石刻篆文文字做封面图案，扉页是一幅表达小说内容的漱石手绘版画，画作具有中国文人画风格。《三四郎》和《草枕》被称为夏目漱石的"绘画小说"，从中体现了中国书画艺术精神与漱石小说某种内在的契合。

**关键词**：夏目漱石　中国书画元素　题画诗　文人画　绘画小说

夏目漱石丰富的艺术鉴赏与创作、批评实践，造就了漱石独特的精神世界，书画艺术成为他观察世界、理解世界、表现世界的独特视角，而深厚的汉学修养，使他对中国的书画艺术更是情有独钟，在他的文学创作中留下深深的印痕。

## 一、以中国书画元素作为创作题材

夏目漱石小说的很多场景中都有书画作品的存在，或者作为人物活动的背

---

①　作者简介：黎跃进，天津师范大学教授，博士生导师，研究方向为东方文学与文化、中外文学比较。

景，或者用来展示人物的心境，抑或是人物谈论的话题，甚至是情节发展的节点。小说《我是猫》《三四郎》《少爷》《草枕》《心》《从此以后》等很多作品里频繁出现不同时代日本或东西方著名画家和绘画作品。

成名作《我是猫》中，一群青年知识分子常常聚集在中学教师苦沙弥家高谈阔论，艺术是经常性的话题。小说中谈到的绘画艺术类型有水彩画、版画、裸体画、写生画、装饰画、水墨画、南画、素描，等等；涉及的画家有西方的安德里亚、伦勃朗、斯坦伦、拉斐尔，日本的佐甚五郎、狩野元信、与谢芜村，中国的木庵等。小说第三章写主人公苦沙弥在书房写一篇名为"天然居士的故事"的文章，但才思枯竭，摇头晃脑，舔笔抠鼻，好不容易写出一句，又不满意，"他大笔一挥使出力气，横三竖四地划了一气。别说，还真像一株低劣的南画风格的兰草哩！刚才费了吃奶劲写成的墨迹，竟然删得一字不剩"[1]。这里说的"南画风格"就是指中国的"文人画"风格。晚明画家董其昌以"南北宗论"界定文人画，南画就是文人画。梅、兰、竹、菊"四君子"与松、石，都是文人画家喜爱的题材。小说中虽然只是一个比喻，形容苦沙弥涂抹文字的墨迹形似一株兰草，但体现了漱石对中国南画艺术的了解和兴趣。在《浮想录》中，漱石说到小时候家里有五六十幅藏画，那时他经常蹲踞在挂轴前默默地欣赏，但"画里边，我最感兴趣的是敷彩的南画。可惜的是，我家藏画中这类南画并不多见"[2]。漱石后来习画也画了不少以梅兰竹菊为题材的"敷彩南画"。

《我是猫》第四章写势利的铃木为撮合水岛寒月与金田小姐的婚事，来到苦沙弥家，铃木环视屋内摆设，看到"壁橱里挂着一幅假冒木庵的画轴《花开万国春》，一个京都产的廉价青瓷瓶里插着春分前后开放的樱花"[3]。这里作为房间布置背景提到的木庵（1611—1684），本名吴性瑫，泉州普江人，是中国明末清初的画僧。木庵少时就资质聪慧，19 岁剃度为僧，青年时代为参禅求法，遍历福建、江浙一带的名山古刹，41 岁成临济宗正传第三十三世，1655年赴日，居长崎分紫山福济寺，开创黄檗山万福寺。木庵善书画，是诗、书、画修养甚高的僧人，其书画在日本影响甚大。

小说《从此以后》中涉及当代日本画家青木繁（1882—1911），英国壁画、铜版画画家弗兰克·布朗温（1867—1956）的版画，日本画家浅井默语（1856—1907）的图案画，日本江户时期画家圆山应举（1733—1795）和中国

---

① 夏目漱石：《我是猫》，于雷译，译林出版社，1993 年，第 64 页。
② 夏目漱石：《浮想录》，《梦十夜》，李振声译，广西师范大学出版社，2003 年，第 204 页。
③ 夏目漱石：《我是猫》，于雷译，译林出版社，1993 年，第 117 页。

明代画家仇英的作品。仇英（1498—1552），江苏太仓人，明代代表性画家，与沈周、文徵明和唐寅被后世并称为"明代四家"，擅长画人物、山水、花鸟、楼阁等题材，画法苍秀，构思巧妙，笔墨俊雅。他的人物画造型准确，概括力强，形象秀美，线条流畅；山水画既具有工整精艳的古典传统，又融入了文雅清新的趣味。代表作有《清明上河图》《汉宫春晓图》《桃源仙境图》《郭子仪拜寿图》等。《从此以后》中代助的父亲爱好书画古董，经常在客人面前搬弄自己的收藏，兴致勃勃地谈论这些藏品。久而久之，代助和他的兄长也对此有所了解。小说写道："哥哥诚吾也是因为父亲的关系，知道一些画家的名字。不过，那也只是站在画轴前，说说'哦，这是仇英的；啊，这是应举的'……"① 这里虽然只是出现"仇英"这个名字，但漱石是把他当作中国绘画艺术的一个代表，对其艺术成就是比较了解的。

散文集《永日小品》中有多篇写到艺术作品。《挂幅》是其中的名篇，是漱石最早被翻译成汉语（由鲁迅翻译）的作品。文中叙述长刀老人祖传一幅中国元代水墨花鸟画家王渊②的绢本挂幅《葵花图》，视为镇宅之宝，虽然只有一尺见方，且年代久远而烟熏褪色，但老人"一个月里总要从橱柜里取出一两次，拂去桐箱上的积尘，这才小心翼翼地拿出里边的东西，直接挂上三尺高的墙壁，然后端详起来"③。只是因为亡妻三年忌日，要立一块墓碑需要用钱，老人只能忍痛割爱，将古画转让给了别人。这里的"挂幅"是夏目漱石的虚构，学界认为中国国内流传到 20 世纪的王渊画作真迹很少，更没有材料论证王渊的画作传播到日本。但夏目漱石了解王渊的水墨花鸟及其价值，以此为题材塑造了一位热爱中国古代艺术的日本老人形象。

《路边草》是夏目漱石去世前一年（1915）创作的自传小说，小说主人公健三留学回国后与养父母及家人的关系和漱石本人的人生轨迹基本重合，纪实性地表现了漱石和书画艺术的关系。小说中写到了一些日本书画艺术家及书画艺术品，如春木南湖④的画、龟田鹏斋⑤的字，还有画有"类似浮世绘的美人"的团扇等；还多次涉及中国书法。小说开篇不久，健三偶遇早已断绝关系的养父岛田，童年记忆一幕幕浮现。其中有养父带他到池端书店买字帖的场景：

---

① 夏目漱石：《后来的事》，吴树文译，上海译文出版社，2010 年，第 165—166 页。

② 王渊（1279—1368），字若水，号澹轩，一号虎林逸士，钱塘（今浙江杭州）人，活动于元代后期的职业画家，善画水墨花鸟、竹石、山水。

③ 夏目漱石：《挂幅》，《梦十夜》，李振声译，广西师范大学出版社，2003 年，第 59—60 页。

④ 春木南湖（1759—1839），日本江户时代中后期画家，精山水、花鸟画，与住在长崎的中国文人张秋谷、费晴湖等交好。

⑤ 龟田鹏斋（1752—1826），日本江户时代汉学家，写汉诗，精书法，善草书、楷书。

"他一买东西，哪怕是一两分钱，也要讨价还价，当时为了五厘钱，居然坐在店门口死不肯走。他抱着董其昌的折帖站在一旁，瞧着他那副样子，心里实在难受，而且很不痛快。"① 之后不久，岛田来到健三客厅，看到这里既无匾额，也无挂轴，便询问健三是否喜欢李鸿章的书法，声言喜欢就送他一幅。这里再次出现了中国书法。小说临近尾声，健三定做了一块紫檀挂匾，把朋友从中国带回来送给他的北魏二十品拓本，选了一幅嵌在里面。"这样一来，有一条线索被勾勒出来：健三自小就对中国书法产生了浓厚的兴趣，养父岛田深知这一点，因而才会'煞费苦心'地帮他购买董其昌的字帖。而成年后的健三依然对中国书法兴趣不减，岛田试图用李鸿章的书法拉近二人的关系就是很好的例证。不但如此，他更加推崇魏碑书法，因此才会精心挑选一幅'北魏二十品'拓本装饰自己的书房。"②

在漱石的文学创作中，还有两部被称为"绘画小说"的作品：《三四郎》和《草枕》。前者以画家浅井忠为原型，塑造了画家原口的形象，他为女主角美祢子画肖像的过程，展示了肖像画的艺术。后者更是以"画家"为主人公，围绕着一幅绘画作品展开故事。

## 二、题画诗：借鉴中国书画的综合艺术

题画诗是中国独有的艺术形式，把文学和书画艺术有机结合，在画面上，诗歌、书法和绘画浑然一体，成为一幅艺术作品的构图、意境不可或缺的有机组成部分。诗情画意，相映成趣，相得益彰。题画诗始于唐代，而在画面上题诗，则始于宋代。随着富于艺术修养的宋元禅僧东渡，也将画面题诗的艺术形式传播到日本。题画诗这种中国绘画艺术独有的民族形式和风格也在日本流传。

夏目漱石创作了 200 余首汉诗。漱石的诗作学唐诗，充满诗情画意，具有画面的形象感。如：

风稳波平七月天，韶光入夏自悠然。
出云帆影白千点，总在水天仿佛边。（明治二十二年九月）

---

① 夏目漱石：《路边草》，柯毅文译，上海译文出版社，1985 年，第 35 页。
② 郑薇：《论夏目漱石〈路边草〉中的中国书法元素》，《名作欣赏》，2013 年。

山居日日恰相同，出入无时西复东。

的皪梅花浓淡外，朦胧月色有无中。

人从屋后过桥去，水到蹊头穿竹通。

最喜清宵灯一点，孤愁梦鹤在春空。（大正五年九月十三日）

　　漱石汉诗中与绘画艺术关系最直接的是一批具有中国艺术渊源的"题画诗"，或者为别人的画题诗，或者给自己的画题诗，既增加画面的形式美，同时可以补充阐发绘画的内容。正如我国清代画家方薰所说："高情逸思，画之不足，题以发之。"① 题画诗是漱石文学创作与绘画艺术紧密结合的一种形式。先看两首漱石为他人画作题写的"题画诗"：

　　其一：

何人镇日掩柴扃，也是乾坤一草亭。

村静牧童翻野笛，檐虚斗雀蹴金铃。

溪南秀竹云垂地，林后老槐风满庭。

春去夏来无好兴，梦魂回处气冷冷。

　　其二：

涧上淡烟横古驿，夏种白日照荒亭。

萧条十里南山路，马背看过松竹青。（大正三年二月）

再看三首"题自画"：

　　其一：

独坐听啼鸟，关门谢世哗。

南窗无一事，闲写水仙花。（大正元年十一月）

　　其二：

厓临碧水老松愚，路过危桥仄径迂。

伫立筇头云起处，半空遥见古浮图。（大正三年）

───────────

①　方薰：《山静居画论》，《历代论画名著汇编》，文物出版社，1982 年，第 598 页。

其三：

唐诗读罢倚阑干，午院沉沉绿意寒。

借问春风何处有，石前幽竹石间兰。（大正五年春）

第三首是一幅水彩画，石头的前面和中间，露出几竿竹子、一簇兰花，正在春风里摇曳着。画是淡雅的，夏目漱石便以质朴的诗来题咏它，通篇全无深奥的语词，却处处表现“我”的体验。“唐诗读罢倚阑干”，这并非无聊之极，心绪慵懒，而是要寻觅春的消息。“午院沉沉绿意寒”，行遍午间的院落，四处寂寥，连绿色的树林草坪也带有寒意。一个“寒”字，用得很妙，把清冷寂寞的意境点活了。那么，春在何处呢？“石前幽竹石间兰”，这才说出这幅画的内容，从而把诗人对“春”的体验烘托得活灵活现。

无论是题写别人画作的“题画诗”，还是“题自画”，通过诗作，完全可以想象画面的内容。真正达到画中有诗，诗中有画，诗画相互阐释、相互渗透、相互补充，丰富彼此的艺术表现手段，提升艺术表现内涵，即所谓“丹青吟咏，妙处相资”[1]，这些诗作使画面蕴含的情感更加充盈。

我们再结合夏目漱石的一幅题诗画来做一些分析：

山上有山路不通，柳荫多柳水西东。

扁舟尽日孤村岸，几度鹅群访钓翁。（大正元年十一月）

这幅《山上有山图》是漱石于大正元年向津田清枫学习水彩画初期的作品，线条运笔还显得稚拙呆滞，但采用的是中国文人画常见的风景题材：江村岸柳、扁舟钓翁、鹅群暮归、近黛远山。题画诗以“路不通”“水西东”“孤村岸”“访钓翁”等描写，突出孤独、艰难的情愫，强化了画面的意境。这首题画诗令人想起中国明代画家陈淳为画作《雨窗即景图轴》所做的题画诗：“山敛云舒水自流，板桥斜搁岸东头。茅堂幽僻人嚣远，一片闲情对野鸥”，与之真有异曲同工之妙。

## 三、中国石鼓文：《心》的装帧设计

夏目漱石作为书画艺术的爱好者和努力实践者，还表现在对自己作品出版

---

[1]　蔡绦：《西清诗话》，《中国历代诗话选》（一），岳麓书社，1985 年，第 353 页。

时的封面、版式设计和装帧上，那是真正实现书法、绘画和工艺综合的艺术实践。其中最有影响的一次实践是小说《心》的封面设计。

1914 年 4 月，漱石开始在《朝日新闻》连载小说《心》，至 8 月完成。前一年，农家出身的岩波茂雄在东京市神田区开了一家名为"岩波书店"的旧书店，势头正旺，他有涉足图书出版的打算。岩波茂雄读完报纸连载的《心》，特别喜欢，决心以此书作为岩波书店第一本出版图书。当时漱石已是声名显赫的作家，经岩波一番恳请后，漱石答应了。但岩波因经费紧张，提议由漱石自费出版。漱石为了省钱，也为施展书画才能，亲手设计装帧。经过一番思考，他决定以中国的石鼓文作为封面图案。

石鼓文是唐初发现的秦朝石刻文字，刻写在高约三尺、径约二尺的十枚鼓形石上，分别刻有大篆四言诗一首，内容记述秦皇游猎之事，也称"猎碣"，计 718 字，是中国最古老的石刻文字。石鼓刻石文字多残，北宋欧阳修录时存 465 字，明代范氏"天一阁"藏本存 462字。石鼓文的字体，上承西周金文，下启秦代小篆，字行方正大方、圆中寓方、风致舒展、方正丰厚、圆融浑劲、匀称适中。石鼓文被历

《心》初版封面，采用的是石鼓文元素，图片来自网络①

代书家视为习篆书的重要范本，故有"书家第一法则"之誉。石鼓文对书坛的影响以清代最盛，如著名篆书家杨沂孙、吴昌硕就是主要得力于石鼓文而形成自家风格。流传石鼓文最著名的拓本，有明代安国所藏的北宋拓本。

对中国古代书画兴趣浓厚的夏目漱石，多次在书信中向熊本中学时的学生，当时在中国湖北沙市日本领事馆的事务代理桥口贡表达此意。桥口贡在 1913 年 7 月，寄给夏目漱石一套石鼓文拓本。据学者研究，这套拓本是嘉庆十一年（1806）在明代安国所藏北宋拓本基础上的重刻石鼓拓本。漱石收到桥口贡寄赠拓本，看到字体似篆非篆，古色苍然的拓本后复函："今披览寄赠的拓碑，我对这方面缺乏了解，历史背景不太明白，但是字体很有意思，引发我的兴趣。"② 一年多之后，漱石采用拓本石鼓文字作为新版小说《心》的封面。他于 1914 年 8 月 9 日特意寄明信片给桥口贡说："承蒙惠赠拓本，这东西颇为

① 《石缘：夏目漱石与中国石鼓文》，《北京晚报》2015 年 5 月 29 日。参见 http://hljoifeng.com/calture/detail _ 2015 _ 05/29/3948600 _ 0.shtml.

② 夏目漱石『漱石全集』第 19 卷、漱石全集刊行会、1929 年、第 237 頁。

稀见。虽然不很古老，但看着这些有趣的文字，感觉愉快。我将亲自为出版的小说设计装帧，书套、封面、衬页、扉页，所有者一切，都独立完成。封面就采所赠拓本。"①

夏目漱石设计《心》的扉页版画

漱石并未直接复制拓本文字，而是从中抽取若干文字，按封面尺寸和设计需求，亲自挥毫临摹，再请知名工雕刻上版精印。封面题签，则截取《康熙字典》"心"词条。扉页印有漱石手绘版画：石山清流，一宽衣长髯的隐士，倚石而坐。一方小篆"心"字朱印，比例颇大，居于画面中央。有人说画中所绘隐士，即《心》中人物"先生"。平心观摩此画，能感受到典型的文人画风格。

漱石创作《心》时，正醉心于练习南画（文人画）。少年时代起，漱石便爱观赏南画，也画惯了水彩画，晚年学南画，并非一时兴起。漱石的南画处女作《山外有山图》，用水彩所绘，别具一格。现在漱石又将南画付诸木刻。这种不拘不羁，潇洒自在的作风，也是漱石对待书画的一贯态度。这幅版画其实是漱石的自我写照。这就是一幅"漱石枕流图"，呼应了作者源于孙楚"漱石枕流"的雅号，透露了心迹。

岩波书店版《漱石全集》是学界最流行的漱石著作版本，封面柿红底，排布着古意盎然的石鼓文，书脊黑框内，碑体楷书"漱石全集"四字，是曾任京都帝国大学文科大学学长的漱石同窗狩野亨吉手笔。其实，全集封面采用的是漱石自己设计的小说《心》的装帧模式。作家自己对创作作品出版的装帧设计，当然也是文学创作的一部分，由此我们可以看到漱石创作与中国书画艺术的多层面联系。

## 四、"绘画小说"中的中国艺术精神

夏目漱石文学创作与书画艺术之间更为内在、本质的联系，表现在用书画艺术的精神、理论、表现方式和手段进行小说创作上，小说与绘画的要素彼此交错渗透，打通文学与书画的常规性限制，将小说叙事的时间性向书画艺术的空间性发展，拓展了小说的艺术空间。其中，中国书画艺术精神与漱石小说有

---

① 夏目漱石『漱石全集』第 19 卷、漱石全集刊行会、1929 年、第 348 頁。

着某种内在的契合。

　　创作于 1908 年的《三四郎》被称为"绘画小说"。之所以有此称谓，大概因为：第一，小说中大量借鉴绘画艺术手法来描绘人物形象或场景，具有绘画效果；第二，小说中人物大都参与绘画活动，经常谈及绘画话题；第三，画家原口为女主人公美祢子画肖像画，在画展展出成为小说的重要情节。

　　《三四郎》叙述福冈乡村中学毕业的青年三四郎，来到东京帝国大学文科学习，在他面前展现的都是新的情景。他结识了许多新的人物，看到了许多新的事物，听到了许多新的情况，读到了许多新的书籍，思考了许多新的问题。传统观念与现代意识、乡村纯朴与都市浮华、现实享乐与事业憧憬等都一起在他胸间涌动。在这个新旧交织的动荡世界里，三四郎与美祢子之间朦朦胧胧的恋情成为小说的重要内容，在漱石笔下被写得富于诗情画意：

　　　　左面的小丘上站着两个女子。女子下临水池，池子对面的高崖上是一片树林，树林后面是一座漂亮的红砖砌成的哥特式建筑。太阳就要落山，阳光从对面的一切景物上斜着透射过来。女子面向夕阳站立。从三四郎蹲着的低低的树荫处仰望，小丘上一片明亮。其中一个女子看来有些目眩，用团扇遮挡着前额，面孔看不清楚，衣服和腰带的颜色却十分耀眼。白色的布袜也看得清清楚楚。
　　　　从鞋带的颜色来看，她穿的是草鞋。另一个女子一身洁白，她没有拿团扇什么的，只是微微皱着额头，朝对岸一棵古树的深处凝望。这古树浓密如盖，高高的枝条伸展到水面上来。[①]

　　这是三四郎首次偶遇美祢子的情景。其实就是一幅画：在水池边美祢子面临夕阳，手举团扇，亭亭玉立。背景是建筑、高崖、树林、远山、落日，空间层次分明，加上夕阳透射树荫的光影，画面感极强；再配以红墙、绿树、白衣和夕阳包含的介于橙色与粉红之间的颜色，可谓艳丽缤纷。这是以文字呈现的"池畔美女图"。

　　这种以团扇遮面、迎阳伫立的姿势，正是小说中的画家原口捕捉的"美的瞬间"，他以美祢子为模特儿，创作了大幅肖像画《森林之女》。小说中将绘画过程完整呈现：如何挑选模特儿（画作原型），绘画原料，画家在画室工作的情景，模特儿与画家的配合，如何观察把握对象的特点，外在的形体怎么表现

---

　　① 夏目漱石：《三四郎》，《夏目漱石小说选》，陈德文译，人民文学出版社，2012 年，第 21 页。

内在的精神，眼睛之于肖像画的重要性，东西方人物肖像的不同要领，等等，都随作品情景叙述而得以表现，仿佛成了绘画指南。如原口谈到画中人物的"表情"："画家并不描绘心灵，而是描画心灵的外在表现。只要毫无遗漏地洞察这种表现，内心的活动也就一目了然了。你说，道理不是如此吗？至于那些没有外在表现的心灵，则不属于画家的职责范围，也就只好割爱了。因此，我们只描绘肉体。不论描绘什么样的肉体，如果不寄予灵魂，那只能是行尸走肉，作为画是通不过的。你看，这位里见小姐的眼睛，也是一样。我作这幅画，并不打算描画里见小姐的心灵，我只想画出这双眼睛来，因为它使我感到满足。这双眼睛的模样，双眼皮的影像，眸子的深沉程度……我要把我所看到的一切毫无保留地画出来。于是一种表情便不期而然地产生了。"①

　　这样要求"神似"，以人物的眼睛揭示人物的心灵，表现人物内在的精神气质和神韵，就是中国艺术精神的重要内涵。早在东晋时期，大画家顾恺之②就提出"以形写神"的主张，即通过外在的人物形象，表现和突出人物的内在神态，尤其是人物的眼睛，是表现人物灵魂神情的关键，必须认真用心画好。相传他每画成人像后，往往几年不点眼睛，询问其中缘由，他回答："四体妍蚩，本无关于妙处，传神写照，正在阿堵（这个）中。"③ 之后的画家兼画论家宗炳④将顾恺之的"以形写神"理论发展为"传神论"。运用于自然山水画中，提出在山水自然的形态中，应该"观道、含道、媚道"，最终达到"畅神"。这里的"道"是天地万物的本源和演变发展的规律，内在于各种外在形式的背后。"道"就是万物的灵魂，把握了它，自然景物才能获得生命，山水风光才能有活力和气势，才能传神、气韵生动。《三四郎》中画家原口深得中国艺术精神真髓。"不论描绘什么样的肉体，如果不寄予灵魂，那只能是行尸走肉，作为画是通不过的"——这是中国艺术"传神论"精神在日本近代文豪小说中的回响。《三四郎》包含大量绘画艺术方面的内容，文含画意，画添文情；文与画彼此交融渗透，人物情意恬淡却气韵高清，形象场景历历在目，可谓巧写像成。因而人们称《三四郎》为"绘画小说"，其中蕴含着中国传统艺术精神的启示。

---

　　① 夏目漱石：《三四郎》，《夏目漱石小说选》，陈德文译，人民文学出版社，2012 年，第 177 页。
　　② 顾恺之（348－409），字长康，东晋时代的画家，江苏无锡人，工诗赋，善书法，被时人称为"才绝、画绝、痴绝"。
　　③ 郑朝、蓝铁：《中国画的艺术与技巧》，中国青年出版社，2005 年，第 42 页。
　　④ 宗炳（375－443），南朝宋画家。字少文，河南镇平人，家居江陵（今属湖北）。擅长书法、绘画和弹琴。漫游山川，将游历所见景物，绘于居室之壁，自称："澄怀观道，卧以游之。"著有《画山水序》。

早于《三四郎》的《草枕》，更是漱石将小说与绘画融合的一次大胆实践。小说描写一位画家远离都市，来到偏僻山区寻求"美"的情景。夏目漱石谈到这部作品时说，他的《草枕》是在与世间一般意义上的小说完全不同意义上写成的，他只是想将一种感觉——美感——留给读者，此外没有其他特别目的。因此，这部小说既没有情节，也没有故事展开。这里说的没有故事展开，是在这个意义上讲的：《草枕》讲述的是一位喜欢细腻观察的画工偶然邂逅某一美女并对其进行观察，这位被人观察的美女就是作品聚焦的中心人物，一直站在同一地点，位置丝毫没有变动。画工从前、后、左、右各个不同方位对其仔细观察，大致内容仅此而已。由于作品的中心人物丝毫未动，作品中的时间也就无法加以展开。① 可见，漱石在小说中淡化了叙事文学作为时间艺术的时间要素，而是采用空间艺术的绘画手法，以空间性的场景、画面并置的方式，达到"图像叙事"的效果。

主人公和叙述者是一位画家，一切都以画家艺术的眼睛去观察，艺术的心灵去感受，艺术的头脑去思考：他的所见、所感、所思都艺术化了，都成为艺术的、美的画面。"芭蕉这个人，看到马在枕头上撒尿也当成风雅之事摄入诗中，我也要将碰到的人物——农民、商人、村长、老翁、老媪——都当成大自然的点缀加以描绘，进行观察。"② 因而自然景观是画，生活场景是画，人物行为是画，整部作品就是画面与画面的连接，空间与空间的转换，整个文本呈现出图像性的叙事特色。如那美和画家等人行船河里，看沿途景物，其中有一段文字：

> 女子默然望着对面，河岸不知什么时候开始低落下来，几乎和水面平齐了。一眼望去，田野到处生长着茂密的紫云英，片片鲜红的花瓣，一经雨水洗涤，就变成溶溶的花海，在霞光里无限伸展开去。抬头遥望，半空里耸立着一座峥嵘的山峰，山腰间吐露着轻柔的春云。③

在结构上，《草枕》采用"串珠式"结构。将每个空间的画面展开，其中涉及的景致、人物、场景都形成色彩艳丽、构图清晰、和谐完整的图画，时间却是一根串连画面的细线，甚至时断时续，若隐若现。小说共13章，只有个

① 夏目漱石：《我的〈草枕〉》，《日本古典文论选译》近代卷（下），王向远译，中央编译出版社，2012年，第670页。

② 夏目漱石：《哥儿·草枕》，陈德文译，海峡文艺出版社，1986年，第112页。

③ 夏目漱石：《哥儿·草枕》，陈德文译，海峡文艺出版社，1986年，第217页。

别章节有大致的时间交代（如第 3 章有"昨晚"，第 6 章有"日落时分"之类的简单时间用语），大都没有交代具体时间。但是，每章作为情节发生的场景则交待得非常清晰，有明确的空间位置，对空间场景，如对老婆婆居住的民舍，旅馆房间的陈设和四周环境，镜池的诡异气氛，观海寺的神圣氛围都作了细腻刻画；画家对过去时间的回忆，或将来事件的遐想，都是以现实的心理活动呈现。由此产生静止空间并置的效果。在《草枕》的图像性叙事中，"时间"因素淡化，"空间性"因素增强，小说对时间进行了空间化处理，使时间性通过空间性表现出来。

在空间展开的众多艳丽缤纷的画面中，位于中心位置的还是那美姑娘。这位长得标致、历经坎坷、遭人非议，却我行我素、率性耿直、高蹈飘逸的姑娘，是作品聚焦的中心人物，她也给小说画面在抒情的基调上抹上了几笔神秘色调。画家在捉摸不定的氛围中从不同角度观察她、感受她。她委托画家给她画一幅画，但画家一直没能下笔，直到小说结尾，他们一起到火车站为他人送行，那美姑娘与火车上的前夫不期而遇——

那美姑娘茫然地目送着奔驰的火车，她那茫然的神情里奇妙地浮现着一种从前未曾见到的怜悯之情。

"有啦，有啦，有了这副表情就能作画啦！"

我拍拍那美姑娘的肩头小声说。我胸中的画面在这一刹那间完成了。[1]

为什么"画面在这刹那间完成"？这里蕴含着中国艺术精神的启示。中国艺术强调表现对象与创作主体之间的融汇。创作者的主体情感与表现对象之间达到高度契合，才能产生美的作品。这就是刘勰在《文心雕龙》中所说的"写气图貌，既随物以宛转，属采附声，亦与心而徘徊。"[2]"物"与"心"经历反复磨合，最终达到交融。当代学者余秋雨在《艺术创造工程》中提出："艺术生命凝铸的契机在于艺术家的心灵与客观世界的各种奇异遇合。"[3] 他还以郑板桥的墨竹画举例："在郑板桥笔下，竹，既是一种美不胜收的客观物象，又是感发世间萧索怨苦之情的审美对象，同时还是一种深潜自居的自我形象。"[4]

---

① 夏目漱石：《哥儿·草枕》，陈德文译，海峡文艺出版社，1986 年，第 221 页。
② 刘勰：《文心雕龙》，人民文学出版社，1981 年，第 493 页。
③ 余秋雨：《艺术创造工程》，上海文艺出版社，1987 年，第 2 页。
④ 余秋雨：《艺术创造工程》，上海文艺出版社，1987 年，第 10 页。

《草枕》中的画家从小说开始对"人世难居"的感叹,到耳闻目睹那美的遭际,再到对以火车为代表的现代文明反人性的议论,能感受到他内心世界对现实社会和人生的伤感与失望,只是要在这样的人世活下去,就要超越这个"人情世界",居高临下地审视现实,从而获得一种"怜悯"情怀。小说中称"'哀怜'是神所不知而又最接近神的人之常情"①。那美姑娘虽然生活充满挫折苦痛,但她总是笑对现实,倔强隐忍,"平素那女子脸上只是充满着愚弄别人的微笑和那紧蹙柳眉,激进好胜的表情。"② 这样的创作主体和表现对象之间的错位,画家才说:"我也很想画,无奈你现在这副面孔不能入画。"③ 在车站送别的一幕,画家终于看到了那美神情里的"怜悯之情",主客体得以深刻遇合,画也自然天成。

小说中画家的思想和情感,其实反映的是夏目漱石的人生观和艺术观。从《草枕》中我们再次看到中国艺术精神在漱石文学中的形象体现。

夏目漱石从小喜欢汉学,在明治汉学中兴的时代语境中,深受汉学的濡化,对包括书画艺术在内的中国文化怀有深厚的热情。他研读中国经典,在大学时代就写过名为《老子哲学研究》的论文;他写汉诗、习南画,中国的艺术精神已成为漱石心智结构中的重要一环。探讨夏目漱石作品中的中国艺术元素,是理解夏目漱石的精神世界、艺术世界的一个重要视角。甚至从漱石这一个案,可以透视明治时代知识分子的汉学根基,从而丰富近代中日文学文化关系的内涵。

---

① 夏目漱石:《哥儿·草枕》,陈德文译,海峡文艺出版社,1986年,第189页。
② 夏目漱石:《哥儿·草枕》,陈德文译,海峡文艺出版社,1986年,第189页。
③ 夏目漱石:《哥儿·草枕》,陈德文译,海峡文艺出版社,1986年,第217页。

# 日本入明僧绝海中津杭州天竺寺"南山新居"考释

高兵兵①

**摘 要：**绝海中津（1336—1405）是日本中世禅林文学（五山文学）的领军人物，有诗文集《蕉坚稿》传世。绝海曾在明九年，遍访江浙名山，师从季潭宗泐、清远怀渭等修习禅法，其间主要活动于杭州中天竺寺。本文将通过对其与杭州天竺寺相关诗作进行概观的基础上，考证其卜居天竺寺"南山"的事实，并对其生活在那里的心境进行解读。

**关键词：**日本 五山文学 绝海中津 杭州天竺寺 南山

## 一、《蕉坚稿》在明作品排序与"天竺寺"

《蕉坚稿》是绝海中津的一部完整的传世诗文集，共两卷，收有绝海中津及其相关的唱和诗共 165 首，文 37 篇。《蕉坚稿》上卷即诗的部分，按照五言律诗、七言律诗、五言绝句、七言绝句的顺序排列；从每种诗型的排列，可以看出其中的规律，即在明时期作品在前，日本国内作品在后。

关于在明时期作品和日本国内作品各自内部的排列顺序，朝仓和认为其基本上是按照创作时间的先后排列的②。但我认为并不完全准确，比如各诗型的卷首作品就跟创作时间没有关系。为了进一步弄清《蕉坚稿》作品的编排情况，下面仅把各诗型中的在明时期作品题目进行分类罗列（见表1）。

---

① 作者简介：高兵兵，西北大学日本文化研究中心主任，教授，日本大阪大学文学博士。研究方向：日本汉文学。

② 朝倉和『絶海中津の基礎的研究』、広島大学博士論文、2003 年。

## 表1　绝海中津在明诗型分类一览表

| 分类 | 五言律诗 | 七言律诗 | 五言绝句 | 七言绝句 |
|---|---|---|---|---|
| 唱和<br>(应酬) | 1. 呈真寂竹庵和尚　附：豫章老谬怀渭、豫章蒲庵来复、延陵夷简和诗（洪武六年冬十二月廿日）<br>2. 呈湛然静者并谢画三首　附：为绝海画并赋（湛然静者惠鉴） | 23. 钱塘怀古次韵二首（全室和尚）<br>24. 中竺全室和尚自京师还山作诗以献 | | 80. 应制赋三山　附：御制赐和（大明太祖高皇帝）、道衍、会稽一如和诗（洪武九年春） |
| 杭州<br>(中天竺寺) | 3. 送良上人归云间（夜宿中峰寺，朝寻三泖船）<br>4. 三生石<br>5. 期友人不至<br>6. 宿北山故人房<br>7. 寄宝石寺简上人二首<br>8. 古寺<br>9. 文焕章归姑苏<br>10. 来上人归姑苏觐省<br>11. 送俊侍者归吴兴（三年天竺客，一日雪川归）<br>12. 冬日怀中峰旧隐 | 25. 春日寻北山故人<br>26. 寄定静庵（钱湖）<br>27. 谢耿郎中药<br>28. 拜永安塔<br>29. 闻径山全室和尚入京作<br>30. 祚天元京师书至喜而有寄（一别三年信不通、南京书札到中峰）<br>31. 岁暮感怀寄宁成甫<br>32. 南山新居、故人持笋茗见赠、遂留之宿（北山故旧问新栖）<br>33. 新秋书怀<br>34. 山居十五首次禅月韵<br>35. 乡友志大道金陵卧病<br>36. 送赵鲁山人自钱塘归越中旧隐<br>37. 岳王坟 | * 73. 西湖归舟图 | 81. 赵文敏画<br>82. 行人至<br>83. 永青山废寺<br>84. 读杜牧集<br>85. 何靖旧宅<br><br>* 93. 题画梅、124. 题梅花野处图（孤山）<br><br>* 115. 钟声近（十年梦断枫桥泊）<br><br>*125. 盆芦（因思十岁系舟处，细雨疏烟水国秋） |
| 其他地方<br>(苏州、南京、四明等) | 13. 早发（？） | 38. 姑苏台<br>39. 多景楼<br>40. 送云上人归钱塘（天街）<br>41. 送迪侍者归天台（帝京）<br>42. 四明馆驿简龙河猷仲徽<br>43. 悼简上人（同乡）<br>44. 悼端侍者<br>45. 送元章归日本<br>46. 寄戒坛无溢宗师二首（？） | 69. 云间口号（华亭） | |

其中五律 13 和七律 46①，一般也被认为是在明期间所作，但从诗题和内容来看均不能判断出是否明确为在明期间所作，因此以问号进行了提示。五绝及七绝中带有＊标的几首，不是在明期间所作，但其内容涉及相关地名，因此表中一并进行了罗列②。

这里可以清楚地看出，除五言绝句外，各卷首所列均为绝海与在中国身份地位较高人物之间的唱和及次韵等作品。与其唱和的基本上是禅宗界的大德高僧，有清远怀渭、见心来复、易道夷简、惠鉴中铭、季潭宗泐、天伦道彝、一庵一如等，而七绝的第一首 80 还涉及明朝开国皇帝朱元璋。

为什么说卷首的唱和、次韵等作品与创作时间先后无关呢？比如第一首给竹庵和尚的诗作于洪武六年，此时绝海马上就要离开杭州去南京；而 3 以后的绝大部分五律均作于中天竺。再比如七律 24《中竺全室和尚自京师还山作诗以献》和 29《闻径山全室和尚入京作》，这两首的时间顺序也是反的，因为"全室和尚"季潭宗泐应该是先住径山再赴京师的③。再如七绝 80 是洪武九年春"太祖高皇帝召见英武楼"④ 时所作的应制诗，此时绝海从宗泐在天界寺，而且之后很快就回国了；而 85《和靖旧宅》则是赴京前在杭时期所作。

那么除各卷首作品外，其余的排列是否是按照创作时间先后呢？我认为也不尽然。比起时间顺序，编者似乎更注重地点的切换。比如五律 3、4、7、11、12，从诗题或语句都可以明确判断出与杭州中天竺相关。以此类推，七律 26、28、29、30、36、37 也明确为在杭咏杭之作，而 38、39、40、41、42 就是其他地方的了。

如此一来，基本可以推断，比起时间链条，编者更加注重的是地点的集中体现，然后才在各个小诗群的内部按照时间排列。明确了这一点，对我们重新梳理《蕉坚稿》的编辑思路以及解读作品都会有巨大的提示与指导意义。而且由表 1 可见，中天竺寺是绝海中津在明生活的重心，在此创作或与此相关的诗作是最多的。

---

① 《蕉坚稿》作品编号据蔭木英雄『蕉堅藁全注』、清文堂、1998 年。
② 表 1 及绝海在明时期诗作的研究，详参高兵兵：《日本入明僧绝海中津的江浙吟咏》，《日语学习与研究》，2021 年第 6 期，第 78—87 页。
③ 季潭宗泐事迹参考何孝荣：《元末明初名僧宗泐事迹考》，《江西社会科学》，2012 年第 12 期，第 99—105 页。
④ 见《蕉坚稿》80《应制赋三山》后附天伦道彝诗并序。

## 二、"中峰旧隐"

七律中序号为 32、33、34 的作品，处于可以明确断定为寓杭时期的作品群（26—30、36—37）之间，那么这几首是否也可以认定为中天竺时期之作呢？首先有必要结合史料和其他诗作来分析一下绝海寓居杭州期间的总体背景和经过。

在五律 12《冬日怀中峰旧隐》中，绝海中津对其在杭州天竺寺的生活情景进行了回顾：

> 长怀天竺寺，谁复住山椒。
> 连夜梦频到，看云思不遥。
> 闲门依磴曲，细路转岩腰。
> 松树风飘子，药栏雪损苗。
> 幽栖诚所爱，生理却无聊。
> 一笑问真宰，百年何寂寥。①

该作品诗题及句中均有"怀"字，可见此诗是绝海离开天竺寺之后的回忆之作，但作者将其排在了与中天竺寺相关作品的末尾，这也体现出了以地点为轴心的排序原则。

"中峰旧隐"可以视为绝海在中天竺时所住的房屋。"中峰"为中印峰的略称，因来自中印度的千岁宝掌禅师在此修行并创立天竺寺而得名，亦常用于代指天竺寺②。如五律 3《送良上人归云间》有"夜宿中峰寺，朝寻三泖船"。这

---

① 本文《蕉坚稿》作品均引自藤木英雄『蕉堅藁全注』、清文堂、1998 年。

② 据《五灯会元》卷二"千岁宝掌和尚"条："千岁宝掌和尚，中印度人也。周威烈十二年丁卯降神受质。左手握拳，七岁祝发乃展，因名宝掌。魏晋间东游此土，入蜀礼普贤，留大慈。（中略）一日，谓众曰：'吾有愿住世千岁，今年六百二十有六'，故以千岁称之。（中略）返飞来，栖之石窦，有'行尽支那四百州，此中偏称道人游'之句，时贞观十五年也。后居浦江之宝严，（中略）显庆二年正旦手塑一像，至九日像成。（中略）谓云曰：'吾住世已一千七十二年，今将谢世（中略）'，言讫而逝。"宝掌禅师于隋开皇十七年（597）到达杭州，于中天竺建立道场。唐显庆二年（657）在浦江化去，自称至此已有一千零七十二岁，故有"千岁"之称。"（中华书局，1984 年，第 124—125 页）。"中峰"即"中印峰"之简称。中天竺寺近处还有因宝掌和尚命名的"千岁岩"，故"中峰"和"千岁岩"也因此常被用于指代中天竺寺，此处亦然。

里的中峰寺即指杭州中天竺寺。以往有学者称此处的"中锋"指雷锋，故推"中峰寺"为普宁寺净相院，谬也。自此首以下至 12《冬日怀中峰旧隐》均与中天竺寺或杭州有关。

12 第一句中的"天竺寺"，即千岁宝掌和尚首创，当为天竺山一带寺院的总称，与灵隐一带的寺院隔飞来峰相峙。现今几座大的寺院，依其地理位置而被俗称为下天竺寺、中天竺寺、上天竺寺。"山椒"即山顶之意，结合后文中的《南山新居故人持笋茗见赠遂留之宿》以及《山居诗十五首》等，此所谓"中峰旧隐"，与"南山新居""山居"应均为同一所指，即绝海在中天竺寺南边的山中所构之房屋。

《冬日怀中峰旧隐》首联中说，自己离开那里之后恐怕都不会有人住了。从接下来的描述中可知，该住处位于山中，交通不便，冬日尤显条件艰苦。其他如："幽栖诚所爱，生理却无聊。一笑问真宰，百年何寂寥。"可以看出此处幽居生活的寂寞。总之，这里的生活环境应该是过于荒凉和寂寞，生活条件也比较艰苦。

绝海诗中，此"中峰旧隐"周边，以及杭州的氛围环境总是偏向凄冷和荒芜的，这一点在绝海寓杭期间的其他诗作当中体现得也比较明显。比如 4《三生石》就有"凄凉天竺寺，片石寄巉岏。千劫空磨尽，三生旧梦残"的描写。诗中"凄凉"二字说尽了天竺寺当时的状况。

绝海的师兄义堂周信曾说："大明开国仅十一年，天下诸道诸寺观，大半遭火未复。两浙五山、径山、灵隐火后凄凉，径山尤甚，居僧不满百人。"[1]可见"凄凉"是明朝初年浙江寺院的普遍状况，并不止中天竺一处。这么说来，如 8《古寺》："古寺门何向，藤萝四面深。檐花经雨落，野鸟向人吟。草没世尊座，基消长者金。断碑无岁月，唐宋竟难寻。"和 83《永青山废寺》[2]："永青山里古禅林，满目萧条枳棘深。不识何人行道记，蛟龙欠落卧花阴。"也都是对中天竺及杭州佛寺荒芜氛围的吟咏。

综上所述，绝海眼中的钱塘特别是中天竺一带，当时比较荒凉和寂寞，而绝海对此印象深刻、反复提及。而且这种认识具有一贯性，以至于离开后回忆起来也还是同样的感受。

绝海感觉居住在天竺山特别"寂寥"的另一个原因，应该是季潭宗泐和其

---

① 義堂周信『空华日用功夫略集』"永和三年九月廿三日条"（蔭木英雄『訓注空華日用工夫略集：中世禅僧の生活と文学』、思文閣、1982 年、第 180 頁）。

② 『扶桑五山記・一・大宋國諸寺位次』有："永青山，中天竺名胜之一"（玉村竹二校訂『扶桑五山記』、臨川書店、1983 年）。"中竺十二景"中有"永清竹浪"，不知是否为一处。

他友人的离开。绝海到明后，辗转湖州道场山清远怀渭禅师等处后，投奔到当时住持中天竺寺的季潭宗泐门下。然而不久后宗泐又移至径山，绝海却并未随从他去，而是选择了继续留在中天竺寺①。绝海构此"中峰旧隐"，应该就是在这之后。也许他觉得，师傅在径山离得也不是很远，还是可以经常走动和互通消息吧。不料，宗泐不久又应召移至南京天界寺，这无疑令绝海感到十分无助②。他就像离了群的孤雁，留在了荒凉的天竺山，苦闷可想而知。

在绝海与其他僧人间赠答的诗中，也可以读出他对寓居杭州中天竺寺与后来追随季潭宗泐到都城南京后的不同感受。如以下两首七律：

30 祚天元京师书至喜而有寄

一别三年信不通，南京书札到中峰。
飘零远客谁能记，感喜友怀懒折封。
绝域林泉淹杖履，大江云雨起鱼龙。
相思未得相寻去，楚水吴山几万重。

40 送云上人归钱塘

天街凉雨晓疏疏，行客东归碧海隅。
路自近关经北固，舟随远水到西湖。
诸峰乱后僧钟少，旧业年深塔树孤。
早晚归来龙河上，从师问道是良图。

第一首是说友人"祚天元"由南京寄信给在中天竺的绝海，绝海非常高兴。"飘零远客"指客居中天竺的自己，"绝域林泉淹杖履"是写中天竺寺的惨状，而"大江云雨起鱼龙"是写先于自己到南京住锡的祚天元等友人的现状吧，对比还是很强烈的。第二首则相反，是绝海到南京后送别回杭州的友人。"诸峰乱后僧钟少，旧业年深塔树孤。"描写了杭州诸寺之惨状，尾联则规劝友

---

① 《胜定国师年谱》载："（绝海师）三十六岁登径山省全室，延以后堂首座，师辞不就。"（1412—1428 年间成书，引自塙保己一『續群書類從 第九輯下』、続群書類從完成会、1926 年）可知，绝海三十六岁时为洪武四年（1371）。

② 绝海中津有七律《闻径山全室和尚入京作》（《蕉坚稿》29）。

人早日到南京投奔师傅①。由此亦可见，绝海留在中天竺寺的时期，与最后终于追随宗泐到南京之后的时期，心境大有不同。绝海对杭州中天竺的生活状态并不满意，而此种情绪在离开杭州到南京后则完全得到了消解。

## 三、"南山新居"

结合以上的分析，下面就回过头来看一下 32、33、34 这组作品：

32 南山新居故人持笋茗见赠遂留之宿

绿树排檐午影低，北山故旧问新栖。

林泉养拙交无道，笋茗多情愧所携。

虚阁空廊云冉冉，疏烟小雨晚凄凄。

对床话尽十年事，迢递相关梦欲迷。

诗题中有"南山新居"，可知绝海在"南山"之地构得了一处新家。"故人"以及第二句中的"北山故旧"，当指绝海在杭州交往最多的一位密友。除这首诗，这位"故人"在绝海其他作品中也屡屡出现。

6 宿北山故人房

拟访北山友，来书偶见招。

入门松日落，对榻夜灯烧。

诗苦寸肠断，钟清诸妄消。

天明辞胜侣，云雪涨溪桥。

25 春日寻北山故人

一曲寥寥太古琴，百年未见有知音。

行过北岭襟期合，为说中肠感慨深。

---

① 绝海诗中的"龙河"即指南京天界寺。《明太祖实录》卷一八八载："初，元文宗天历元年始建大龙翔集庆寺，在今都城之龙河。洪武元年春，即本寺开设善世院，以僧慧昙领教事，改赐额曰大天界寺，御书'天下第一禅林'，傍于外门。四年改曰天界善世禅寺。"其原址在朝天宫东侧（今张府园、大香炉一带），因位于南唐护龙河西，元、明诗人常称为"龙河寺"，亦常用"龙河"代称。1388年，天界寺不幸失火被烧毁，遂迁至现址（中华门外雨花台西）。

万迭晴峦清客眼，一泓新水照人心。

偶同携手须行乐，桃李明朝绿作阴。

由以上两首诗可以看出，绝海与这位"北山故人"一见倾心，两人携手行乐，绝海视其为"百年知音"。其后两人便心心相印、心有灵犀，同宿一房、作诗论道。而 32 诗中的"北山故旧"当是此人无疑，"故旧"是出于平仄的需求，当与"故人"无异。从 32 的诗题看，与 6《宿北山故人房》相反，这次是"北山故人"留宿在了绝海的"南山"新居。另外 32 中的"对床"与 6 中的"对榻"也是遥相呼应，揭示了二人之间的亲密友情。

"北山"应指那位友人居住的寺院之所在，25 中的"北岭"亦然，当指灵隐一带。而"南山"当指中天竺寺南边的月桂、中印等山峰，与灵隐寺南的"北山"即白云、莲花、飞来等峰相对。为什么这么说呢？相传白居易有一首《寄韬光禅师》，很好地描述了"南山""北山"也即天竺寺和灵隐寺的位置关系：

一山门作两山门，两寺原从一寺分。

东涧水流西涧水，南山云起北山云。

前台花发后台见，上界钟声下界闻。

遥想吾师行道处，天香桂子落纷纷。[①]

由此可见，32 诗言及的"南山"和"北山"，就是指中天竺寺和灵隐寺一带，居住在中天竺寺进而"卜居南山"的绝海中津，与居住在"北山"的友人时常走动来往，交情甚深。

那么回过头看再看 12《冬日怀中峰旧隐》，那天竺寺"山椒"的"旧隐"，便当是此际构得的"南山新居"无异了。

紧接着这首之后的 33 诗中，绝海也提到了"南山"：

33 新秋书怀

边雁初声夕露繁，客心一倍感徂年。

封书曾附安期鹤，隔岁未还徐福船。

久雨南山荒紫荁，清秋北渚落红莲。

---

① 彭定求编：《全唐诗》卷四六二，中华书局，1960 年，第 5259 页。

远游虽好令人老，季子休嫌二顷田。

此诗开篇首联便充满了思归之意。"边雁"指从北方边地飞来的秋雁，亦称南归雁，常用以比喻思归之人。如晋陶渊明《杂诗十二首（其十一）》有"边雁悲无所，代谢归北乡"[1]。唐戴叔伦《昭君词》有"惆怅不如边雁影，秋风犹得向南飞"[2]。

"客心"谓客居他乡的心境、游子之思，唐韩翃《和高平朱参军思归作》有"一雁南飞动客心，思归何待秋风起"[3]。唐郑谷《沙苑》有"日暮客心速，愁闻雁数声"[4]。

颔联中出现的两位人物——安期和徐福，均为传说中秦时赴"蓬莱"采药而未归之人。安期乃传说中的一位仙人，亦称安期生、安其生、安期公、安期子等。关于安期的传说很多，主要有师河上丈人说、东海卖药通蓬莱说、留书秦始皇赴蓬莱不还说、与蒯通友善不受项羽之封说，等等[5]。鹤被认为是仙人的座驾。元诗中多见安期与鹤的组合，如倪瓒《题鹤》有"海月生残夜，辽天入莫秋。安期应有待，清唳起玄洲"[6]。孙蕡《安期升仙台》诗曰"神仙莫可稽，欲吊踪多漫。惟有安期生，遗台粤山畔。……丹成遂轻举，跨鹤陟云汉。尚留如凫舄，世上作奇玩"[7]，可知当时有安期升仙台的存在，安期被认为跨鹤飞去了"蓬莱"。绝海此句当言自己曾经托付像安期一样跨鹤飞去"蓬莱"的人给带信，即以安期鹤指带信、传书之人。

但这也可能只是一种虚构，因为安期与下句的徐福，均与秦始皇欲于"蓬莱"求仙问药而最终不得有关。《后汉书·东夷列传》"倭"条有"会稽海外有东鳀人，分为二十余国。又有夷洲及澶洲，传言秦始皇遣方士徐福将童男女数

---

[1] 逯钦立辑校：《先秦汉魏晋南北朝诗》中册，中华书局，1983 年，第 1007 页。
[2] 彭定求编：《全唐诗》卷二七四，中华书局，1960 年，第 3103 页。
[3] 彭定求编：《全唐诗》卷二四三，中华书局，1960 年，第 2728 页。
[4] 彭定求编：《全唐诗》卷六七四，中华书局，1960 年，第 7717 页。
[5] 《史记·封禅书》曰："安期生仙者，通蓬莱中，合则见人，不合则隐。于是天子始亲祠灶，遣方士入海求蓬莱安期生之属。（中略）求蓬莱安期生莫能得，而海上燕齐怪迂之方士多相效，更言神事矣。"《正义》引《列仙传》云："安期生，琅琊阜乡亭人也。卖药海边，秦始皇请语三夜，赐金数千万。出，于阜乡亭皆置去。留书，以赤玉舄一量为报。"《史记·乐毅列传》曰："黄帝、老子，其本师号曰河上丈人，不知其所出。河上丈人教安期生，安期生教毛翕公，毛翕公教乐瑕公，乐瑕公教乐臣公。……"《汉书·蒯通传》有："通善齐人安期生，安期生尝干项羽，羽不能用其策。已而项羽欲封此两人，两人终不肯受。"
[6] 杨镰主编：《全元诗》第四十三册，中华书局，2013 年，第 62—63 页。
[7] 杨镰主编：《全元诗》第六十三册，中华书局，2013 年，第 238 页。

千人，入海求蓬莱神仙。不得，徐福畏诛不敢还，遂止此州。世世相承，有数万家"①。《三国志·孙权传》及《文献通考·东夷传》亦有类似记载。《后汉书》徐福事载于"倭"，但未明确说徐福止处为日本。徐福所止之处即为日本的说法，最早见于《义楚六帖》中所记 927 年渡海至洛阳的日本弘顺大师宽辅语，后《资治通鉴》卷第七十一《魏纪三·列祖明皇帝上之下·四年》注有"今人相传，倭人即徐福止王之地，其国中至今庙祀徐福"②。日本人瑞溪周凤撰《善邻国宝记》"村上天皇天德三年（959）"条引《楚帖》即《义楚六帖》曰："五代后周世祖显德五年（958），岁在戊午，有日本国传瑜伽大教弘顺大师赐紫宽辅又云，（中略）又东北千余里，有山名富士，亦名蓬莱，其山峻，三面是海，一朵上耸，顶有火烟，日中上有诸宝流下，夜即却上，常闻音乐。徐福至此，谓蓬莱，至今子孙皆曰秦氏。"③ 宋欧阳修《日本刀歌》对此说亦有所提及："传闻其国居大岛，土壤沃饶风俗好。其先徐福诈秦民，采药淹留卯童老。百工五种与之居，至今器玩皆精巧。"④ 绝海此句中的"徐福船"，应代指从日本返回中国的信使，与上句相呼应，意即："我曾经托付去往蓬莱（日本）的使者为我带信，但是隔了很久也没有盼来返回的使者带来回音"。唐胡曾《东海》诗有："东巡玉辇委泉台，徐福楼船尚未回。"⑤

绝海也许是想要用秦始皇的这两则故事来表达中日之间音信微茫、思乡之情难以得到慰藉。安期与徐福同用的例子有元卞思义《大瀛海道院为吕啬斋作》中的"未同徐福来求药，好访安期且问仙"⑥。

"久雨南山荒紫荳"，前人注释多言此句化用陶渊明《归园田居》"种豆南山下，草盛豆苗稀。晨兴理荒秽，带月荷锄归"句意，但如果考虑到绝海句首"久雨"的意象，则可认为其同时含有白居易《效陶潜体十六首（其四）》中"西家荷锄叟，雨来亦怨咨。种豆南山下，雨多落为萁"⑦ 的句意。当然，陶诗和白诗均本自《汉书·杨恽传·报孙会宗书》中的"田彼南山，芜秽不治，种一顷豆，落而为萁。人生行乐耳，须富贵何时"⑧。白居易《效陶潜体十六首·序》曰："余退居渭上，杜门不出。时属多雨，无以自娱。会家酝新熟，

① 范晔：《后汉书》卷八十五，中华书局，1965 年，第 2822 页。
② 司马光：《资治通鉴》卷第七十一，中华书局，1956 年，第 2259 页。
③ 瑞溪周凤『善隣国宝記』、国書刊行会、1975 年、第 55 页。
④ 欧阳修：《欧阳修全集》卷五十四，李逸安点校，中华书局，2001 年，第 767 页。
⑤ 彭定求编：《全唐诗》卷六四七，中华书局，1960 年，第 7423 页。
⑥ 杨镰主编：《全元诗》第五十册，中华书局，2013 年，第 106 页。
⑦ 彭定求编：《全唐诗》卷四二八，中华书局，1960 年，第 4722 页。
⑧ 班固：《汉书》卷六六，中华书局，1962 年，第 2896 页。

雨中独饮，往往酣醉，终日不醒。懒放之心，弥觉自得。"① 由此可知，白居易退居渭上正赶上多雨的季节，于是便终日闭门饮酒、自得其乐了。同时，在诗中，白居易庆幸自己不用像邻居家的老者一样因为雨多而使豆苗荒秽。而绝海中津之句，既表现了他自己跟陶渊明一样卜居南山、辛苦耕种的田园生活，同时也表达了跟白居易一样因为"久雨"而生的"懒放之心"。只是绝海并不能像白居易那样饮酒自娱，多雨的秋季反而勾起了他强烈的思归之情。

"北渚"泛指北边的水涯，此处或指西湖北岸。抑或代指良渚，因为良渚位于杭州北偏西方向。与杭州和西湖相关的例子有苏轼《小饮西湖怀欧阳叔弼兄弟赠赵景贶陈履常》中的"欢饮西湖晚，步转北渚长"。查慎行注曰："宋名臣言行录：'晏元献守颍州，筑室北渚以邻西溪，名清涟阁。'"② "北渚"与"南山"的对偶也比较常见，如唐李峤《侍宴长宁公主东庄应制》有"树接南山近，烟含北渚遥"③。唐姚崇《春日洛阳城侍宴》有"南山开宝历，北渚对芳蹊"④。

尾联中，绝海则将自己比作了战国时期的人物苏秦，亦表达了想要放弃"远游"早日归乡之念。"季子"是苏秦的字，另一种说法是苏秦的嫂子称呼小叔为季子⑤。据《史记》卷六十九《苏秦传》，苏秦早年外出游说，耗尽金钱贫穷而归，遭到兄嫂的耻笑。后苏秦佩六国相印，回到洛阳，兄嫂则对他毕恭毕敬，甚至不敢仰视，于是才有了叔嫂间的问答。而对于嫂子的回答，苏秦喟然叹曰："此一人之身，富贵则亲戚畏惧之，贫贱则轻易之，况众人乎？且使我有洛阳负郭田二顷，吾岂能佩六国相印乎？"于是散千金以赐宗族朋友。此后便有了"二顷田"的典故，谓家乡拥有足够生活的田产，或用以指代归隐。北周庾信《拟咏怀二十七首（之二）》有"洛阳苏季子，连衡遂不连。既无六国印，翻思二顷田"⑥。唐权德舆《数名诗》有"二顷季子田，岁晏常自足"⑦。宋苏轼《戏书吴江三贤画像三首（其三）》有"千首文章二顷田，囊中未有一

---

① 彭定求编：《全唐诗》卷四二八，中华书局，1960 年，第 4721 页。

② 冯应榴辑注：《苏轼诗集合注》卷第三十四，上海古籍出版社，2001 年，第 1741 页。

③ 彭定求编：《全唐诗》卷五八，中华书局，1960 年，第 691 页。

④ 彭定求编：《全唐诗》卷六四，中华书局，1960 年，第 748 页。

⑤ 《史记·苏秦传》："苏秦笑谓其嫂曰：'何前倨而后恭也？'嫂委蛇蒲服，以面掩地而谢曰'见季子位高金多也'"《索隐》曰"按其嫂呼小叔为季子耳，未必即其字。"（司马迁：《史记》卷六十九，中华书局，1959 年，第 2262 页。）

⑥ 逯钦立辑校：《先秦汉魏晋南北朝诗》下册，中华书局 1983 年，第 2367 页。

⑦ 彭定求编：《全唐诗》卷三二七，中华书局，1960 年，第 3665 页。

钱看"①。《台头寺送宋希元》有"二顷方求负郭田",公自注"取季子"②。赞宁《宋高僧传·唐明州雪窦院恒通传》有"苏秦显达,犹怀二顷之田;元亮孤高,不羡五斗之禄"③。

综上所述,33 整首诗都充满了思归之意境。进一步讲,"久雨南山荒紫苣"也是对"南山新居"周遭环境的描述,因其与其他诗中描写天竺寺的"凄凉"之感相符。可见,卜居"南山"、与友人交往,并未完全消解绝海当时心中的寂寥与孤苦。而其中的缘由,前文已经分析过了,当与季潭宗泐先期离开径山赴南京住持天界寺有关。从诗作的排列上来看,在 32、33 有关"南山"的诗作之前,有 29《闻径山全室和尚入京作》、30《祚天元京师书至喜而有寄》等。30 在前文中已经引过,绝海称自己为"飘零远客",诗中表达了对南京友人的羡慕。那么即可推论:季潭宗泐离开径山赴南京住持天界寺,绝海则继续留在杭州天竺寺,不论其"卜居南山"与季潭赴京孰先孰后,总之其与季潭宗泐的距离是渐行渐远了,而此事对绝海的心理影响巨大,使本来就"凄凉""寂寥"的天竺寺生活更加难堪了。洪武六年,也即绝海入明的第六年,他终于下定决心离开杭州中天竺寺,赴南京天界寺再次投奔季潭宗泐而去了④。

接着这首 33《新秋书怀》,是一组十五首的连作《山居十五首次禅月韵》。我在之前的专论⑤中,只关注了其与贯休及禅僧山居诗的关联性,而忽略了绝海卜居"南山"的事实,及其与前两首(32、33)排列在一起的意义,因而需要进行补充。下面仅举其中三首如下:

### 34 山居十五首次禅月韵

#### (其一)

人世由来行路难,闲居偶得占青山。

---

① 冯应榴辑注:《苏轼诗集合注》卷十一,上海古籍出版社,2001 年,第 545 页。

② 冯应榴辑注:《苏轼诗集合注》卷十八,上海古籍出版社,2001 年,第 884 页。

③ 赞宁:《宋高僧传》卷第十二,中华书局,1987 年,第 289 页。

④ 《蕉坚稿》第一首《呈真寂竹庵和尚》篇后附有"真寂竹庵和尚"即清远怀渭(1317—1375)的和诗并序,序中有"将游江东,留诗为别"。篇末有"洪武六年(1373)岁在癸丑,冬十二月廿日,书真寂山中"字样。另据《胜定国师年谱》:"(绝海)三十八岁,再参天界全室。清远和尚作偈送之。"(引自塙保己一『續群書類従 第九輯下』、続群書類従完成会、1926 年),可知此时绝海即将赴南京投奔季潭宗泐,而特地向怀渭禅师辞行。

⑤ 高兵兵:《绝海中津〈山居十五首次禅月韵〉考辨》,《日语学习与研究》,2017 年第 2 期,第 33—41 页。

平生混迹樵渔里，万事忘机麋鹿间。

远壑移松怜晚翠，小池通水爱幽潺。

东林香火沃洲鹤，逸轨高风谁敢攀。

（其五）

无数峰峦围梵宫，自然不与世相通。

菖蒲石畔泠泠水，茉莉花前细细风。

溪獭祭鱼青蒻里，杉鸡引子白云中。

有山何处能如此，忆得蓬莱碧海东。

（十一）

黄精紫术绕春畦，爱此葛洪丹井西。

传法未能同粲可，垂名何肯羡夷齐。

寒山寂寂茶人少，修竹冥冥谢豹啼。

有客纵令若陶令，相携一笑懒过溪。

　　了解了绝海卜居南山的事实，才会理解"闲居偶得占青山"是在描述事实。不仅如此，十五首连作中的景物描写，也都可以视作中天竺的实景，这点对我们解读这组作品非常重要。

　　从"爱此葛洪丹井西"，可以进一步确认绝海"南山新居"就在中天竺一带，因为葛洪井就在天竺寺和绝海所吟咏的 4《三生石》的附近，自唐代起就作为天竺寺的地标而存在了①。

　　而像"寒山寂寂茶人少，修竹冥冥谢豹啼"，与前文所举诗中对中天竺的"凄凉"印象相一致。此外，"有山何处能如此，忆得蓬莱碧海东"也是绝海的真实感受，他觉得新居周边的景致与日本有些相似，新居给了他继续在天竺寺继续生活下去的力量。

---

　　①　觉岸：《释氏稽古略》卷三"三生石"条有："果于杭州西山下天竺寺前葛洪井畔闻有牧童扣牛角而歌"（新文丰出版公司，1975 年，第 30 页）。许浑《天竺寺题葛洪井》："羽客炼丹井，井留人已无。旧泉青石下，余瓮碧山隅。云朗镜开匣，月寒冰在壶。仍闻酿仙酒，此水过琼酥。"（彭定求编：《全唐诗》卷五三〇，中华书局，1960 年，第 6060 页）。陈陶《宿天竺寺》："一宵何期此灵境，五粒松香金地冷。西僧示我高隐心，月在中峰葛洪井。"（彭定求编：《全唐诗》卷七四六，中华书局，1960 年，第 8487 页）。

## 四、结语

本文阐明了相连排列的一组"卜居南山"作品之存在（即 32—34），并进一步指出《山居十五首次禅月韵》即是其对中天竺"南山"新居生活的实际吟咏。此外，结合绝海离开杭州后所作 12《冬日怀中峰旧隐》，可以推定，"中峰旧隐""南山新居"乃至"山居"，均为同一所指，即绝海在天竺寺南山之椒构得的居所。

从表 1 可知，中天竺寺是绝海中津在明生活的重心，在此创作或与此相关的诗作也是最多的。而本文所举之与其"山居"相关的系列诗作，可谓是重中之重。这对于理解绝海寓居杭州中天竺时期的生活经历和心境意义十分重要，而以往的考释都忽略了绝海在中天竺"卜居南山"的经历及其意义。

"卜居南山"和与"故人"的交往，可谓是绝海继续生活在天竺寺的莫大安慰和有力支撑。但绝海与天竺寺相关的诗中，对杭州特别是中天竺寺周边荒凉景致及寂寥生活的感叹依旧是贯穿始终的，而且这与其离开杭州后在其他地方的作品形成了鲜明对照。元末战争导致的杭州诸寺的衰败，当然是客观原因之一，但对于绝海来说，比客观环境"凄凉"更为难耐的，是心境的"寂寥"和浓厚的思归之念。究其原委，当与其当初投奔的天竺寺住持季潭宗泐之离开有密切关联。宗泐先是离开天竺寺去住持径山寺了，绝海没有跟随而去，或许那时还觉得同在杭州，心理距离并不遥远；不想，宗泐不久又应召赴南京住持天界寺而去了，这对绝海造成了更大的心理打击，使他对天竺寺的生活更加悲观绝望。而到南京后，绝海的苦闷情绪随即得到了消解，他在诗中甚至还劝说杭州的友人也早日投奔到天界寺季潭宗泐门下来。

总之，本文通过对《蕉坚稿》作品排序及内容的详尽考释，还原了绝海中津于杭州天竺寺"南山新居"的生活场景，并对其心境进行了解读。

# 从《人间失格》看太宰治"人间"的思想

姜毅然　贾　悦①

**摘　要**：作为日本无赖派文学的代表作家，太宰治文学作品当中表现了战后日本国民的消极、彷徨与堕落，反映出当时社会普遍面临的精神危机。太宰治文学作品中的"人间"，即人类、世间，"人间性"即人性，太宰治"人间"的思想，即太宰治对人与人性的思考。《人间失格》所刻画的女性形象、家庭形象、友人形象等几类代表性"人间"形象，分别象征"自我破坏""幼年失格"与"信任缺失"，构成对现实的隐晦对照与暗喻，表现了太宰治在人性本恶的约定俗成中挖掘人性的美好，于战后绝望的疮痍中呼唤变革负伤前进这一情感寄托，映射出其对人、人性、人世的批判与期许。

**关键词**：太宰治　《人间失格》　"人间"思想　"人间性"

太宰治是日本战后无赖派文学的代表作家，有"昭和文学不灭的金字塔"之美誉。太宰治文学作品表现了战后日本国民的消极、彷徨与堕落，反映了当时社会普遍面临的精神危机，其作品中的各种"人间"形象以及其所寄托的寓意至今仍然具有强大的魅力与意义。对太宰治来说，"人间"不仅仅是一个通用的词汇，而且是一种处世态度和评判是非的专有概念。太宰治塑造的众多人物形象中凝聚着作家本人的身影，无时无刻不反映着他的"人间"观念与思想。太宰治挖掘、批判并抵触社会的丑恶、人性的虚伪和人心的险恶。对人类存在意义的探求、对人性美好与真实的追求成为他的人生信条，也是他终其一生所贯彻的文学目标。

---

①　作者简介：姜毅然，文学博士，北京工业大学文法学部副教授，研究领域：中日比较文学；贾悦，北京工业大学文法学部硕士研究生，研究方向：日本文学。

　　国内外学界关于太宰治的相关研究数量众多，成果颇丰。中国学界对于太宰治的研究以"丧文化""罪意识""死亡意识""自我构建"等为切入点，日本学界的研究集中于"自杀殉情""伦理""风土""道化"以及"战时战后文学"等方面，但是聚焦于其"人间"及"人间性"概念和相关思想的单独研究却并不多见。国内外各个方向的太宰治研究中都会提及"人间"这个概念，但尚未发现以该"人间"思想为中心点进行整理并深入研究的文献。本文以小说《人间失格》为中心，探究在太宰治文学当中"人间"这一概念的特征、内涵并审视太宰治眼中不同"人间性"所蕴含的不同的社会意义，分析太宰治认为自身"人间"失格的原因。以与现实对照的角度审视其作品中"人间"的思想，通过其塑造的女性、家庭、友人等几类代表性"人间"形象剖析太宰治对人、人性、人世的批判与期许。

## 一、何为"人间"的思想

　　太宰治文学中的"人间"，即人类、世间，"人间性"即人性，太宰治"人间"的思想，即太宰治对人与人性的思考。《人间失格》既是太宰治构筑的一个悲惨的梦境，同时又是现实世界的写照，连同作家对自身的愤怒、惶恐、绝望统统倾泻其中。《人间失格》的中文译本直接采用了日语原词「人間失格」作为书名，而不是采取"失去做人的资格"等意译的方法，这自是经过深思熟虑的。原词直译的妙处在于，"人间"一词对太宰治的文学表达有着重要的意义，它是太宰治的专属符号、专属思想，既包含了日文里"人类"这层含义，又可延伸到中文里"人世间"这层意思。"人间"既包含了太宰治对人类个体的看法与评价，又包含了其对人类这一群体以及对人世间这一社会状态的思考与批判。太宰治关于"人间"的思想，是由对生命中出现的形形色色鲜明各异的"人间"角色形象的思考，上升到他对整个人类群体、人类社会的思考。"人间"，既是个体，也是集体，还是由一个个鲜活的人类个体汇聚成的一个社会群体，而"人间失格"，是指太宰治在经历了一系列百转千回后认为自己失去了作为一个"人间"个体的资格，找不到自己在"人间"群体中继续存在的方式，这样一种灵魂的挫败感与撕裂感。

　　太宰治在《人间失格》中刻画了一个个鲜活的"人间"形象，他们都有着复杂的对立面、矛盾的性格与充满转折与颠覆色彩的命运。小说中对这些"人间"形象的描绘，如实地反映出太宰治对现实世界各色"人间"的审视，同时也隐晦地影射出他对社会现状的思考与批判。他刻画了像良子那样治愈了他又毁灭了他的女性角色，也刻画了父母、堀木等这些带给他无可挽回的伤害的家人和同伴角色。生命中出现的一个个"人间"形象让他一步步远离作为一个合格之人的标准，逐渐失去作为一个"人间"个体的资格，也逐渐失去了生活在"人世间"的能力。关于《人间失格》中的"世间"一词，荆来琛认为："世间就是人类，在群体中生活，是在扮演着虚伪角色的人类。叶藏没有在这样的世界中找到自己存在的方式。这不仅是一种对于人性劣根——虚伪、欺骗的批判，而且还是对人类的不信任的讽刺。"① 比起"世间"，"人间"的出现方式更为直白，更为主要。

永藤武认为："在人际关系中，完全孤绝他人的关照、断绝一切情感往来时，人就不再是人了。换言之，人与人之间产生共鸣的基础的崩坏是'人间失格'的罪魁祸首。"②《人间失格》的主人公叶藏就是太宰治的化身，叶藏对世界的认知就像一个茧，牢牢包裹着内心，阻隔了痛苦，也阻隔了快乐。正如他所说，若能避开猛烈的狂喜，自然不会有悲痛袭来，他既是一个"无赖""日阴者"，也是一个"天使一样的好孩子"。"大庭叶藏放弃了身为'人'的价值，在自己看来他是满含罪恶与耻辱的，但在他人看来，他的赤子之心也正是其特有的存在价值。"③ 叶藏如此，太宰治亦然。太宰治与小说中的大庭叶藏一样，虽然童年不顺，但充满了才华与潜力，本该有光明的前途，也曾发现生活的美好瞬间，也曾对未来抱有卑微的期冀。但当时正值第二次世界大战过后，国家百废待兴，人们还没有摆脱战争的创伤，整个社会浮躁不安，阴影笼罩着日本。有些人选择挣扎，有些人选择颓唐。太宰治也有着自己的生存之道——扮演一个玩世不恭的小丑，他的死可以说是作茧自缚，这层茧既是自我了结的刀刃，也是反抗时代的利器。这层由他亲手织就的茧，来自他的"自我破坏"，来自他的"幼年失格"，也来自他的"信任缺失"。太宰治也曾尝试去追求人性的美好，但他总是遭遇美好的陨落与破碎，他极力去揭露世间大多数人的虚伪，去抵抗社会的丑恶，追寻生而为人的意义，但时代大背景宛如车轮碾过他的挣扎与奢求，造就了《人间失格》中绝望离世的大庭叶藏，也掩埋了沉没于东京寂静湖泊中太宰治的呼喊。

---

　① 荆来琛：《〈人间失格〉的"滑稽表演"——领悟人性的劣根与世间的涵义》，《赤子》，2015年第 13 期，第 56 页。

　② 永藤武『文学と日本的感性』、ペリカン社、1983 年、第 303 頁。

　③ 周年春、杜勤：《浅谈〈人间失格〉——以大庭叶藏症候群为中心》，《戏剧之家》，2016 年第10 期，第 284 页。

## 二、女性形象与"自我破坏"

太宰治的一生围绕着诸多女性的身影，这些女性对他具有毋庸置疑的影响。太宰治文学中描绘了大量的女性形象，这些女性形象或多或少都承载着真实世界中太宰治所遇之人的影子，在后世文学精神的延续中也有着长久的生命力。长部日出雄指出："太宰治是日本文学史上获得女性读者数量最多的男性作家。"① 这表明，太宰治文学对女性"人间"形象的塑造是极为成功的，这种成功离不开作家丰富且波折的人生经历，也离不开他对自己生命中出现的女性形象独特的认知与解读。太宰治小说中的女性形象有着一些共同的特征，例如她们都或多或少散发着母性的光辉，人物立体多面，往往具有善与恶、美与丑的两面性和反差、颠覆、震撼的命运轨迹。太宰治一方面描绘那些最为可贵的人类感情品质"单纯""善良""母性"，而另一方面又突出"现实"对这些美好事物的无情摧毁。东乡克美曾这样评价《人间失格》中的女性关系："回顾一遍叶藏的女性关系的话，基本上便是《人间失格》的故事梗概了。对与人交涉感到恐惧的叶藏，却交往了大量的女性，并不是因为他是个单纯的'女性瘾者'，而恐怕是因为叶藏对于'母性'的强烈的渴望。而且必须强调的是，叶藏追求女性并不是为了单纯的肉欲。"② 将其笔下的女性群体作为一种特殊的"人间"形象进行剖析，能够深入了解太宰治的内心世界。

《人间失格》主要刻画了善良但出身卑微的常子、美丽又独立的女强人静子以及单纯美好的少女良子等女性"人间"形象。主人公叶藏生命中第一个有所羁绊的女性是平庸却温柔的常子，她的丈夫因罪入狱，而她则在银座的酒吧里做了女招待。小说中形容常子为"不值得醉汉亲吻的，丑陋且贫穷的女人"③，然而这样出身卑微的常子却被作为作者化身的主人公叶藏视为"恩惠"，因为她虽然相貌平平、出身贫贱，但其平和包容的性格却给了叶藏一个意外舒适的港湾。

　　我喝了酒。因为对她感到安心，我不想特意伪装表演，只是沉默地喝

① 長部日出雄『富士は月見草』、新潮文庫、2000 年、第 29 頁。
② 東郷克美「『人間失格』の渇仰」、『作品論太宰治』、双文社、1974 年、第 366 頁。
③ 太宰治：《太宰治小说精选》，曹捷平译，中国友谊出版公司，2021 年，第 39 页。

着酒，毫无隐藏地让她看到了自己天生的沉默寡言和阴郁悲惨。①

　　我发现常子是那么可爱，我感觉到生平第一次萌发了微弱但却积极的爱恋之心。②

　　可以看出，叶藏在常子面前是放松且安心的，不必强迫自己做滑稽可笑的事去迎合世人，可以放心展露真实的一面，并由此对常子产生了初次的心动与恋慕之情，尽管这心动有可能是出于自由放肆的快感，但叶藏确实对常子产生了依赖的情感。然而，尽管太宰治刻画了一个温和包容的"常子"形象，但仍然会有颠覆性的负面。叶藏被赋予了与太宰治极其相似的性格，他在常子那里得到安宁的同时，也感受到了一种牵绊与束缚："囿于那些恩惠，我还是感觉到了一种像是身体无法动弹的束缚，从而感到担心和恐惧……"③ 这种矛盾以叶藏的视角隐喻了太宰治内心的极端与不安，得到美好的东西时常常以悲剧的心态来对待。"明明叶藏在常子那里得到了安宁，却依然感到被束缚的恐惧和担心，这样的常子已然不是太宰治所描述的那个让人心安的女性形象了，她会给人带来'被束缚的恐惧'，'错位'凸显。"④ 这里用"错位"来形容，刚好体现了叶藏性格中的极端与反差感。常子的结局，是与叶藏相约殉情后身亡，这也与太宰治的现实经历极度吻合。

　　与叶藏有着羁绊的第二个女性是静子。静子是一个事业有成、独立坚强的成熟女性。与静子一起生活，叶藏调侃自己过着"男妾"般的生活，同时在静子的帮助下，他的漫画事业也有了起色。在静子的影响下，叶藏开始逐渐走上正轨，甚至开始祈愿"哪怕是一生只有一次的幸福"。但叶藏极端的性格与反差再次展现出来。随着接触的增多，叶藏开始认为静子"像是四十岁的男人一样苍老"⑤，并且逐渐对强势的静子表现出畏惧与抵触，最终为了不打扰母女两人的平静生活而选择了离开。

　　最后出场的良子是叶藏最大的心结。良子青春可爱、单纯美好，叶藏形容她"表情中带着明显的、没有被任何人玷污过的处女的气息"⑥，却过于容易

---

① 太宰治：《太宰治小说精选》，曹捷平译，中国友谊出版公司，2021 年，第 35 页。
② 太宰治：《太宰治小说精选》，曹捷平译，中国友谊出版公司，2021 年，第 39 页。
③ 太宰治：《太宰治小说精选》，曹捷平译，中国友谊出版公司，2021 年，第 37 页。
④ 李莹琪：《太宰治晚期作品的女性形象——以〈维荣之妻〉〈斜阳〉〈人间〉为中心》，黑龙江大学硕士学位论文，2018 年，第 19 页。
⑤ 太宰治：《太宰治小说精选》，曹捷平译，中国友谊出版公司，2021 年，第 58 页。
⑥ 太宰治：《太宰治小说精选》，曹捷平译，中国友谊出版公司，2021 年，第 67 页。

信赖他人，"真可谓是信赖的天才，对我的信任可以说是死心塌地"①，她对叶藏任何事情毫无猜疑、坦诚相待，是让叶藏心动的主要原因。她仿佛一张白纸，又像一个天使，将叶藏拉出阴影，"让我感觉自己说不定现在正渐渐变得像个正常人了，不用再悲惨地死去"②，是叶藏生命中的救赎。然而，越是这样美好的人物，太宰治越要将其击碎化为悲剧。轻信他人的良子被人玷污，这一颠覆性的命运转折点对叶藏造成了致命性的打击，才刚看见一点光芒的叶藏一下子坠入深渊，越陷越深，一蹶不振，"终于对一切都失去了自信，无限怀疑他人，永远地远离了这世上所有期待、快乐、共鸣"③。

《人间失格》中对于女性"人间"形象的描写，隐晦地表现了太宰治悲观、极端、渴望幸福又畏惧幸福的悲剧性人格，总是在接近幸福的时刻因为害怕失去而主动远离，甚至打碎这些美好。"太宰治之所以钟情于女性，缘于幼小时的经历。与家庭的疏离使他很难与外界实现真正的沟通，他不得不沉溺于家庭内部女性柔弱的感性世界里。加之自小弱不禁风的病体使他不可能自立于外部男性原理支配的世界里。这也是太宰治'人间恐怖'的根源所在。"④ 太宰治擅长"自我破坏"，太宰治对女性"人间"角色的思考，即是他对自身"自我破坏"性的悲剧性格的反思，他曾数次接近幸福美好的边缘，众多形形色色、各具特色的女性试图将他拉出深渊，但他自身"自我破坏"性的性格又将他拉回深渊。这种"自我破坏"体现在他塑造的常子温柔却贫贱、静子美丽却强势这样的形象以及良子纯洁却被玷污这样的情节，构建美好的幻想又自己打破幻想，最终他厌倦常子、畏惧静子、逃离良子。太宰治的悲观性格造就了这些悲剧，而时代又造就了他这样的悲观性格。渴望美好却畏惧美好、向往自由又破坏自由，这似乎是那个战后百废待兴时代、心灵遍布创伤的人们的普遍写照。

## 三、家庭形象与"幼年失格"

时代造就了太宰治悲观极端、自矜敏锐的性格，其中最直接的一个原因便是他的原生家庭。毋庸置疑，一个人的童年经历及原生家庭会在他的成长轨迹

---

① 太宰治：《太宰治小说精选》，曹捷平译，中国友谊出版公司，2021年，第68页。
② 太宰治：《太宰治小说精选》，曹捷平译，中国友谊出版公司，2021年，第68页。
③ 太宰治：《太宰治小说精选》，曹捷平译，中国友谊出版公司，2021年，第75页。
④ 刘军：《"我想到没有女人去的地方"——从〈丧失为人资格〉等看太宰治的女性观》，陈敬盥主编：《走向21世纪的探索——回顾·思考·展望》，译林出版社，1999年，第357页。

中留下不可磨灭的印记，有时甚至决定其未来的走向与人生基调。幼时封闭、敏感、色彩阴晦的家庭经历造成了太宰治从小便"幼年失格"的悲惨记忆，家世、学识、财富——他看似拥有一切，却唯独失去了作为一个正常孩童快乐成长的资格。

> 优厚待遇和自幼的聪颖敏感以及"名门意识"，使他感到自己是不同于他人的特殊人种……过分的自矜导致了他强烈的自我意识和敏锐的感受性，并必然在粗糙的现实中受到伤害。
> 正是这种极度的自尊心和容易受伤的感受性构成了太宰治一生的性格基调。要么完美无缺，要么彻底破灭，这无疑最好地表达了太宰治一生的纯粹性和脆弱性。[①]

太宰治将自己童年的不幸悉数倾注到了《人间失格》的主人公叶藏身上。叶藏出身于日本旧式大家庭。其父作为官员，公务繁忙且常驻东京，母亲身体孱弱，所以叶藏经常见不到父母，父母仅仅停留在他的印象之中。从小到大从未感受过父母的关怀，导致了叶藏爱与信任感的缺失，从小便缺少爱人的能力。叶藏自幼体弱多病，在气氛凝重、充满疏离感的家庭氛围里，叶藏和父母的关系也是疏离的，甚至受到用人侵犯，他都没有向父母揭露坦白，而是选择默默承受。因此，叶藏自幼就没有受到来自父母的偏爱与庇佑，这造成了他基本心理信任感的缺失。关于叶藏对家庭信赖感的缺失，村濑学认为："在'家族'这种最容易体验到'亲和性'的场所中，主人公（叶藏）却一直只能感受到'不信任'与'违和感'。更不用说对于家族以外的人际交往，他完全感受不到'亲和感'，只能体会到'异和感'。"[②]

关于母亲的形象，太宰治的很多作品中都表现出这样一种倾向：母亲角色的缺位。太宰治自幼对母亲形象的印象疏离且模糊，《人间失格》中几乎没有提及母亲形象，除了一些一笔带过的内容，没有任何关于母亲的细节描写。可见太宰治本身对母亲形象的认知就是模糊的，他无法按照自己的人生经验来刻画一个鲜活的母亲形象。母亲形象的缺位使他背负了不必要的自卑意识和不完整感，也是他诞生"多余人"这一意识苗头的原因之一。"与母亲之间心理上的距离感，亲子间绝望的断层，使太宰治跌入'多余人被害意识'的深渊。这

---

① 杨伟：《太宰治思想发展试论》，《外国文学》，1998 年第 1 期，第 31 页。
② 村濑学「『人間失格』の発見—倫理と倫理のはざまから—」，大和書房、1988 年、第 43 頁。

种孤独的心境让太宰治产生一种宿命的妄想，将自己视为'不幸者'、'日阴者'，唤起他'罪恶诞生于降生时'的原罪意识。"① 主人公叶藏就是太宰治人生的一个缩影，他内心敏感而封闭，需要母亲这一角色对他情感的照顾与关怀，但是"母亲角色的缺失"让他难以建立起安全感以及对他人的信赖，也难以培养起爱人的能力。

相较于母亲，《人间失格》当中对父亲形象的刻画较多。叶藏的父亲虽让他衣食无忧，不必担心物质生活，但传统的大家长思想以及终日的忙碌使父亲忽略了叶藏感情上的需求。叶藏自幼感情封闭，性格古怪，却在父亲和外人面前表现出天真机灵、滑稽搞笑的假象。其实这是一种对自我内心的保护，撒泼打滚是他掩饰自己安全感信赖感缺失的一种表演方式。幼年叶藏对人际关系感到惶恐不安，仿佛到了一种被害妄想症的地步。例如，父亲欢喜地问他想要什么礼物，他担心自己的回答会惹恼父亲而受到报复，便惶恐不安，偷偷地去父亲笔记本上写上自己想要的礼物。年少的叶藏因为缺乏安全感而不敢表达自己，不敢让家人看出自己窘迫灰暗的心境，只能以这样一种看似幼稚的滑稽方式来赢得长辈的关注，好让父母认为他拥有孩子般的任性天真，以此来换取安全感。安全感的匮乏让他感到"人们对名叫叶藏的我，紧紧地合上了信任的外壳"②。尤其是领略了政党同僚在父亲面前虚伪的表现后，叶藏对世界的信任感再度崩塌，只能戴上小丑的面具来暂时忘却人的可怕性，从而逃避可怕的现实。

《人间失格》当中对叶藏童年的描绘，虽然于纸面上总是弥漫着一股装疯卖傻、撒泼打滚的戏剧感，然而透过表面，其中惶恐之情彷佛溢出，字字句句都浸透着冷漠与绝望。对现实的无力感与对虚伪可笑的社会的讽刺力透纸背，可见作家对文字倾注的情感之切，对自己童年阴影的感受之深。太宰治对家庭中的各种"人间"形象的刻画，揭示了走向"人间失格"是他人生的必经之路，也奠定了其文学作品的色彩基调。幼年价值观的崩塌，直接影响了主人公叶藏与作家太宰治一生的道路，年少便逐渐"失格"，偏离正常的人生轨迹，在其成长之路上又怎会成为健全幸福的所谓的"合格之人"呢？太宰治对家人这一"人间"形象的思考，是他走向"人间失格"的导火索，对情绪接收与输出的封闭感、对世界初始认知的破碎感、对爱的认知的扭曲与感知的缺失，是毁掉一个人健全人格的利刃。

---

① 刘军：《"我想到没有女人去的地方"——从〈丧失为人资格〉等看太宰治的女性观》，陈敬盥主编：《走向 21 世纪的探索——回顾·思考·展望》，译林出版社，1999 年，第 353－354 页。

② 太宰治：《太宰治小说精选》，曹捷平译，中国友谊出版公司，2021 年，第 45 页。

## 四、友人形象与"信任缺失"

《人间失格》当中对于美好事物的描述并不多见，尤其是对幼年及少年时期叶藏的描写。唯有一段关于中学的景色让人神往：在靠近海岸线的地方，山樱盛放，纷纷扬扬的花瓣吹向大海，起伏飘零。在这个地方，叶藏的伪装第一次被识破。竹一不仅识破了他的伪装，还对他说起一个不经心的预言："叶藏，女人会为你着迷，你会成为了不起的画家。"① 为了避免竹一将自己以滑稽搞笑取悦他人的真相说出，叶藏不得不时刻接近竹一，也算是拥有了第一个不用伪装的朋友。这段友谊也许算得上是叶藏为数不多的较为美好的回忆，但这似乎并不能算得上真正意义上的友谊。叶藏能对竹一表现得相对坦白，除了因为被竹一识破自己，还因为他认为竹一是一个天真的"白痴"，没有那么多复杂的顾虑，相处便也落得轻松，少了拘束。佐佐木启一认为："竹一是一个与世间主流完全脱节的存在，这一点他自己应该也了然于胸。尽管是这个世界上的无用之人、多余之人，反倒对这世间动向、人类行为举止之间所隐藏的本心掌握得更加清晰。"②

之后叶藏就没有那么幸运了，遇人不淑。离乡求学的他，与父母更为疏远，堀木则成为与他交往时间最长的同伴。之所以未将叶藏与堀木的关系定义为"朋友关系"或"友谊关系"，是由于叶藏从未真切地感受到与堀木之间的友情。叶藏认为自己不论与谁交往，都只感受到痛苦。虽然他与堀木交往甚多，但他从未视其为真正的朋友，"经常打心眼看不起他，有时甚至觉得有他这样的朋友很可耻"③。因此，"同伴关系"更能与"朋友关系"或"友谊关系"相区别。④ 佐佐木启一认为："堀木的家庭所代表的正是表面热情、内里冷酷的精致利己主义者。他们具有作为贫穷的城市生活者所必备的所有'恶'。"⑤ 叶藏与堀木的关系中几乎没有过信任与真诚，叶藏从堀木那里接触到了烟酒、淫秽等危险行为，与其后来不幸的情感经历、殉情、毒瘾等遭遇有

---

① 太宰治：《太宰治小说精选》，曹捷平译，中国友谊出版公司，2021 年，第 18 页。
② 佐々木啓一『太宰治　演戯と空間』、株式会社洋々社、1989 年、第 127 頁。
③ 太宰治：《太宰治小说精选》，曹捷平译，中国友谊出版公司，2021 年，第 26 页。
④ 解礼业、刘洁：《从〈人间失格〉看大庭叶藏对人际关系的不信任感》，《日本问题研究》，2016 年第 2 期，第 58 页。
⑤ 佐々木啓一『太宰治　演戯と空間』、株式会社洋々社、1989 年、第 170 頁。

着直接的关系。堀木总是利用叶藏难以拒绝别人的弱点，变本加厉地从叶藏身上攫取好处，表面上扮演着叶藏朋友的角色，实际上却从未对叶藏有过信任与付出。他经常对常子举动不敬，在叶藏遭遇困境时不仅不施以援手反而避之不及，最致命的是在良子遭遇玷污时，他本可以阻止这场悲剧，但他不仅不及时出手，反而居心叵测。叶藏也认为堀木"为了自己的快乐，竭尽所能地利用我，仅止于这种程度的'交友'"①。

　　然而，既然知道非真心朋友，为何仍要继续交往，让他更加伤害自己呢？也许是因为初识之时，对人类感到畏惧的叶藏，虽然未对堀木许以信任，但堀木的伪装使他仍抱有一丝希望，认为其是"难得一见的好人"，所以稍许放松了警惕。这更加深刻地反映出叶藏内心对于人际关系的不信任感，他难以再与他人建立信赖与坦诚，与人的交往仅限于互相利用来排解寂寞。之后甚至连这种互相利用都相继崩塌，叶藏风雨飘摇的内心世界因此更加千疮百孔，惶恐不安。在《人间失格》中，主人公叶藏除了可以相互交付的女性，几乎没有交到任何推心置腹的朋友。从幼时原生家庭的淡漠，父母关爱与体恤的缺失，到成年后遭到所信任女性的背叛，他心中始终存在一个缺口，这个缺口是对人际关系的不信任，是对难以建立信赖关系的惶恐，是对失去爱人的能力的绝望。初始这个缺口细水慢流，继而渐渐豁开，最后洪水决堤，压弯了最后一根生命的稻草，叶藏最终"失去做人的资格"。

　　太宰治对友人这一"人间"形象的塑造与思考，是其家人"人间"角色所带来的影响的延续，也是其女性"人间"角色的反衬与对比。叶藏所交好的所谓同伴，给他带来了不可磨灭的破坏与打击，是他走向"人间失格"的帮凶。叶藏在堀木身上体会到了人际关系的恶、人性的自私与冷漠，也为自己后续愈发"失格"埋下了种子，同时也更加凸显了良子等体现了真善美、散发着人性光芒的"人间"形象的可贵。正因为自身的"信任缺失"，所以他羡慕且珍视良子那"天才的信赖感"。《人间失格》中的叶藏是被时代反复折磨而颓废垮掉的一代青年，但结尾最后一句话，老板娘评价叶藏是"天使一样的好孩子"，证明这一代青年并不是天生颓废，他们本都有纯真的内心与自由的抱负。叶藏在人性本恶的约定俗成中挖掘人性的美好，放眼太宰治所处的时代，于战后绝望的疮痍中呼唤变革负伤前进，便是太宰治"人间"思想的内核。

---

① 太宰治：《太宰治小说精选》，曹捷平译，中国友谊出版公司，2021年，第29页。

## 五、结　语

　　《人间失格》是一部字字泣血的灵魂独白。太宰治刻画了自身生命中重要的"人间"角色，通过这些"人间"形象，太宰治深刻地将自己对时代的解读镌入其中，虽然他最后带着愧疚与罪恶离开人世，但其抗争社会丑恶、追求人性美好的过程便是一部动人的悲剧史诗，也是对日本战后整个时代的迷惘与挣扎的真实写照。《人间失格》塑造的悲剧，不该只归咎于时代的破败和人性的脆弱，这两者构成了因果关系，时代的破败造就了人性的脆弱，造就了惶恐一生的叶藏和小说中每一个渺小的角色，也造就了太宰治。

　　《人间失格》中的代表性"人间"形象，分别象征"自我破坏""幼年失格"与"信任缺失"，构成对现实的隐晦对照与暗喻。其表现了太宰治在人性本恶的约定俗成中挖掘人性的美好，于战后绝望的疮痍中呼唤变革负伤前进这一情感寄托，也构成其"人间"思想的内核，映射出其对人，人性，人世的批判与期许。

# 南亚文学

# 印度佛传文学研究引论[①]

侯传文　李文博[②]

**摘　要：** 印度佛传文学经过了千余年的发展历史，出现了许多传世名作，产生了广泛而深远的影响。传统佛学已有对佛陀传记的传译和研究，近百年来东西方学者也不乏对佛传作品的关注，但系统性的总体研究比较缺乏。佛陀传记塑造了传主释迦牟尼形象，体现了出家求道、佛魔斗争、业报轮回等佛教文学主题，可以进行主题学研究。佛传是历史文献、宗教经典与文学文本的结合，其中有基于史实的历史叙事，有基于神话思维的魔幻叙事，有基于中道成佛和无常无我观念的身体叙事，可以进行叙事学研究。佛陀传记具有文类间性，不仅与偈颂、本生、譬喻等佛教文学文类交叉互动，而且与同时代的史诗具有互文性，可以进行文类学研究。印度佛传文学作品大部分传入中土，在中国佛教文学领域产生了深远影响，不仅有印度佛传故事的中国移植，而且催生了中国化的佛陀传记，具有比较文学研究的意义和价值。

**关键词：** 佛传文学　佛陀传记　释迦牟尼

释迦牟尼灭度以后，他的生平事迹既成为佛教遗产的重要组成部分，也成为佛教文学艺术的重要素材。部派佛教时期，佛徒出于对已经远去的佛祖的怀念，或出于弘法护教的需要，有意广泛收集资料，编撰佛陀传记。一些佛教诗人则取材佛陀生平事迹，创作出优美的文学作品。这些佛传文学作品既是佛教义理的重要载体，对佛教的传承与传播有着不可替代的作用；又是体现佛教文

---

① 基金项目：本文系国家社科基金冷门绝学专项项目"印度佛传文学资料整理与研究"（项目编号 2018VJX033）的阶段性成果。

② 作者简介：侯传文，文学博士，青岛大学文学与新闻传播学院教授，主要从事东方文学与比较文学研究；李文博，北京大学外国语学院南亚系博士研究生，主要从事佛经语言与文化研究。

学乃至印度文学民族特色的传世经典，产生了广泛的世界影响，值得进行专题研究。

## 一、佛传文学现象

以佛陀生平事迹为题材的佛传文学是佛教文学的重要分支，伴随着佛教文学的产生而产生，也伴随着佛教文学的发展而发展。据此，印度佛传文学可以分为原始佛传文学、部派佛传文学、大乘佛传文学等不同历史阶段。

所谓原始佛传文学，即原始佛典中记述佛陀生平事迹的作品。现存原始佛典"经部"作品主要是四部《阿含经》，它不仅是宗教经典，也是文学经典，既是源远流长的佛教文学的源头，也是佛传文学的源头。其中的大部分作品以"如是我闻""闻如是"这样的叙述方式，把佛陀说法的时间、地点、对象、原因、内容和主要过程等一一交代清楚。以现代的眼光看，这是典型的回忆录式的纪实文学。从这个意义上说，原始佛经大部分都具有佛传性质。《阿含经》中也有一些以叙述佛陀生平事迹为主要内容的典型的佛传，其中又有几种情况。一是释迦牟尼在对弟子说法的过程中，讲述了许多过去佛的故事，其中有些过去佛出家求道、修行成道的事迹中隐含了释迦牟尼本人的经历和体验，代表作品是《长阿含经》中的《大本经》。其中世尊具体讲述了毗婆尸佛的事迹：他从兜率天下凡从右胁进入母胎，然后从母亲右胁出生，占相婆罗门指出这位王子具有 32 大人相，将来如果在家会成为转轮圣王，如果出家则成正觉。国王为王子建造了三座适合不同季节的宫殿，供他在雨季、冬季和夏季居住娱乐。后来王子四次出游，先后遇见老人、病人、死人和出家人，于是感悟出家。他在僻静处潜心沉思，凭智慧觉知"十二因缘"，由此觉悟成佛。该经在讲述毗婆尸佛的种种事迹时，一再强调这是"诸佛常法"，即一切佛出世的常规或者"常态"，等于说释迦牟尼佛的一生也是按照这样的"常法"展现的。因此，后来的佛陀传记把这些事迹都加在了释迦牟尼身上，这部《大本经》就成了佛陀传记的纲要。① 二是释迦牟尼自述过往生平，相当于自传，代表性作品有《中阿含经》中的《柔软经》《罗摩经》等。其中前者讲述自己在王宫中的豪华生活，以及他曾经在阎浮树下结跏趺坐，得初禅成就的经历；后者讲述

---

① 参见黄宝生：《〈梵汉对勘神通游戏〉导言》，《梵汉对勘神通游戏》，中国社会科学出版社，2012年，第3页。

自己出家求道的过程。三是弟子们记述佛陀事迹，相当于回忆录，代表作品是《长阿含经》中的《游行经》，记述佛陀涅槃之前一段时间游行教化事迹及涅槃的情况。四是有许多经典记述佛陀与亲属和重要弟子的故事，叙述他们之间的交往，体现他们之间的关系，是佛陀传记的重要内容。其中表现佛陀亲属关系的如《增一阿含经》中的《安般品》之一，核心内容就是佛陀指导儿子罗云（又译罗睺罗）修行，从思考无常之理到修习禅定之法，非常具体细致。《中阿含经》中的《瞿昙弥经》主要记述佛陀与姨母也是养母大爱道瞿昙弥的关系，将佛姨母大爱道出家的曲折过程真实生动地记录下来。表现佛陀与重要弟子关系的如汉译《杂阿含经》卷二第 34 经，记述佛在鹿野苑为五比丘说"无我"与"无常"，属于初转法轮的内容。还有一些佛经表现佛陀与俗家弟子的关系，这些俗家弟子中有国王，有巨富长者，他们用自己的资源支持佛陀，为佛教的发展做出了重要贡献，在佛教史上占有重要地位，也是佛传文学表现的重要内容。比如《中阿含经》之《频鞞娑罗王迎佛经》，讲述佛陀率领比丘众游摩揭陀国，国王频鞞娑罗率领军民出城迎接。世尊先让尊者郁毗罗迦叶现如意足，震慑大众，然后为摩揭陀王说法，国王闻法信受，皈依佛陀。再如汉译《杂阿含经》卷二二第 592 经，记述巨富给孤独长者见佛受教，皈依佛门，并为佛造精舍的故事。

原始佛典律藏的犍度部分包含许多具有佛传性质的内容。所谓"犍度"即有关僧团的规章制度，其中的事缘部分，即规章制度形成的缘由，少不了释迦牟尼事迹。如南传上座部巴利文佛典律藏的《犍度》，包括《大品》和《小品》，其中《大品》从佛陀成道谈起，记述释迦牟尼觉悟成佛之后怎样度过四个七天，然后前往波罗奈鹿野苑度化五个苦行者，初转法轮，然后又度化迦叶三兄弟、舍利弗和目犍连，到摩揭陀国会见频鞞娑罗王，回到迦毗罗维城，允许儿子罗睺罗出家。《小品》中有让孤独长者皈依佛陀，佛堂弟提婆达多出家之后与佛陀争领导地位而分裂僧团，佛陀允许姨母摩诃波阇波提出家等事缘的记述。

所谓部派佛传文学，即部派佛教时期产生的佛陀传记和取材于佛陀生平事迹创作的文学作品。释迦牟尼涅槃百余年后，佛教发生了分裂。最初分裂主要由于戒律方面的分歧，形成固守传统的"上座部"和具有改革意识的"大众部"，称为根本二部。以后随着教义教规方面问题的争议越来越多，从根本二部进一步分出更多的派别，到佛灭度四百年（约公元前 1 世纪）前后，佛教分裂为十八或二十个部派，史称部派佛教。部派佛教时期是印度佛传文学蓬勃发展的时期，许多部派出于传承佛法的需要而重视编撰佛陀传记，由此佛传成为部派佛教文学的一大部类。汉译《佛本行集经》结尾有这样一段说明：

> 或问曰："当何名此经"？答曰："摩诃僧祇师，名为《大事》。萨婆多师，名此经为《大庄严》。迦叶维师，名为《佛生因缘》。昙无德师，名为《释迦牟尼佛本行》。尼沙塞师，名为《毗尼藏根本》。"①

这里提到的五部作品，属于不同部派的佛陀传记。其中"摩诃僧祇师"即大众部，其佛传《大事》（*Mahāvastu Avadānam*，全称《大事譬喻》）有梵本传世，为混合梵语，没有古代汉语译本。《大事》将佛陀生平的有关资料搜集汇编综合整理，使之系统化，是现存最早的完整的佛陀传记。②"萨婆多师"即说一切有部，一般认为其佛传《大庄严》即《神通游戏》，既有梵本，又有汉译本。汉译本有两种，一是西晋竺法护译《普曜经》八卷，二是唐代地婆诃罗译《方广大庄严经》十二卷，两个译本中前者较简单，后者与现存的梵文本相近。③"迦叶维师（又译迦叶遗师）"即饮光部，其佛传《佛生因缘》无梵本传世，也没有对应的汉译本，可能已经失传，但也有业内人士认为《佛生因缘》可能是现存汉译佛传《过去现在因果经》（刘宋求那跋陀罗译）的别译。④"昙无德师"即法藏部，其佛传《释迦牟尼佛本行》即阇那崛多译《佛本行集经》的底本。"尼沙塞"或"弥沙塞"，是化地部的音译，其佛传《毗尼藏根本》既无梵本，也无汉译本，已经失传，却能够进一步说明佛传与律藏的关系。所谓毗尼藏即僧伽制度。佛陀成佛说法，化众出家，为制"十众受具"的根源，所以这一部分的佛传，或称为《毗尼藏根本》。⑤

公元前后，印度佛教发生了历史性的转折，主要标志是大乘佛教的出现。新兴的大乘佛教在许多根本性问题上异于传统的小乘佛教，如小乘佛教主张自我解脱，大乘佛教主张普度众生；小乘佛教认为佛陀是人，大乘佛教认为佛陀是至高无上的神；小乘佛教修行目标是成罗汉，大乘佛教修行目标是成佛；小乘佛教主张自力解脱，大乘佛教提倡外力拯救，如此等等。随着大乘佛教的兴起和发展，形成了一批神化佛陀的大乘佛传，而这些大乘佛传实际上是在传统

---

① 《佛本行集经》，阇那崛多译，《大正新修大藏经》第 3 册，第 932 页。
② 其较古部分产生于公元前 2 世纪。参见季羡林主编：《印度古代文学史》，北京大学出版社，1991 年，第 189—190 页。
③ 近期黄宝生先生对《神通游戏》进行了梵汉对勘，做了新的现代汉语翻译和注释，为研究者提供了方便。见《梵汉对勘神通游戏》，黄宝生译注，中国社会科学出版社，2012 年。
④ 释印顺：《原始佛教圣典之集成》，中华书局，2011 年，第 295 页。
⑤ 释印顺：《原始佛教圣典之集成》，中华书局，2011 年，第 295 页。

佛传基础上改编而成的,《神通游戏》就是其中之一。该作品围绕传统佛传的下天、入胎、诞生、出家、求道、成道、转法轮等规定情节讲述释迦牟尼的生平事迹,但依据大乘思想做了新的诠释和演绎。

从文体形式的角度看,印度古代佛传文学主要有散文体(多为韵散结合)和诗体两大类。上述佛陀传记基本上都是散文体或韵散结合体,另外还有一类诗体的佛传文学,其源头可以追溯至南传上座部巴利文佛典《小部》之《经集》中关于佛陀生平事迹的叙事诗。其中《出家经》讲述佛陀出家后与瓶沙王首次会见的故事。《精进经》主要讲述佛陀成道之前降伏魔王的故事。《那罗伽经》由两部分组成,序诗部分讲述释迦太子诞生,阿私陀仙人预言太子将来会成佛,正文部分是阿私陀仙人的外甥那罗迦和佛陀的对话,讲述出家人应有的品行。这些作品由于篇幅短小,没有展开叙述,也不能塑造一个完整的佛陀形象,但为佛传文学的进一步发展开辟了广阔的前景。郭良鋆先生指出:"在巴利文三藏中没有一部完整的佛陀传记,只有这些片段的描写。它们成为后来佛典中史诗型佛陀传记的滥觞。"[①]

史诗型佛陀传记的代表作是著名佛教诗人马鸣的《佛所行赞》,产生于公元 2 世纪。作品共 5 卷 28 品,有 9000 多行诗。这部史诗型佛陀传记以历史叙事为基础,系统讲述了释迦牟尼佛的一生,塑造了完整的作为人间导师的释迦牟尼佛形象,成为佛传文学中的典范之作,产生了广泛深远的影响。由于这部作品,诗人马鸣不仅成为佛教文学的开拓者,也成为印度古典文学时代的奠基人。英国学者渥德尔认为"他是印度六个最伟大的诗人之一,而且对于了解他的人们来说,也是世界最早十大诗人之一"[②]。刘宋宝云所译《佛本行经》也是一部取材于佛陀生平事迹创作的长篇叙事诗,基本内容与《佛所行赞》一致,二者曾经被认为是同本异译,但实际上是两部独立的作品,是两个作者依据同样的题材分别进行的创作。虽然《佛本行经》的艺术成就不及《佛所行赞》,但仍不失为一部优秀的史诗型佛传。


## 二、学术史梳理

在印度佛教千余年的发展过程中,产生了大量的佛陀传记,在印度和中国

---

① 郭良鋆:《〈经集〉浅析》,见《经集》,郭良鋆译,中国社会科学出版社,1990 年,第 207 页。
② 渥德尔:《印度佛教史》,王世安译,商务印书馆,1987 年,第 312 页。

· 207 ·

佛教发展史上产生了深远的影响。从文学的角度看，佛传是佛教文学的重要组成部分，在印度文学史上占有重要地位。然而，由于 10 世纪以后佛教在印度衰落以至消亡，表现佛教信仰的佛传作品大多散佚，许多佛传只有汉译本而不存梵本，仅存的几部梵本近代以来虽经校刊，但研究者少有问津。现有成果主要集中于文献学和史学研究，文学研究成果不多。

　　西方学者于 19 世纪开始对印度佛传典籍如《神通游戏》《大事》《佛所行赞》等展开校勘、翻译，并利用传记资料进行佛教史学研究。早在 1848 年，法国藏学家傅科斯（Philippe Edouard Foucaux）将《神通游戏》从藏文译成法文在巴黎出版，1860 年经过修订，以《释迦牟尼佛的历史》（*Histoire du Bouddha Sakya Mouni*）为题再版。罗马天主教神父毕嘉特（P. A. Bigandet）依据缅甸文资料用英语编译了《瞿昙生平》（*The Life of Gaudama*）一书，于 1858 年在仰光出版。1866 年该书在伦敦出版增订版，题为《瞿昙传奇生平》（*The Life or Legend of Gaudama*）。此后多次再版，在西方世界颇负盛名。卫斯理会传教士哈代（R. S. Hardy）依据中古僧伽罗语文献编成《现代佛教手册》（*A Manual of Modern Buddhism*），其中有一些佛传资料。上述传教士整理的佛传，一方面资料来源有限，另一方面不太注意神话与历史的区别，因此有很大的局限性。与传教士相比，西方的东方学家比较注重巴利语和梵语佛典，具有代表性的是巴利圣典协会的成立和《东方圣书》的编纂，许多佛传作品被收入其中。戴维斯（T. W. Rhys Davids）是巴利圣典协会的领导人，1877 年发表了《佛教：佛陀的生平与教义简述》（*Buddhism, Being a Sketch of the Life and Teachings of the Gaudama the Buddha*），主要依据是巴利语佛典。他认为原始佛典中的佛陀事迹具有历史的真实性，而后出的佛陀传记有更多夸张成分。法国学者辛纳（Émile Senart）1882—1897 年整理出版了《大事》的校勘本，在此之前，他于 1875 年出版了专著《佛陀传奇考》（*Essai sur La Légende du Buddha*），并于 1882 年修订再版。辛纳主要从神话学的角度理解佛陀，认为佛陀的故事并不是在史实的基础上发展起来的，而是印度宗教里的各种神话长期发展、叠加的结果。他所依据的主要是《大事》和《神通游戏》等后期佛传资料，而不是早期的巴利文佛典，从而与戴维斯等学者的观点相左。德国学者奥登伯格（Hermmann Oldenberg）是一位精通梵语和巴利语的印度学家，1881 年出版了《佛陀的生平、教义及其僧团》（*Buddha, Sein Leben, Seine Lehre, Seine Gemeinde*）。他致力于梵巴佛典比较，认为在巴利圣典中可以找到佛陀的生平，因此他笔下的佛陀是一位历史人物。20 世纪初，德语学者温迪什、毕舍尔、贝克等人出版了各自的佛陀传记，但都没有超越奥登伯格。直到 1927 年，托马斯（Edward J. Thomas）的名著《佛陀的生平：传奇与历史》（*The Life of Buddha as Legend and History*）出版，才结束了有关佛陀是历史人物还是神话想象的争论。托马斯反对佛传研究中片面倚重巴利佛典的倾向，强调必须重视梵语佛典及其汉藏译本。其后，1949 年法国学者富歇尔（Alfred Foucher）在翻译补充奥登伯格佛传的基础上出版了一部法文的佛陀传记。另一位法国学者巴劳（Andre Bareau）在长期研究部派佛教的基础上，详细考察上座部、化地部、法藏部等部派中有关佛陀生平的经藏和律藏资料以及梵文本《大般涅槃经》，完成了新的佛传研究，分别于 1963 年、1970 年和 1971 年出版了三卷四册的《佛陀生平研究》（*Rechereches sur la biographie du Bouddha*）。[①] 除了佛陀生平的综合研究，西方学者对具体佛传文学作品的整理和研究也做出了很大贡献。如英国学者比尔（S. Beal）于 1883 年依据汉语译本将《佛所行赞》译成英语出版，考威尔（E. B. Cowell）于 1893 年编订出版了《佛所行赞》的梵文本，并于 1894 年将其译成英语，收入《东方圣书》。1935—1936 年，约翰斯顿（E. D. Johnston）依据新发现的《佛所行赞》梵文抄本进行校勘并译为英语，出版了新的编订本，并在全面深入研究的基础上撰写了长篇导言。关于《神通游戏》，除了上述编译本，德国学者莱夫曼（S. Lefmann）于 1902 年出版了《神通游戏》的校勘本，美国学者贝斯（Gwendolyn Bays）于 1983 年以《神通游戏：佛陀的声音：悲悯之美》（*Lalitavistara: The voice of the Bouddha: the Beauty of Compassion*）为题出版了《神通游戏》的英译本及相关研究。关于《大事》，除了上述法国学者辛纳的校勘本，英国学者琼斯（J. J. Jones）于 1949 年出版了《大事》的英译本。[②]

印度学者在佛教文献整理和研究方面做了大量工作，如早在 1877 年，印度学者密多罗（R. L. Mitra）花 25 年时间完成了《神通游戏》的梵文校勘和英译，著有《神通游戏，或释迦牟尼早年回忆录》（*The Lalita vistara: Or, Memoirs of the Early Life of Śákya Siṅha*）（Asiatic Society，1881）。其后又有巴格奇（S. Bagchi）、维迪耶（P. L. Vaidya）等学者从事这方面的工作。现存有梵本的佛传文学代表作如《神通游戏》《大事》《佛所行赞》等，都出版了多种校勘本。此外，印度学者还出版了有关佛传文学的学术专著，如 Khosla、Sarla 于 1969 年在新德里出版了《佛陀传奇的历史演变》（*Historical*

---

① 参阅李四龙：《欧美佛教学术史：西方的佛教形象与学术源流》，北京大学出版社，2009 年，第 146—154 页。

② 参阅 G. R. Sain. *Buddhist Literature: Yesterday and Today*, Concorde Press, 1992, pp. 15—29.

*evolution of the Bouddha Legend*）。其他相关成果还有 Law、Bimala Churn 的 *Study of Mahāvastu*（1930）和 Radha Govinda Basak 的 *Mahāvastu Avadānam:A study*（1978）等关于《大事》的研究专著。[①]

日本学者于 19 世纪末 20 世纪初较早进行佛传编写、研究的有井上哲次郎、常磐大定、高楠顺次郎等人。井上哲次郎的『釈迦種族論』（1897）讨论了释迦族的源起及其国籍等问题，其后，他又发表了『釈迦牟尼伝』（1902）、『釈迦牟尼小伝』（1911），做了大量相关的考证工作。常磐大定早在 1905 年发表的『馬鳴菩薩論：教界文豪』中就讨论了佛传文学的价值。他于 1908 年发表了『釈迦牟尼伝』，按照释尊降诞、学生时期、在家时期、出家时期、说法时期及最终涅槃的时间段划分，详细介绍了佛陀的生平，并编写了佛陀说法的年谱。及至 1924 年，常磐大定引证相关佛典 52 种，完成了『仏伝集成』的写作，『仏伝集成』分本行篇、太子篇、求道篇、说法篇、涅槃篇五个篇章，内容十分丰富完备。与之类似的佛传著作还有高楠顺次郎的『仏伝』（1926）、『釈尊の生涯』（1936）等。日本早期的佛传研究大多建立在汉译佛典的基础上，20 世纪 30 年代开始关注梵文佛传的研究，较著名的有木村泰贤和平等通昭合著的『梵文仏伝文学の研究』（1930），该著作将《佛所行赞》作为主要的研究对象，肯定了《佛所行赞》的宗教艺术价值和文学艺术价值，对其结构、修辞、韵律、叙景、抒情等文学性内容进行了分析，考察了它与印度诗论以及印度文学史上的诸多重要作品之间的关系，同时还涉及《神通游戏》的梵语本与汉译本的比较研究。平等通昭后期还发表了论文「仏所行讃と仏本行集経との関係」（1950）和专著『梵文仏所行讃の研究』（1969）。20 世纪后期以来，日本学者在继续关注梵文佛传的同时，对汉译佛传和日本本土佛传文学进行了更为全面深入的研究，如黑部通善的博士学位论文「日本仏伝文学の研究：日本における仏伝文学の変容について」（1992），将日本的佛传文学作为研究对象，重点考察了"说话"文学与佛传经典的关系以及在这一主要关系中日本佛传文学的流变特点，同时也涉及对作为主要媒介的中国佛传文学的讨论。其他相关成果还有阿部泰郎和山崎诚合编的『中世仏伝集』（2000）、河野训的『漢訳仏伝研究』（2007）等。

在中国，陈寅恪、季羡林等老一辈学者对佛传文献与佛陀生平等相关问题都有所关注，但没有留下专门的著述。中国印度佛传文学研究的奠基人是郭良鋆先生和黄宝生先生。郭良鋆先生不仅从巴利文翻译了《经集》《佛本生故事

---

① 参阅 G.R.Sain.*Buddhist Literature:Yesterday and Today*,Concorde Press,1992,pp.3—29.

选》等重要佛教经典，还发表了《佛陀形象的演变》《佛教神通观》《佛陀的无我说》《佛教涅槃论》《佛陀的神话观》《佛陀的社会观》等相关研究论文，出版了研究专著《佛陀和原始佛教思想》。作者充分利用巴利语佛典中的原始资料，对释迦牟尼的出生、成长、出家、悟道以及创教传法过程进行了系统描述，还原了释迦牟尼其人其事，描述了一个真实的释迦牟尼形象。黄宝生先生将两部既有梵本又有汉译本的佛传文学作品《神通游戏》和《佛所行赞》进行了梵汉对勘和译注，为我们的研究奠定了文献学基础。他还在梵汉佛经对勘的基础上撰写了专题研究性的导言，不仅为理解具体作品提供引导，而且为佛传文学研究启示了路径和方向。此外，黄宝生先生还翻译了佛陀传记《大事》中的一品《转法轮经》，收入《梵文佛经读本》。

近年来，国内学术界对佛传文学开始有所关注，有零星论文发表，如王丽娜的《佛传文学考论》《佛教传记文学研究史及相关问题刍议》，侯传文的《佛传与僧传——中印佛教传记文学比较研究》《佛魔斗争在佛陀传记中的演变》《从佛陀传记看佛教身体思想》等。此外，还有一些针对具体佛传文学作品的论文。如关于《佛所行赞》，有孙昌武的《〈佛所行赞〉：古代汉语最长的叙事诗》、钱文忠的《试论马鸣〈佛本行经〉》、侯传文的《〈佛所行赞〉与佛传文学》、袁书会的《〈佛所行赞〉与中国文学》、伊家慧的《宗教学视角下解读佛传史诗〈佛所行赞〉的神话特征》等；关于《佛本行集经》，有成瑶瑶的硕士学位论文《〈佛本行集经〉中的佛陀形象研究》、李毓琳的硕士学位论文《敦煌本〈佛本行集经〉及其演绎作品调查与研究》等；关于《神通游戏》，有侯传文的《〈神通游戏〉与后期佛教神话》《〈神通游戏〉与大乘佛传》等。

通过以上梳理可以发现，国内外学者已经在印度佛传文学资料整理与研究方面做了许多工作，为该学科领域开拓了研究空间，奠定了研究基础，但总体而言，作为冷门学科印度佛教文学的一个分支，佛传文学的资料整理和文学研究还非常薄弱。从文献学的角度看，一些散见于佛典中的佛传资料没有发掘整理，汉译佛传代表作品没有校注，有梵本无古代汉译的佛传作品仅有个别章节的翻译。从文学研究的角度看，前人的佛传研究大多属于史学或语言学范畴，文学研究局限于《佛所行赞》等个别作品，对丰富的印度佛传文学缺乏系统性的总体研究。

## 三、佛传文学研究的基本思路

基于以上梳理，我们进行印度佛传文学研究的总体思路是专题研究与总体研究相结合。所谓专题研究即在梳理印度佛传文学发展历史的基础上，对佛传文学代表作，如《佛本行集经》《神通游戏》《佛所行赞》《佛本行经》等，进行深入细致的专题解读；所谓总体研究即将佛传文学作为一个整体研究对象，从主题学、叙述学、文体学、文化学、传播学、比较文学等方面进行全方位的研究，并进一步探讨印度佛传文学的民族性特点、文学史意义和世界影响。

佛传文学的基本宗旨是记述佛陀生平事迹，塑造佛陀形象，因此，印度佛传文学的总体研究首先应该关注传主释迦牟尼佛形象的演变。早期佛传文学中的释迦牟尼是人而不是神，作品将其作为人来描写，着力表现他追求真理的执着精神，表现他得道和传教的大智慧，表现他悲天悯人的博大胸怀，表现他与弟子同甘共苦，为事业鞠躬尽瘁、死而后已的伟大人格。正是这样的表现使佛陀形象具有真实可信、具体可感的审美意义。早期佛传中的佛陀虽然也有浓厚的传奇色彩，甚至伴随一定的神话思维，但佛陀本人并未失去人性。部派佛教时期产生的各种佛陀传记形成一些基本的要素，后人概括为"八相成道"，即释迦牟尼一生的八个重要阶段，包括"下天""入胎""出胎""出家""降魔""成道""转法轮""入灭"等，其中的神话成分明显增多，对佛陀的崇拜和神化有所增强，但并没有改变佛陀作为人间导师的基本属性。在后期的大乘佛传文学中，佛陀不仅是一位先知先觉的人间智者，而且被塑造成全知全能、尽善尽美、法力无边、超越时空的至高无上的神，从而最终完成了佛陀由现实的教派领袖导师向救世主的转化。

佛陀传记塑造了求道者形象，体现了出家求道、佛魔斗争、业报轮回等佛教文学主题，可以进行主题学研究。求道与信仰是佛传文学的两大原动力，分别在传主和作者身上得以体现。从传主方面看，释迦牟尼是一位求道者，他经过多方探求，悟道成佛，实现了自己的目标和理想，然后说法传教，引导众生悟入佛道。因此，塑造求道者形象，表现求道精神，是佛传文学的基本宗旨。信道是佛陀与弟子关系的内在基础，通过信道的表现，佛传文学主题由求道向信仰转化。从作者方面看，佛门弟子编撰佛陀传记，或者取材佛陀生平事迹进行文学创作，都是在表达自己的信仰。佛传作者的信仰包括信道和信佛，其信道主要表现为对佛法的信仰和在此基础上形成的弘教护法的使命意识；信佛在前期主要表现为信人，即对佛陀人格的敬仰；后期主要表现为信神，即对至高无上的如来佛的崇敬和赞美。

印度佛传文学表现了许多具有原型意义的文学母题，其中比较突出的是佛魔斗争。佛魔斗争在佛传中主要体现为菩萨降魔，其核心故事随着佛传的发展不断演变。一是菩萨从被动应对发展为主动出击，其中菩萨被动御魔属于人魔之战，而菩萨主动降魔属于神魔之争。这样的由被动到主动的转换一方面反映了佛教由小乘向大乘的发展，另一方面体现了佛陀由人到神的转化。二是魔王的身份不断变化，有邪恶的化身、欲望的代表、爱神、欲界之主等不同身份，最后演变为印度教大神。三是魔界构成越来越复杂，先后有魔军、魔女、魔子出现，而且魔子有善有恶，黑白分明。四是佛魔之战由象征性表现到具体实战，而且规模越来越大。这些变化既是佛传内容不断丰富充实的结果，也体现了佛教观念的发展变化。佛魔斗争不仅是佛传文学的重要主题，而且在佛教文学中纵向发展，横向传播，成为一种既有深厚的神话渊源，又有广泛交际性的文学母题。

佛传是历史文献、宗教经典与文学文本的结合，其中有基于史实的历史叙事，有基于神话思维的魔幻叙事，有基于轮回观念的因缘叙事，有基于中道成佛和无常无我观念的身体叙事，可以进行叙事学研究。历史叙事是相对于传奇叙事和魔幻叙事而言的，其本质是实录写真，即通过写实来追求真实。虽然说古代印度没有实录写真的史学文化传统，但在佛教文学中也不乏写实性作品。佛教戒律之一是"不妄语"，声闻弟子通过结集诵出的佛说经和记述戒律因缘的律藏，应该大致不违背历史实际，其中关于佛陀事迹的记述也应该具有历史真实性。后来出现的记述佛陀生平事迹的佛陀传记和取材佛陀生平事迹创作的文学作品，虽然有一定的虚构甚至神化，但这些佛传文学有一个共同的基础，那就是历史人物释迦牟尼。所以，对其生平事迹的叙述便离不开历史意识的规范。虽然随着佛陀的神化，佛传文学的叙述也表现出一定的神话色彩，但基于史实的历史叙事仍然是其区别于其他文类的重要特点。

印度古代神话特别发达，这样的文化与文学传统对佛传文学产生了深刻的影响。产生于印度的佛传大多具有神话色彩，不仅是佛教神话的集中之处和主要载体，而且体现了印度民族的神话思维。释迦牟尼事迹的传奇性和佛陀形象的逐渐神化，使佛陀传记从故事到人物都具有超现实的神话色彩，形成佛传文学的魔幻叙事。其魔幻叙事构成因素既有传主事迹的神奇表现，也有叙述主体超现实主义的方法选择。

佛陀传记在关于释迦牟尼出生、出家、修道和成佛的记述中都有丰富的身体叙事，多方面表现了佛教身体思想。佛陀根据自己的亲身经历，认识到沉溺五欲的感官享乐和折磨身体的苦行两种极端的危害，从而提出中道成佛思想，形成不落边见取其中道的佛教方法论。佛陀传教突出宣扬的无我论和无常论也主要从身体出发，其"无我"论强调人是色、受、想、行、识五蕴和合，其中没有作为精神主体的"我"；其"无常"论进一步强调了五蕴聚合的暂时性，意味着没有永恒性的精神主体。佛教以"无我"为核心的身体现象学，与婆罗门教以"我"为中心的精神现象学针锋相对，进而以无常无我相结合，对印度教哲学的自我主体进行了彻底的解构。佛家的"涅槃寂静"具有身体理论建构的意义，其戒学的建立和定学的发展，从宗教实践层面弥补了身体哲学建构之不足。

佛陀传记具有文类间性，不仅与偈颂、本生、譬喻等佛教文学文类交叉互动，而且与同时代的史诗具有互文性，可以进行文类学研究。从特殊文类的角度看，佛传与本生难解难分。大部分部派佛传在正式记述释迦牟尼生平事迹之前，都有一些前生故事，有的作为"远因缘"，主要讲述佛前生作为菩萨行善立德，由此不断积累功德；有的作为引子，主要讲述前生事佛而得过去诸佛授记，故而今生成就佛道。如《佛本行集经》前三品讲述佛陀前生故事，他曾经供养无数过去佛，有燃灯佛等十位过去佛为他授记，预言他将来成佛。除了专讲前生故事的部分，在各部分叙述过程中，还不断插入本生故事。佛传中之所以插入大量本生故事，是因为古代印度人相信业报轮回，在世界观方面，众生的前世与今生是具有连贯性的，没有什么隔阂，因而佛的前生事迹也成了佛传的内容。

从基础文类的角度看，印度史诗和长篇叙事诗非常发达，对佛传文学也产生了深刻的影响。佛传与史诗是印度文学史上两种不同的文学体裁，属于不同的文类范畴，但二者有着非常密切的关系。在佛陀传记的形成时期，印度两大史诗已经广泛流传，对正在形成过程中的佛传产生了较大影响，产生了比较明显的互文性。佛传与史诗结缘，最典型的莫过于史诗型佛陀传记的产生，其代表作是产生于公元 2 世纪的马鸣的《佛所行赞》。史诗型佛传从内容看是佛陀传记，从文体看是史诗，不仅体现了史诗从口头文学到书面文学、从民间文学到文人创作的发展历程和诗学特性，而且其艺术风格从素朴变铺张，开创了印度文学史上文人大诗创作的先河。

印度佛传文学作品大部分传入中土，不仅在中国佛教的产生和发展过程中发挥了重要作用，而且在中国佛教文学领域也产生了深远的影响，印度佛传故事的中国移植和中国化的佛陀传记的出现，这些现象都具有比较文学研究的意义和价值。敦煌变文中有许多取材于佛陀生平事迹的作品，其中有《太子成道经》《悉达太子修道因缘》等广义变文，也有《八相变》《破魔变》等狭义变文。这些佛传变文都是中印文化文学交流的产物，既有印度佛传文学影响，又有鲜明的中国特色。无论是以释迦牟尼主要生平事迹为题材的总体性佛传，还是截取佛陀生平某一事迹进行演绎的片段性佛传，其故事情节都以修道成道为中心，其中的佛陀大多被神化，在思想情趣和文学表述方面都有本土化和世俗化的倾向。特别是敦煌变文《破魔变》，取材于印度佛传文学，但讲述的降魔故事有鲜明的中国特色，其叙述话语为中国方式，其魔界中有中国本土的神仙，其魔女的装束仪容、话语表述和思想意识都具有中国元素。《破魔变》是佛魔斗争神话在中国古代佛教文学中的演绎，其中既有神话原型的延续，也有变异和改造，在佛魔斗争母题中国化和世俗化方面迈出了重要一步。

中国佛教高僧继承了中国注重历史的文化传统，自觉撰述佛教历史，无论是出于史学眼界还是出于宗教情怀，对于佛教创始人释迦牟尼的生平事迹都格外重视，多有记述。梁僧祐《释迦谱》和宋志磐《佛祖统纪》等佛教正史，禅宗一系的《景德传灯录》《五灯会元》等传灯录，以及唐玄奘《大唐西域记》等史地专著，都有关于释迦牟尼佛的篇什。这些作品中的佛陀传记在历史意识与神话思维之间、历史书写与文学表述之间、印度式与中国化之间形成张力，体现了不同的时代特点，反映了佛教中国化的过程，塑造了中国化的佛陀形象，对中国佛教和中国文学都产生了深远影响。比如《五灯会元》等禅宗灯录作品的释迦牟尼佛传中，传主不仅思想深邃，而且机智善辩，尤其擅长以心传心，随机说法，这样的禅宗式佛陀形象既非历史人物写真，也不同于大乘佛传的神化，在佛陀传记中别具一格。

总之，印度佛传文学经过了千余年的发展历史，产生了许多传世名作。这些佛陀传记不仅是佛教经典，而且是重要的文学作品，在佛教文学乃至印度文学史上都具有经典意义，产生了深远的影响。对佛传文学的专题研究、系统研究和总体研究，在印度文学研究领域具有开拓空间的学术意义。佛传文学是宗教、历史与文学的结合，在南亚和东亚各国广泛传播，是跨学科、跨民族、跨文化的文学现象，因此，印度佛传文学研究可以为比较文学跨学科研究、跨文化研究、影响研究以及主题学、文类学、叙述学研究提供典型案例。

# 诗庄严经（二章选译）[①]

[古印度] 伐摩那 著　尹锡南 译[②]

Vāmana，*Kāvyālaṅkārasūtra*（*Chapters* 1, 4 ）.

**译者按**

公元 7 世纪的梵语诗学家檀丁开创了诗学风格论，伐摩那（Vāmana）在 8 世纪下半叶写成的著作《诗庄严经》（*Kāvyālaṅkārasūtra*）将其发扬光大。《诗庄严经》采用经疏体，共分五章，分别论述诗的身体（相当于诗歌总论）、诗病、诗德、庄严和诗的语言应用。他以风格为核心，建构了自己的诗学体系。他的经疏体著述方式深受前人影响，也可视为梵语诗学著述的一种新体例，后世诗学家也多采用这种体例。

伐摩那在《诗庄严经》第一章对自己的诗学观做了阐释。他的论述涉及诗的本质和定义："诗应通过庄严来理解。"这说明，伐摩那没有脱离婆摩诃的庄严论传统来理解诗的本质。伐摩那明确提出，美是庄严，这是世界古代美学史上令人耳目一新的概念，也为印度美学史增添了一份宝贵的精神财富。当然，伐摩那关于诗的定义仍然没有突破婆摩诃的模式，他们都是围绕音和义做文章的。

关于诗亦即纯文学的功能，伐摩那的观点和婆摩诃大同小异。在梵语诗

① 基金项目：本文为国家社会科学基金重大招标项目"印度古代文艺理论史"（项目批准号：21&ZD 275）的阶段性成果。译者选定的《诗庄严经》梵文底本为 Vāmana，*Kāvyālaṅkārasūtra*，ed.by Bechana Jha，Varanasi：Chowkhamba Sanskrit Series Office，1971；同时参考 Vāmana，*Kāvyālaṅkārasūtra-vṛtti*，ed.&tr.by K.K.Raja，Chennai：The Kuppuswami Sastri Research Institute，2005.

② 作者简介：尹锡南，男，文学博士，四川大学南亚研究所教授，2021 年国家社会科学基金重大招标项目"印度古代文艺理论史"主持人，主要研究印度古典梵语文艺理论等。

学家中，伐摩那是最早对诗人进行分类的人。他按照禀赋和才能，将诗人分为两类。他依照"有无鉴别能力"对诗人分类。

与婆摩诃相比，伐摩那对诗的分类自有特点。伐摩那把诗分为两类："诗包括散文体和韵文体。"伐摩那有一个被后人认可的观点："作品中十色最美。在作品即文学作品中，传说剧等十色最美。""十色"是指《舞论》中划分的十种戏剧。不仅如此，他还认为，短诗等其他体裁都源自十色。这说明，伐摩那尤为推崇戏剧。

伐摩那还对诗的成功因素进行具体说明。他似乎可被视为王顶之前论述"诗人学"最为全面的梵语诗学家。

伐摩那虽然提出庄严是美的命题，但实际上更为倚重诗德。这是构建和完善风格论的基础。他和檀丁一样，也提出十种诗德，但不同的是，他进一步将每种诗德分成音德和义德。

伐摩那在梵语诗学史上第一个提出诗的灵魂说。从此，梵语诗学史翻开崭新一页。很多诗学家沿着他的足迹向前迈进，不断提出新的诗魂说，并展开激烈的辩论，这极大地丰富了梵语诗学的内容。

伐摩那在婆摩诃和檀丁论述的维达巴风格和高德风格基础上，增加了第三种即北方的般遮罗风格。他欣赏的是维达巴风格。

在伐摩那看来，诗德是风格的灵魂，而与诗德相反的灵魂是诗病。与处理诗德相似，他把诗病也分为音病和义病。他还将音病分为词病和句病，将义病分为词义病和句义病。伐摩那还论述了六种喻病。伐摩那的诗病分类和界定要比婆摩诃和檀丁更加系统化。后来的梵语诗学家基本上沿袭和继承了他的诗病分类体系。

伐摩那的风格论以诗德为基础，但他没有忽略庄严这一重要的诗学因素。在《诗庄严经》第四章中，伐摩那专论庄严。他提出的庄严数目少于婆摩诃和檀丁，只有 31 种。其中音庄严（词庄严）有谐音和叠声两种，另外 29 种为义庄严。伐摩那摒弃了婆摩诃采纳的很多种庄严，新增了曲语等三种庄严。伐摩那的义庄严论很有特色，他以比喻为准绳贯穿一切义庄严。这在梵语诗学家中是罕见的。这对后来的楼陀罗吒建立庄严论体系似乎有所启发。伐摩那把比喻当作所有义庄严的基础。他对某些庄严的界定很独特，并排除了与比较无关的一些庄严。

综上所述，作为婆摩诃、檀丁与欢增、新护等人之间承上启下的代表人物，伐摩那不负时代使命。他在继承檀丁风格论思想的基础上，大胆创新，建构了一个完备的风格论体系，并在诗的本质、诗的分类、诗人类型、"诗人学"思想、诗病、诗德和庄严论等各个方面留下了自己独特的思考痕迹。从此，风格论在梵语诗学中占据了不可或缺的一席。缺少了对《诗庄严经》的翻译和专题研究，便无法全面而深刻地揭示梵语诗学风格论的神秘面纱。因此，这里选译其第一章和第四章以飨读者。

# 第一章

## 第一节

向至高之光致敬后，伐摩那（Vāmana）为其所著《诗庄严经》增加注疏《诗人喜》（*Kavipriyā*）。（1）

诗（kāvya）应通过庄严来理解。

诗的确应该通过庄严来理解。所谓诗就是被诗德和庄严所修饰的音（śabda，词）和义（artha）。此处可从狭义上将诗视为由音（词）和义构成的句子。

美（saundarya）是什么？

美是庄严（alaṅkāra）。（2）

装饰（alaṅkṛti）就是庄严。从手段（karaṇa）或词源（vyutpatti）意义上说，庄严一词包含比喻（upamā）等（修辞手法）。

美来自无诗病、有诗德、有庄严。（3）

美确实就是庄严。诗人通过无诗病和有诗德、有庄严创造美。

这一切来自庄严论。（4）

无诗病、有诗德和庄严来自庄严论（的学习）。通晓庄严论，才能避免诗病，采用诗德和庄严。

那么，诗有庄严，何利之有？如此作诗，意义（artha）何在？

好诗具有或隐或现的目的，令人愉悦，使人知名。（5）

优美的诗明显的好处是愉悦人心，它还暗中助长（诗人的）名声。这里有几首颂诗：

智者称创作好诗会铺就通往名声的小路，
拙劣诗人的愚笨之作是通往耻辱的大路。

智者称名声带来无限永恒的天国之果，

耻辱却使人置身于黑暗的地狱。

因此，为获得好名声并消除坏的名声，

大诗人应潜心领悟《诗庄严经》要旨。

以上为吉祥而优秀的学者伐摩那创作的《诗庄严经疏》[①]第一章《诗的身体》的第一节《创作目的》。

## 第二节

现在说明作者（adhikārin，诗人）。

诗人分成两类：聪明人（arocakin）和普通人[②]（satṛṇābhyavahārin）。（1）

世上确实存在两类诗人，即聪明人和普通人。"聪明"与"普通"两个词包含暗示义（gauṇārtha）。它们是什么意思？它们是指有无鉴别力（vivekitva）。

前一类（即聪明人）可接受教诲，因为他具有鉴别力。（2）

前一类即聪明人确实可以接受教诲。有鉴别力是指具有判断的禀赋。

另一类（即普通人）却相反。（3）

相反的意思是，另一类即普通人不能接受教诲，因其缺乏判断的天赋。无法改变其禀性。

如果庄严论对所有人无益，思考它何用之有？现在说明这一点：

庄严论对无足轻重的人而言毫无意义。（4）

确实，对无判断力的人而言，庄严论没有意义。

举例说明：

（净化水的）迦多迦树果核却不能净化污泥。（5）

迦多迦树果核不能像净化水那样净化污泥。

说明了作者（的创作能力）后，现在说明风格（rīti）：

风格是诗的灵魂。（6）

所谓风格是诗的灵魂。这个句子的隐含义（vākyaśeṣa）是：风格之于诗，恰如灵魂之于身体。

---

① 《诗庄严经疏》即《诗庄严经》。

② "普通人"按照梵语原文直译是"草食者"。

风格是什么?

风格是词语的特殊组合。(7)

特殊的词语组合是风格。

特殊方式是什么?

特殊方式以诗德(guṇa)为灵魂(atman)。(8)

特殊(的词语组合方式)是将要论述的诗德的特质。

风格有三种:维达巴风格(vaidarbhī)、高德风格(gauḍī)和般遮罗风格(pāñcālī)。(9)

风格分为三类,即维达巴、高德和般遮罗风格。

为何要提及地域(deśa)?物品的性质由产地赋予,诗德是否也因特殊的地域而命名?并非如此。

(维达巴等风格)因在维达巴等不同的地方出现(的诗德)而得名。(10)

因为诗人们在维达巴、高德和般遮罗等地体现了自己的本性,因此有了维达巴等风格。地域本身对诗没有什么影响。

现在根据各种诗德说明风格的种类:

维达巴风格具有所有诗德。(11)

维达巴风格具有壮丽(ojas)、清晰(prasāda)等全部诗德。这里有一首颂诗:

完全没有诗病,充满所有诗德,
弦琴声般悦耳,乃维达巴风格。

诗人们这样称颂维达巴风格:

即使是辩士,(话)有意义,语法合乎规范,
但如果缺乏维达巴风格,语言不会优美地传播。

例如:

gāhantām mahiṣā nipānasililam śṛṅgairmuhūstāḍitam
chāyābaddhakadambakam mṛgakulam romanthamabhyasyatu
visrabadham kurutām varāhavitatirmustākṣatim palvale
viśrāntim labhatāmidam ca śithilajyābandhamasmaddhanuḥ

让水牛们在池塘翻滚，反复地用角抵触塘泥。
让鹿儿群聚在树荫下，反复不停咀嚼着草吧。
让野猪在池塘里放肆，连根拔起那些水草吧。
让我的弓和松弛的弦，安安静静地休息着吧。①

高德风格具有壮丽和美好（kāntā）诗德。（12）
高德风格具有壮丽和美好诗德，它有许多长复合词且发音刺耳，缺乏甜蜜（mādhurya）和柔和（saukumārya）诗德。这里有一首颂诗：

通晓风格的人称它为高德，因为这种风格
有壮丽和美好诗德，有长复合词且发音刺耳。

例如：

dordaḍāñcitacandraśekharadhanurdaṇḍāvabhaṅgodyata-
ṣṭaṅkāradhvanirāryabālacaritaprastāvanāḍiṇḍimah
drākparyastakapālasampuṭamitabrahmāṇḍabhāṇḍodara-
bhrāmyatpiṇḍitacaṇḍimā kathamaho nādyāpi viśrāmyati
湿婆长臂拨动弓弦，裂弦发出铮铮回响。
尊敬兄长事迹动人，鼓声阵阵宣告世间。
梵天之卵突然开裂，发出震耳欲聋声响。
响声阵阵回应鼓声，至今平息安静也难。

般遮罗风格包含甜蜜与柔和诗德。（13）
般遮罗风格因具有甜蜜与柔和诗德而得名。它缺乏壮丽和美好诗德，词语发音不刺耳，（词语组合）松弛。正如颂诗所言：

它的状态舒缓松弛，近似《往世书》遗风，②

---

① 这首诗源自迦梨陀娑的戏剧《沙恭达罗》（II.6）。它的梵语原文包含所有的十种诗德。原文参见 Kālidāsa, *Abhijñānaśākuntalam*, ed.&tr.by M.R.Kale, Motilal Banarasidass Publishers, 2017, p.66.

② 根据另一版本，此处的 pūrāṇacchāyā 应为 purāṇacchāyayānvitām。参见 Vāmana, *Kāvyālaṅkārasūtra-vṛtti*, ed.&tr.by K.K.Raja, Chennai: The Kuppuswami Sastri Research Institute, 2005, p.5.

具有甜蜜柔和诗德，诗人称其为般遮罗风格。

例如：

旅客们啊！今日村里不能为你们提供住宿。
从前曾有位年轻旅人，夜宿寺庙精舍地面。
剧烈雷鸣中他被惊醒，忆起情人后自行了断，
今人仍旧胆战心惊，害怕骷髅棒打自身。

诗以三种风格为基础，就像画以线条为基础。
就三种风格而言，应该采用前一种（第一种），因为维达巴风格具有全部
的诗德。（14）
这三种风格中，应该采用前一种即维达巴风格，因为它具有所有的（十
种）诗德。
不应采用其他两种风格，因为它们只有少量的诗德。（15）
不应采用另外两种即高德和般遮罗风格，因其诗德甚少。
一些人认为，也应该采用另外两类风格，因为它们旨在形成维达巴风格。
（16）
一些人认为，另外两种风格旨在接近维达巴风格，因而可以采纳。
这并不正确，因为采用本质上不真实的风格，不能形成真正的风格。（17）
采用本来不真实的风格，不能形成真正的风格。
举例说明：
（织工）练习编织麻绳，就不能熟练地编织丝绸。（18）
练习编织麻绳，就不能熟练地编织丝绸。
这一风格称标准的维达巴风格，因为它没有长复合词。（19）
如果没有采用长复合词，维达巴风格就被称为纯正的维达巴风格。
在维达巴风格中，可以完美地品味描写对象的诗德。（20）
在维达巴风格中，可完美地欣赏描写对象的诗德。
只要采用维达巴风格，即使少量的诗德，也可领会其含义。（21）
确实，只要运用维达巴风格，少量的诗德也可体味。那么，具有全部的
诗德，又有何必要？正如有人所言：

词语组合有规律，看上去一无所有，也能表达意义。

它愉悦善士的耳朵，在其心田洒下甘露雨。

维达巴风格中优美的词语充满生机，虚幻之物变为真实，

它如此完美如此成熟，知音心头充满喜悦。


这被称为维达巴，因为它属于维达巴风格。（22）

这种诗德完美、有意义的风格称为维达巴。它属于维达巴风格，运用时以间接的方式进行表现。


以上为吉祥而优秀的学者伐摩那创作的《诗庄严经疏》①第一章《诗的身体》的第二节《作者与风格论》。

## 第三节

思考了作者（诗人）和说明了风格后，现在说明诗的成功因素。

诗的成功因素包括世界（经论）知识和其他各种因素。（1）

现在逐一说明它们：

世界指世间众生的活动。（2）

世界以静止的（事物）与活动的（事物和人）为核心。活动即世间万物的的行为。

语言经典（śabdasmṛti）、词典（abhidhānakośa）、诗律论（chandasviciti）、艺术（kalā）、情爱论（kāmaśāstra）和治术原则（daṇḍanīti）为（庄严论的）基础知识。（3）

庄严论以语言经典等为前提，因为在诗的创作中，这些都是必要前提。

现在说明创作中如何运用这些诗的因素：

语言的纯洁来自语言经典。（4）

语言经典指语法，语言的纯洁指正确运用语言。诗人们确实必须正确地运用语言。

由词典确定词义。（5）

在创作诗的时候遇到一个可用的词，但其含义尚未清楚，诗人在采用或放弃该词上犹豫，这便形成障碍。因此，诗人应借助词典确定该词含义。诗人应该借助词典所言，弄清此前没有用过的词的真实含义，因为不应在诗中

---

① 《诗庄严经疏》即《诗庄严经》，下同。

使用没有用过的词。（反对者说）如果使用人们用过的词语，怎么会疑虑出现词义不清的情况呢？（答曰）："人们只能理解词语的一般含义。例如，衣结（nīvī）这个词是指扎在腰间的一块布。怎么确定它是谁的？是男人的还是女人的？这便产生了困惑。'nīvī这个词就是妇女腰间缠着的布（vāsas）。'《名集》（*Nāmamālā*）中的这个说法，可以解除未见此书原貌者的困惑。如此一来，怎么理解（下边句子中的nīvī）：'某人因饕各种食物而大腹便便，把前边提到的腰带（nīvībandha）松开来？'这里使用的nīvī一词要么是错的，要么是打比方。"

诗律论可以消除诗律方面的困惑。(6)

熟悉诗律来自练习写诗，但在面对音量律（mātrāvṛtta）时却会产生疑惑。因此，应学习诗律论以消除诗律方面的困惑。

学习艺术经论可以认识艺术原理（kalātattva）。(7)

艺术指歌曲（gīta）、舞蹈（nṛtya）、绘画（citra）等，毗娑吉罗（Viśākhila）等人撰写过相关的艺术经论。学习这些艺术经论，可以领悟艺术原理。不懂艺术真谛，就不能熟练地创作艺术作品。

从情爱经论可以了解爱的仪轨（kāmopacāra）[1]。(8)

了解即学习，了解情爱论即认识爱的仪轨。这是因为，爱的仪轨是许多诗的主题。

从治术原理可知正理（naya）与非正理（apanaya）。(9)

治术原理也叫利论（arthaśāstra），由其可知正理与非正理。六策（ṣaḍguṇya）[2]的运用为正理，否则为非正理（恶行）。如不了解这些，诗中不能（准确地）描述主角（nāyaka）与对手（pratināyaka）的行为。

因此，从治术原理还可领悟情节的复杂性。(10)

历史传说（itihāsa）等构成的情节组成了诗的身体。只有熟悉治术论的基本原理，才能有效地采用、创造复杂的情节。同样的道理，还可在（诗中）运用其他的知识。

"其他各种因素"包括应该认识的对象（lakṣyajñatva）、创作练习（abhiyoga）、请教长者（vṛddhaseva）、字斟句酌（avekṣaṇa）、想象

---

[1] "爱的仪轨"或曰"爱的方式"指《爱经》等论述的印度古代房中术及其相关情爱知识。

[2] 六策指古印度外交的六种方式，即和平（sandhi）、战争（vigraha）、征伐（yāna）、静待（āsana）、分裂（dvaidhībhāva）、托庇（samāśraya）。详见《利论》第七篇第一章。参见侨底利耶：《利论》，朱成明译，商务印书馆，2020年，第440—535页。

（pratibhāna）和专注（avadhāna）。（11）

应该认识的对象指熟悉作品（kāvya）。（12）

应该认识指熟悉他人的作品，因为只有这样才能理解诗作如何产生。

创作练习指努力创作作品。（13）

创作即（语言文字的）组合，诗的创作即作品的创作。致志于创作，才可提高创作能力（kavitva）。

请教长者指聆听老师传授如何作诗。（14）

请教长者即聆听老师传授作诗秘诀，学生们因此获得作诗的学问。

字斟句酌指增加或删除（诗中的）词语。（15）

词语的增加即采用，词语的删除即弃用。这两者确实就是字斟句酌。这里有一首颂诗：

只要心中有迟疑，添词删字要继续。
最终敲定一个词，语言才算写完毕。
该弃之词已然弃，再无一词可换移。
词语组织已完美，堪称词语成熟诗。

想像是诗的种子（kavitvabīja）。（16）

诗意（kavitva）的种子即诗的种子，它是人前世带来的卓越的潜印象（samskāra），因此，缺少了它，诗不可能成型。即使写成诗，它也是受人嘲笑的对象。

专注指心思的高度专一。（17）

心思专一，排除外界干扰，这是专注。心思专注，才能洞察描写对象的（本质）。

心思专注与地点、时间有关。（18）

心无旁骛源自对地点和时间的选择。

究竟是何种地点、何种时间？

作诗的地点是清净的。（19）

清净指独处。

作诗的时间在四更夜即夜晚的第四个时段。（20）

"更夜"即分为几更的夜晚，它分为四更，这是时间的内涵。此时（四更夜）可远离外境（viṣaya），内心平静、专注。

已经讲述了诗的成因等，现在说明诗的种类：

诗包括散文体（gadya，散文）和韵文体（padya，狭义诗）。（21）<sup>①</sup>

先解说散文，因为它的特征难以辨别，也难以创作。人曰："人们说散文是诗人的试金石。"

散 文 体 诗 分 为 芳 香 型（vṛttagandhi）、花 粉 型（cūrṇa）和 花 蕾 型（utkalikāprāya）等三类。（22）

现在讲述它们的特征：

芳香型散文包含部分韵文。（23）

由于包含部分韵文，它被称为芳香型散文。例如："这些恶魔中有的住在下界（pātāla）深处（pātālatālutalavāsiṣu dānaveṣu）。"可以发现这个句子（运用了每音步为十四个音节的）一种诗律即所谓的"春天吉祥痣（vasantatilaka）"。

花粉型散文采用不连贯的优美词语。（24）

"不连贯"指的是没有长复合词，优美指不刺耳的词语。使用发音柔和的非复合词，这是花粉型散文。例如：

abhyāso hi karmaṇām kauśalamāvahati

na hi sakṛnnipātamātreṇodabindurapi grāvaṇi nimnatāmādadhāti

反反复复练习不止，动作熟练才有可能，

仅仅一滴水溅落，岩石上不会留下凹痕。

花蕾型散文的特点与花粉型相反。（25）

与花粉型相反，花蕾型散文具有长复合词且发音刺耳。例如：

kuliśaśikharakharanakharapracaṇḍacapeṭāpāṭitamattamātaṅgakumbhasthalag
alanmadacchaṭācchuritacārukesarabhārabhāsuramukhe kesariṇi

狮子的爪子像金刚杵一般坚硬锋利，它猛烈地划破了春情发动的大象。

狮子的脸被颈项优美的鬃毛所辉映，却被大象流出的颞颥弄脏。

韵文体（狭义诗）可分为多种。（26）

韵文体确实可分多种。它包括（四个音步相似的）规则诗（sama）、（第

---

① 广义的诗（kāvya）包括了散文体诗（gadya）和韵文体诗（padya），前者可译为散文，后者即狭义的诗。

一、第三音步和第二、第四音步分别相似的）半规则诗（ardhasama）以及（所有音步不相似的）不规则诗（viṣama）等种类。

现在讲述韵文体诗和散文体诗的另一种分类：

诗又可分为单节诗（anibaddha，抒情诗）和分章诗（nibaddha，叙事诗）。（27）

短诗（单节诗）和大诗（分章诗）是散文体诗和韵文体诗的特征，但不能说二者都是诗成功的标志。

（短诗和大诗这）二者是按顺序写成的，这如同依次编织花环和头冠（花冠）。（28）

二者指所思考的短诗和大诗，按序写成指先后完成。大诗的完成以短诗写成为基础，这和花环、花冠的编织相似：先编好花环，然后再编成花冠。

现在讲述某些人局限于写短诗的弊端。

就像极微的火星，短诗难以发出耀眼光芒。（29）

如同微弱的火星，短诗确实难以闪现夺目光彩。这里有一首颂诗：

单一色调的短诗没有夺目的美丽，
一粒微弱的火星难发耀眼的光芒。

作品中十色最美（sandarbheṣu daśarūpakam śreyaḥ）。（30）[1]

在作品即文学作品（prabandha）中，传说剧（nāṭaka）等十色最美。

花色衣服确实因为各种（色彩的）融合而迷人。（31）

花衣服因为各种色彩的搭配而迷人，十色也因各类诗的交融而美丽。

因此，其他诗源自十色。（32）

因此，其他诗源自十色。因为，十色呈现一切的诗。因为解说故事（kathā）、传记（ākhyāyika）和大诗（mahākāvya）的特征，并不能特别令人满意，我在此略而不论。可以借助他人著作了解它们。

---

[1] 根据现存最早梵语诗学著作即婆摩诃《诗庄严论》第一章对于文学体裁的分类，诗可以分为散文体和韵文体两类，它还可以分为分章写成的大诗、以供表演的戏剧、传记、故事和单节诗即短诗等五类。参阅 Bhāmaha, *Kāvyālaṅkāra*, ed.by P.N.Sastry, Motilal Banarsidass Publishers, 1970, p.7.

以上为吉祥的《诗庄严经疏》第一章《诗的身体》的第三节《诗的成因和种类》。第一章《诗的身体》至此结束。

# 第四章

## 第一节

诗德可以产生诗美（kāvyaśobha），庄严是强化诗美之因。这一点已在前边讲述。现在开始讲述庄严这一章。这里依次讲述叠声（yamaka）与谐音（anuprāsa）两种音庄严（śabdālaṅkāra，词庄严）。

同一个词语（pada）或字母（akṣara）以不同的意义（反复）出现在固定的位置，这是叠声。（1）

具有不同意义的一个词或多个词，或一个字母、多个字母在固定位置反复出现，这是叠声。它指的是单个或同一类（词或音节），全部或部分地反复出现在（颂诗）不同音步的固定位置。当叠声中（词或音节）重复出现在同一个音步时，其固定位置可视为其他颂诗的一个参照。

现在讲述前述的"位置"（sthāna）：

（出现叠声的）位置可以是所有（四个）音步（pāda），可以是一个音步或多个音步的开头、中间或末尾。（2）

（叠声的）位置可以是整个音步，可以是一个或多个音步的开头、中间、结尾部分。音步叠声的例子是[①]：

asajjanavaco yasya *kalikāmadhugarhitam*
tasya na syādviṣataroh *kalikāmadhu garhitam*
珍视恶人包含邪恶愿望的语言的人，
也不反感毒树的花蜜。

*hanta hantararātīnām dhīra dhīr*citā tava
*kāmam kāmandakīnītirasyā rasyā* divāniśam

---

① 为了表示叠声出现的位置，下边所有例句中的相关音节写作斜体。

哎呀，消灭敌人的勇敢者！你的智慧令人敬佩！
日日夜夜，你用智慧愉快地品味迦曼陀迦的正道论！

vasuparāsu *parāsumivojjhtīṣva*vikalam vikalaṅkaśaśiprabham
priyatamam yatamantumanīśvaram rasikatā sikatāsviva tāsu kā
即便爱人如月光纯洁无瑕，失去财富，
便如同亡人，这些抛弃丈夫的女人心如坚石。

sudṛśo rasare*cakitam cakitam bhavatīkṣitam*asti mitam stimitam
api hāsalavastaba*kastava kastu*layennanu kāmadhurām madhurām
美眸女一瞥令人惊喜而情味荡漾，
有时则柔和平静，她的刹那微笑，
如同一束鲜花，脉脉含情的女子，
谁能比得上她的甜美温柔？

所有（四个）音步的开头、中间、结尾出现叠声，例如：

*bhramara* drumapuṣpāṇi *bhrama ra*tyai piban madhu
*kā kunda*kusume prītih *kākum da*tvā virauṣi yat
黑蜂啊，你如寻找乐趣，漫步花树中吸吮花蜜吧！
你为何喜欢素馨花？你为何发出悲声哭泣？

apya*śakya* tayā dattam duhkham *śakya*ntarātmani
pāṣpo *vāhī*kanārīṇām vega*vāhī ka*polayoh
你给西徐亚女子的内心带来了难以忍受的痛苦，
牧牛人妻子的双颊上，眼泪汹涌流出。

sapadi kṛtapadast*vadīkṣitena* smitaśucinā smaratatt*vadīkṣitena*
bhavati bata janah sa*cittadāho* na khalu mṛṣā kuta eva *cittadāho*
你的目光俘获了目标，他洋溢着微笑，精通情爱真谛。
哎呀，这个男子很快内心滚烫。这种心焦确实不会有假。

其中两个音步末尾出现叠声①，例如：

udvejayati bhūtāni yasya rājñah *kuśāsanam*
simhāsanaviyuktasya tasya kṣipram *kuśāsanam*
国王的腐败统治给人民造成了痛苦，
他很快失去王位宝座，坐在草席之上。

一个音步和另一个音步的中间、末尾出现叠声的情况，可以通过推理（ūhya）明白。所有（四个）音步末尾出现叠声，例如：

natonnatabhrūgatibaddha*lāsyām* vilokya tanvīm śaśipeśa*lāsyām*
manas kimuttāmyasi cañca*lāsyām* kṛtī smarājñā yadi puṣka*lā syām*
苗条女子面如美月可爱迷人，眉毛颤抖宛如柔舞，看到她，心儿啊，
你为何要颤抖不已、失神焦虑？倘若爱神对她发出指令，我将如愿以偿！

同样，还可说明所有音步的开头、中间出现的叠声。智者还可发现其他一些混合型叠声。字母叠声（akṣarayamaka）包括单个字母叠声、多个字母叠声。单个字母叠声的例子是：

*nānā*kāreṇa kāntābhrū*rārā*dhitamanobhuvā
*vivi*ktena vilāsena *tata*kṣa hṛdayam nṛṇām
情人顾盼生姿，一双美眉呈现各种娇媚，
俘获了男子的心，也受到爱神的崇拜。

还可见到音步中其他地方出现类似的单字母叠声（yoga）。同类字母（音节）的并列强化了叠声的效果。例如，可在《诃利开智》（*Hariprabodha*）中发现一例：

*vividhadhavavanā nāgagarddharddhanānāvivitatagaganānāmamajjajjanānā*

---

① 这种叠声就是《舞论》（XVII.70-71）提及的"跨步叠声"（vikrāntayamaka）。

*ruruśaśalalanā nāvabandhun dhunānā mama hi hitatanānānanasvasvanānā*[①]

（克里希纳对长兄大力罗摩说——）

各种灌木树林遮蔽了天空，空中遍布觊觎蛇的猛禽，

不屈身，人们无法进入林中，因此其间空无一人。

鹿儿野兔在林中玩耍，此间可以消灭我俩的敌人，

这对我确实有益。林中传来喧哗与呼吸，却不见人面兽影。

经由上述的字母叠声花环（varṇayamakamālā）一例，可以说明词语叠声花环（padayamakamālā）。

因为分解（bhaṅga），（叠声）更具魅力。（3）

分解确实令叠声的效果更佳。

分解分为三种：锁链式（śṛṅkhala）、回环式（parivartaka）、粉末式（cūrṇa）。（4）

锁链式等确实是叠声中出现的三种分解方式。

现在逐一说明它们：

字母的分离，产生了锁链式。（5）

字母的分离指的是字母被分解，这种分离产生了锁链式叠声。例如，（前述的）kalikāmadhu（花蜜）一词，通过分解kāma和madhu等词语，形成了li、ma等字母的分离。[②]

（一个字母与）一个词语的组合发生分解，回归原貌，这是回环式。（6）

（一个字母和）其他一些字母的聚合，是组合。分解指的是有别于另一个字母的原貌，其原貌得以恢复，就是回环式。例如，在kalikāmadhugarhitam（含有恶意）中，arhita一词的元音字母a，与辅音字母g（其原型为k——译者按）的组合体即garhitam（禁止的、受斥责的、坏的、不好的、邪恶的）的结合，成为另一种形式。此处与辅音字母（g或k）的结合，就是回归本来的面貌（garhitam），这便是arhita的含义。转变（saākrama）为另一个不同形态的字母，这是其形式变化规则的目的所在。

---

① 这个例句中的每个音节都重复出现一次，开头的"vividhadhavavanā nā"便是如此，它包括vi、dha、va、nā等四个音节的重复；而"nāvabandhun dhunānā"包含了va、ndhu和nā的重复，其中的va和ba可以视为同一种音节。

② 这里的意思是，kalikāmadhu可以通过逐次分解或曰剔除kali、kalikā、kāma、madhu和dhu等词语，从而形成字母（音节）分散重复的锁链式叠声。

一组音节分开后，丧失了本来面貌，这是粉末式。（7）
一些音节分开后，单词的原貌消失，这是粉末式。例如：

yoˢcalakulamavati calam *dūrasamunmuktaśuktimīnām kāntah*
sāgni bibharti ca salilam *dūrasamunmuktaśuktimīnāṅkāntah*
撼动摇晃的山族，帝弥鱼的爱人（大海）解除众人的痛苦，
他以火与巨浪，将贝壳和鱼类的痕迹，冲到遥远的岸边。

其中的 śukti 一词的音节组合 kti 如分为 k 和 ti，śukti 一词就消失了。k
和 ti 两个音素的拆分及其与其他字母的组合，形成粉末式叠声。解除痛
苦（dūrasamunmuktaśuk）指的是（解除来自）山族（acalakulam）的（痛
苦）。"帝弥鱼的爱人"（timīnāmkāntah）指大海（samudra）。这儿有一些
颂诗：

分解完整的字母组合，形成纯正的锁链式。
这种方法的分解，确实构成了叠声的奇妙。

一个词音摆脱与另一个词音的联系，变为自己的本相，
好比演员卸掉化妆而（成为本来模样），这是回环式叠声。

复合音节的两个字母分开，分别并入前后单词的音节，
原词消失，这是分解形成的粉末式叠声。

即使位置适中，如无粉末式的分解，叠声并不出彩，
这好比前额无卷发，并不吸人眼球。

依靠语尾的变化形成的分解，
在通晓叠声奥妙者看来，并非理想的叠声。

那些常常用作叠声基础的词语，不应用于谐音的构思。语尾因为
数和格而产生变化，加上名词和动词的重复，形成叠声的奇异。

以上为叠声的特征，接下来讲述谐音的特征：

（运用于叠声之外的）其他形式相同的词语（或音节重复）构成了谐音。
（8）

"其他的"指诗句中位置不固定的同义、不同义的单词和各种音节。"相同的"指的是其他一些同样用于谐音的词语。

（反对者说）：经文中为何不如此定义："其他的为谐音。"可以说，其他形式的词语重复就是谐音。

（答曰）：的确如此。"其他形式的（词语或音节）重复"这一说法也可成立。然而，这一说法有些缺乏相应语境中的包容性。"相同的"可以理解为包括一些特殊的情况。"重复"涉及全部（词语或音节），而"相同的"则包括全部或部分（词语或音节的）重复。

（重复的）字母（音节）不太多，这是优秀的谐音。（9）

字母谐音（varṇānāmanuprāsa）中（重复）的字母（音节）确实不太多，若隐若现，这是优秀的谐音。例如：

*kvaci*nmasṛṇamāmsalam *kvaci*datīva *tārā*spadam
prasannasubhagam muhuh svara*tara*ṅgalīlāṅkitam
idam hi ta*va va*llakīraṇitanirgamairgumphitam
mano madayatī*va* me kimapi sādhu saṅgītakam
美妙的音乐沉醉了我的心灵！
它时而温柔饱满，时而高亢激扬，
这种音乐愉快迷人，乐音波浪激荡，
其间交织着你的弦琴发出的乐声。

（重复的字母或音节）太多，就不是优秀的谐音。例如：

*vallī*bad*dhordh*vajūṭodbhaṭamaṭati raṭatkoṭikodaṇḍadaṇḍah
走在路上，他用蔓藤向上缚住浓密发辫，弓杖顶端铮铮作响。

音步谐音（pādānuprāsa）与音步叠声（pādayamaka）相似。（10）
音步谐音依据音步叠声的类别进行分类。例子如下：

*kavirāja*mavijñāya kutah kāvyakriyādarah
*kavirāja*m ca vijñāya kutah kāvyakriyādarah

不了解大诗人，何谈思考作诗？
认识大诗人后，哪有心思作诗？

ākhaṇḍayanti muhurāmalakīphal*āni*
*bālā*ni *bāla*kapilocanapiṅgal*āni*
他们常吃新鲜的庵摩罗迦果，
其色黄褐，如幼猴之眼。

vastrāyante nadīnām sitakusumadharāh śakrasaṅk*āśa kāśāh*
*kāśā*bhā *bhā*nti tāsām navapulinagatāh śrīnadī*hamsa hamsāh*
hamsā*bhombhodamuktah sphuradamalarucirmedinī *candracandra-*
*ś*candr*āṅ*kah śāradaste jayakṛdupagato vidviṣām *kāla kālah*
酷似因陀罗（的国王），宛如迦奢草绽放洁白繁花，犹如河流的衣裳；
如同吉祥之河的岸边新来一只天鹅，酷似迦奢草光洁美丽；
如同大地上的月亮，冲破云层，闪烁纯洁无瑕的美丽清辉；
如同敌人的死神。月亮装饰的秋季已然来临，愿它赐予胜利！

*kuvalayadalaśyāmo* meghā vihāya divam gatāh
*kuvalayadalaśyāmā* nidrām vimuñcati keśavah
*kuvalayadalaśyāmā* śyāmālatādya vijṛmbhate
*kuvalayadalaśyāmam* candor nabhas pratigāhate
睡莲一般青黑的乌云消失在空中，
宛如睡莲的毗湿奴从睡梦中苏醒，
色如青莲的植物蔓藤开始发芽，
美如青莲的月亮出现在天空。

还可见到其他一些相似的例子。

以上为吉祥而优秀的学者伐摩那创作的《诗庄严经疏》第四章《庄严论》
的第一节《词（音）庄严论》。

## 第二节

现在开始讲述义庄严。因为比喻（upamà）是所有义庄严的基础，先讨论它：

本体（upameya）和喻体（upamàna）之间存在一些细微的相似（sāmya），这是比喻。（1）

具有突出的特征（性质）且显示比较对象的相似性，这是喻体；用来比较但特征（性质）较弱，这是本体。本体和喻体间的特征（性质）存在细微的相似，这是比喻。

（反对者说）既然本体与喻体是互相联系的两个词语，提及其中一个词就会涉及另一个词，因此提及二者中的任一词都可表达意思。例如："老虎等同样用于喻体"（upamitan vyāghrādibhih sāmānyāprayoge）。①因此，前述经文没有必要同时提及（本体和喻体）二者。

（答曰）确实如此。不过，上述经文提到的两个术语是用来表示世人所熟知的、理解的含义。它指的是人们熟悉的本体和喻体之间（的相似性）而非其他东西。因此，可以说"脸像莲花（mukham kamalamiva）"，不可说"如白睡莲"（kumudamiva）。

基于许多相似特征的（比喻）是想象比喻（kalpita）。（2）

特征的丰富就是相似特征众多。因此，诗人根据本体、喻体的相似性构思的比喻，就是想象比喻。不过，前面提到的比喻，是现实比喻（laukikin）。

（反对者说）既然想象比喻没有世人熟悉的（本体和喻体的）相似特征，又怎能确定本体和喻体？

（答曰）通过（许多特征的）相似性的突出或微弱认识想象比喻（的本体和喻体）。例如：

圆月好似被丈夫斜抱揉搓的年轻的匈奴（Hūṇa）孕妇高耸乳房，
它的光辉好似段段坚硬的莲茎，清晰地照亮了天空。

柑橘酷似兴奋的匈奴人刚刚刮过的下巴，

---

① 这里的引文出自梵文语法家波你尼（Pāṇini）的《八章书》（II.1.56）。原文参见 Śrīśa Chandra Vasu，ed.&tr. *The Aṣṭādhyāyī of Pāṇini*，Vol.1，Delhi: Motilal Banarsidass Publishers，2009，p.244.

耳上的合欢花恰如俱舍草刚刚吐出新芽。

此刻，无花果树静静地绽放迷人的硬叶，
有的闭合，有的微微张开，好似鹦鹉鸟喙，
然后，这些嫩叶通体透出美丽的色彩，
好啊，她们酷似美女的下唇！

比喻分为两类：词义比喻（padārthavṛtti）和句义比喻（vākyārthavṛtti）。
（3）
比喻分为两类：词义比喻、句义比喻。一词义比喻，二为句义比喻。词义比喻的例子是：

黄褐色身体的皮肤上竖起汗毛，
爱情使然，汗毛酷似片片黄金。

句义比喻的例子是：

潘迪耶王绕肩悬挂项链，身体涂抹黄色的檀香膏，
他像旭日阳光染红山顶，也像山王承受瀑布洗礼。

比喻分为完全比喻和简略比喻。（4）
比喻分为完全比喻和简略比喻。
（表示）性质（guṇa）、喻词（dyotaka）、本体、喻体的词汇全部具备时，这是完全比喻。（5）
（表示）性质等的词汇一应俱全，这是完全比喻。例如：kamalamiva mukham manojñametat（脸庞像美丽的莲花）。①
省略（某些词语），这是简略比喻。（6）
缺乏或省略（表示）性质的词语等，这是简略比喻。缺乏性质词的例子是：śaśīvarāja（国王如同月亮）；喻词省略的例子是：dūrvāśyāmeyam（这是草绿）；（性质词和喻词）二者省略的例子是：śaśimukhī（月亮脸）。省略本

---

① kamalam（莲花）和 mukham（脸庞）是喻体和本体，iva 是喻词，而 manojñam（美丽的）是表示性质的词语。

体词和喻体词的情况参见（下一章）对比喻的详述。

比喻用于褒（stuti）、贬（nindā）、陈述事实（tattvākhyāna）。（7）

比喻用于褒、贬、事实陈述。亦褒亦贬的例子是：

温柔可爱的妻子如同甘露，
无德之妻好像诃罗剧毒。

陈述事实的例子是：

群星中状如马车的星体，
可知她是月宿罗希尼。

喻体不足（hīnatva）、喻体过量（adhikatva）、词性不同（liāgabheda）、词数不同（vacanabheda）、喻体不相似（asādṛśya）、喻体不可能（asambhava），这些是（六种）喻病（doṣa）。（8）

这些是和比喻有关的毛病，它们包括喻体不足、喻体过量、词性不同、词数不同、喻体不相似、喻体不可能。

现在逐一讲述它们：

（喻体）在种类（jāti）、规模（pramāṇa）和性质（dharma）等方面比本体较弱（nyūna），这是喻体不足。（9）

（喻体）在种类（种姓）、规模和性质方面不如本体，这是喻体不足。

种类（种姓）较弱亦即种类不足的例子是："你像旃荼罗（cāṇóāla）一样，行事极其鲁莽。"①

规模较弱即规模不足的例子是："太阳像火花闪耀。"

喻体在性质方面逊于本体，是性质较弱，这种形式的不足的例子是：

牟尼身披黑色鹿皮衣，捆着芦苇腰带，
仿佛是黑云包裹着的太阳光辉灿烂。

这句诗中，没有提出和喻体即（牟尼的）芦苇腰带对等的事物"闪电"。不能说"黑色鹿皮衣"可以用作喻体。（如是黑色鹿皮衣和黑云之间的比较），

---

① 旃荼罗指低种姓男子首陀罗与高种姓女子逆婚所生的后代，他们被高种姓视为贱民。

那么提及"芦苇腰带"则为多余。难道可以说提及"黑云"就可以表示"闪电"？不，（这两者间）没有联系。

如有这类联系，提及一个对象必然会暗示另一个对象。现在讲述这一点：存在共生关系的两个对象，提及其中之一，就会想到另一个对象。（10）

提及两个对象中的一个，会令人想到另一个对象。这种共生关系从何而来？由于人们熟悉的两个对象（事物）具有共同性，提及一个，必然使人想起另一个。例如：

外面的雨水已经停止，屋内却仍在漏水，
水滴穿过许多蜘蛛网，仿佛黄色蜜汁滴下，
落在蛮人孩子卷发上，溅起水珠。
小孩身体乱动，女主人惊醒后内心痛苦。

这儿，蜜汁流淌和圆润、黄色产生了联系。piāga 一词表示黄色，同时也会令人联想起圆润。

在"浑圆臀部犹如金片光滑"这句话中，明亮、光滑与"金片"是可以产生联想的词汇。听到"光滑"一词，会想到"明亮"一词。

（反对者说）如果说喻体的性质不足是喻病，如何理解下边诗句中比喻的运用：

如同贞妇在自家失去了丈夫，鸣声消失在孔雀的嘴里，
她在阳光下可怜地闭上双眼，任由微风在莲花中慢慢消逝。

这里，本体被赋予了多于喻体的性质。

（答曰）不是这样。正是嘴巴这一本体的特殊性，产生了孔雀鸣声消逝（的效果）。

由此解说了喻体过量。（11）

讲述喻体不足，由此也解说了喻体过量。种类、规模和性质的过量，就是喻体过量的内涵。

种类过量的例子是："让毗湿尼人像勇猛的楼陀罗一样飞快地进去吧！"

规模过量的例子是：

你的肚脐如同地下世界，你的乳房犹如大山，

你的修长发辫宛如羯陵底的跌水瀑布。

性质过量的例子是：

国王举起晃动的车轮和轮辐，

宛如海底火山与急流漩涡。①

海底火山这个喻体不妥，属于（喻体的）性质过量。有人把上述两种喻病称为"不相称"，它其实是包含在二者之中的，不宜单独视为一种喻病。②因此，我们认为喻病只有六种。

本体和喻体的词性不一致，这是词性不同。（12）

本体和喻体的词性不一致，这种（词性的）不统一，就是词性不同。

例如：军队的行进如同河流畅通无阻。③

一般而言，阳性词和中性词的（比较）是被认可的。（13）

喻体和本体为阳性、中性时，这是词性不同（的比较）。一般而言，指大多数情况。合适的例子是："他看见了一张月亮（candra，阳性）似的脸庞（mukha，中性）。"但是，"脸庞（mukha）如同月亮（indu，阳性）闪闪发光"之类的比较却不合适。④

（词性不同的比较）还可见于习惯的说法（laukikī）、以复合词表达的比喻、比喻的各种变体（prapañca）。（14）

习以为常的比喻、以复合词表达的比喻、比喻的变体，这些是（比喻句中）一般可以接受的词性不同。

习惯的说法，例如：

他像她的影子；女人像男人（chāyeva sa tasyāḥ，puruṣa iva strī）。⑤

复合词表达比喻，例如：

---

① 上述几个例子的喻体如楼陀罗、地下世界、大山、羯陵底的瀑布和海底火山等都属过量。

② 婆摩诃在《诗庄严论》第二章中认为，喻病有七种（II.39）：喻体不足（hīnatā）、喻体不可能（asambhava）、（喻体和本体的）词性不同（liṅgabheda）、词数不同（vacobheda）、不相称（viparyaya）、喻体过量（adhikatva）、不相似（asadṛśatā）。

③ 表示军队的词是中性，表示河流的词是阴性。

④ 这是因为，candra 和 mukha 的尾音都是 a，而 indu 与 mukha 的尾音不同。

⑤ chāyā（影子）是阴性，sa（他）是阳性，puruṣa（男人）是阳性，strī（女人）是阴性。

蔓藤似的柔臂宛如青莲（bhujalatā nīlotpalasadṛśī）。①

比喻的变体，例如：

如果住在净修林中的身影在后宫难寻，

那么园林蔓藤确实不如森林蔓藤美丽。

还可以发现诸如此类的其他用法。

由此，词数不同的情况也得以解说。(15)

解说了词性不同，也就解说了词数不同的情形。例如：

pāsyāmi（单数）locane（双数）tasyāh puṣpam（单数）madhuliho（复数）yathā（我吻着她的双眼，宛如蜜蜂们吸吮花蜜）。

（想表达的）相似性质不容易理解，这是不相似。(16)

不能领会相似的性质，这就是相似性的不可理解，即不相似。

例如："我构思的'月亮诗'（kāvyaśaśin）含义丰富，犹如月光"。诗（kāvya）与月亮的联系所产生的相似性（sādṛśya），这是不易理解的性质。

（反对者说）如果意义和月光有相似性（tulyatva），诗和月亮就有相似性。

（答曰）不是这样。只有诗和月亮存在相似性，意义和月光才有相似性。意义和月光之间实则没有任何可以领会的相似性，因此这是一种无法克服的、相互联系的喻病。

缺乏相似性，比喻不存在。诗人们以相似性为（创作）基础。(17)

没有相似性，就没有比喻。诗人们以相似性为比喻的基础。

如有多个喻体，缺乏相似性不是喻病。(18)

如有多个喻体，缺乏相似性不视为喻病。

例如："你的美誉犹如樟脑项链和诃罗（湿婆）的微笑。"樟脑等多个喻体的存在，很好地确立了（一个本体和多个喻体之间的）相似性，因为它们（多个喻体都）具有特别白的性质。

上述手法并不能丰富比喻的意义。(19)

"出现多个喻体，缺乏相似性（不是喻病）"，这一说法不成立，因其不能丰富（比喻的）意义。提及其中一个喻体时，再提及另一个喻体，也不

---

① 其中的 bhuja（手臂）是阳性，latā（蔓藤）是阴性，复合词 nīlotpala（青莲）是中性，其中的 nīla（蓝色或青色）是形容词，otpala（青莲）是中性。

会产生什么特殊的意义。例如："海的力量像海一样焦躁不安"（balasindhuh sindhuriva kṣubhitah）。这句话便没有产生特殊的意义。

（反对者说）两次运用 sindhu（海）一词，难道不会产生同义反复（paunaruktya）？

（答曰）不会的，balasindhu（海的力量）说的是大海一般的力量，极言海之广阔深邃，而 sindhuriva kṣubhitah（海一样动荡不安）指的是大海的激动状态。因此，（两次运用的 sindhu 一词）具有不同的意义，这不是同义反复。（重提 sindhu 一词）也不会丰富（比喻的）意义。说起"像大海一样焦躁不安"，人们会想到广阔深邃。因为，前文（第 10 颂）已经说过："存在共生关系的两个对象，提及其中之一，就会想到另一个对象。"

（喻体与本体在逻辑上的）不一致，就是不可能。（20）

不一致即不能出现，这是喻病中的不可能。例如：

面容泛光，脸含微笑，
美如盛开的日莲中的一弯新月。

日莲在月光下盛开，这是不可能的事。

（反对者说）难道这不是一种意义的矛盾吗？为何不将其视为一种喻病？

（答曰）不能如此，因为比喻中只有夸张（atiśaya）是合理的。

不能运用相互矛盾（viruddha）的夸张。（21）

相互矛盾的夸张是不可取的。这便是（最后）这条经文的要义。了解这六种喻病后，诗人应避免它们。

以上为吉祥的《诗庄严经疏》第四章第二节《比喻论》。

## 第三节

现在思考各种比喻，讲述其种类：

现在详述类比（prativastu，或译"对偶喻"）等比喻（的变体）。（1）

类比等指以类比开头的（各种比喻变体），详述比喻指各种比喻的详细说明。

现在讲述句义喻（vākyārthopamā）和类比的区别：

说到本体时，也说起相似的对象，这是类比。（2）

　　相似的对象即句义（喻体），对其陈述即叙述相似对象。这实际上是对本体含义和句义（喻体）的叙述。这里有两个句子：一个涉及句义（喻体），一个涉及本体。例如：

　　已占据王后高位，她怎能接受侍女的位置？
　　带有天神印迹的珠宝，确实不适合佩戴。[①]

　　现在讲述类比与合说（samāsokti）的区别：
　　不说（本体），这是合说。（3）
　　不提本体，只提及与其相似的对象，这是合说。因其语言简略，故称合说。例如：

　　荒漠的荆棘值得点赞，因为它为旅人消除疲乏，
　　怪哉！须弥山如意树的荣耀不能助力祈求者。[②]

　　现在讲述合说与间接（aprastutapraśaüsā）的区别：
　　略微提及（本体），这是间接。（4）
　　叙述相似对象时，略微提及本体的特征，这是间接。例如：

　　她（iyam）[③]像大海一样美丽，青莲与月亮一同出现，
　　大象头顶涌出颡颥，还有芭蕉树干和莲茎。

　　赞颂没有称颂的（aprastuta）对象，这是间接。
　　现在讲述否定（apahnuti）和间接的区别：
　　讲述相似的对象，隐藏另外的一个对象（本体），这是否定（隐藏）。（5）
　　利用相似对象的句义，隐藏另一种句义。隐藏指将相似对象的含义叠加在本体上。例如：

　　这不是盖多吉树萌发新芽，它是命运嘲笑在外的旅人，

---

① 前一句提到的女子（她）和后一句提及的珠宝相比。
② 这里借须弥山影射富人为富不仁即不施舍穷人的缺点。
③ 此句以人称代词 iyam（她）略指女主人公。

这不是雷电的闪烁，它是爱神的光芒。①

与（两个句子）表达主旨不同，隐喻（rūpaka）不是这样。

现在讲述隐喻的特征：

依据相似性（guṇasāmya），喻体的性质被赋予（āropa）本体，这是隐喻。（6）

由于性质相似，喻体的性质被叠加在本体上，这是隐喻。

提及喻体和本体二者，旨在说明隐喻分为普通隐喻（laukikī）和想象隐喻（kalpita）两种。其中，（普通隐喻）的真实性（prakṛtitva）是人们所熟知的。例如：

她是家里的财富女神，是我双眼品味的一道甘露，
触摸她的肢体，仿佛大量的檀香液掠过我的全身，
她绕着我脖颈的手臂，宛如清凉柔软的珍珠串，
她怎么不会令人喜爱？与其分别，我实在难以忍受！

"月亮脸"，等等是明喻（upamā），即使它和"檀香膏"等组成复合词，也不是隐喻。

现在讲述隐喻和双关的区别：

运用音节的复义（tantra），（将喻体的）性质（叠加在本体上），这是双关。（7）

将喻体的性质叠加在本体的特征、行为和名称上，这是叠加。运用复义指单词发音中包含复义，这是双关。例如：

胜者安宁祥和，武士无法扰乱其心。愿他保佑你！
勇士身着闪亮护胸盾牌，他身上负伤但士气高涨，
意欲拔出圆头弯刀，刺穿敌人心脏，
他冷静沉着，无所畏惧，值得尊敬！

（根据诗中语言和意义的双关，这首诗还可以这样翻译——译者按）：

---

① 这里以命运否定（隐藏）盖多吉树的新芽，以爱神的光芒隐藏雷电。

（胜者安宁祥和，愿他保佑你！娇媚妓女的乳房
无法扰乱其心。美女脸色黝黑，胸部有乳房，
乳房浑圆、坚挺、硕大、饱满，乳头黝黑发亮，
乳房温暖且上有挠伤，它却痛在情敌心上。）

现在讲述不仅包含附属义（gauṇasyārtha）也包含暗示义（lākṣaṇika）的一种庄严：

以相似性进行暗示（lakṣaṇā，象征），这是曲语（vakrokti）。（8）

暗示有许多的基础（nibandha），其中以相似性为基础的叫作曲语。例如："在湖中，莲花睁开眼睛，不久，（晚上开花的）白莲（kairava）闭上了眼。"睁眼和闭眼是双眼的属性，它们暗示（莲花的）开放和闭合。这是通过相似性来表达的。

"这儿的春藤（mādhavī）吐出了浓密的新芽，令人欣喜得汗毛竖起（pulakita），成熟的花蕊带着蜜汁，芳香迷人，沁人心脾。"此处以"呼吸"一词暗示（花蕊）散发芳香。

"让那位美人从其所在之处站起，闪闪发光地亲吻天界。"[1]

"懒散拥抱着她的身体。"[2]

"眼神重复着莲池中枯萎的影子。"[3]

"早上的香气是盛开的莲花芳香的伙伴。"[4]

"一双大腿是柔软的芭蕉树茎秆的同门。"[5]

——诸如此类的象征义（lakṣaṇārtha）就是暗示，这种暗示的秘密（rahasya）是可以很快地领悟暗示义。

暗示如不以相似性为基础，就是曲语（vakrokti）。例如："洁白的光线（mayūkha）好似成熟的莲藕片（kandaccheda）。"这儿，cheda（片）一词通过近似（而非相似性）表达一种对象，因为藕片本身是白色的。

现在讲述隐喻、曲语和奇想（utprekṣā）的区别：

以另一种方式描述不同的形状，旨在表示超乎寻常的意义，这是奇想。（9）

不同的形状指不同的性质，另一种方式也与不同的性质有关。"旨在"表

---

[1] 亲吻暗示接触。

[2] 拥抱暗示获得女主角的欢心。

[3] 重复暗示模仿。

[4] 伙伴暗示亲密关系或共生关系。

[5] 同门暗示二者形态的相似。

示决心。这不是（意义的）叠加，也并非暗示。这种不同寻常的意义指的是不会误会的认识。以相似性为基础的，叫作奇想。这种相似性以 iva（如）等喻词来表示。例如：

一弯月亮如新出的莲茎顶端，
仿佛置于湿婆头顶闪耀的红色火焰，
犹如水晶般洁白的头颅上绽放嫩芽，
天上的恒河每天用水浇灌着它。
愿月亮保佑你！ [①]

有人说夸张就是奇想。现在反驳之：
对某个对象（dharma）的殊异之处进行想象（sambhàvya）或虚构（kalpanā），这是夸张。（10）
对于某个对象殊异性的想象或虚构，这是夸张。例如：

如果天界降临的恒河水同时分出两个支流，
这就好比多摩罗树青黑胸口装饰珍珠项链。[②]

再如：

她们的肢体抹了檀香液，佩戴崭新的珍珠项链，
洁白的耳坠为脸颊增辉，身穿干净发亮的绸衣，
在月光普照而白茫茫的大地上，变得不可辨认，
这些怀春女子愉快地走向情人的家，无所畏惧。[③]

正如奇想以误解（bhrànti）为本质，疑问（sandeha）以怀疑为本质。现在讲述疑问：
对本体和喻体皆有怀疑，这是疑问。（11）

---

① 将月亮比作莲花的新蕾（顶端）是一种奇想。二者没有相似性，这么说旨在表达月亮的独特美。
② 两条支流旨在表达胸部的奇异性，但二者之间并无相似性。
③ 这个例子为后人即 11 世纪的梵语诗学家曼摩吒在其《诗光》中采用。此处采用黄宝生先生译文，参见黄宝生编译：《梵语诗学论著汇编·增订本》（下），中国社会科学出版社，2019 年，第 1247 页。

怀疑的目的是显示本体和喻体二者的卓越性（atiśaya），这是疑问。例如：

美人儿！我的心无法判断，思维犹疑不已：
这朵莲花在你耳朵上，还是在你眼睛里？

也可趁此机会，仿照讲述疑问的方式说明矛盾（virodha）：
貌似对立，这是矛盾。（12）
意义上仿佛处于貌似对立的状态，这是貌似对立即矛盾。例如：

现在是你喝酒，我的心却已沉醉；
你用番红花在身体上涂画线条，我的心却充满激情；
你在乳房高耸的负担中缓步而行，我的身体却在颤抖；
你腰身苗条，我却胆怯。爱的姿态如此奇妙！

再如：

她年轻，我们却内心胆怯；她是女子，我们却害羞；
她的一对乳房丰满高耸，而我们却不堪重负；
她臀部丰满迈步沉重，我们却无法行走；
别人的毛病，却催生了我们的无能。真是诡异！

现在讲述矛盾与藏因（vibhāvanā）的区别：
不说行为（kriyā），只说人们熟悉的结果（phala），这是藏因。（13）
不说出行为，只说出人们熟悉的结果，这是藏因。例如：

智者心灵纯洁，不必洗涤，
即使与坏人一道，也不会走向堕落。

现在讲述与矛盾相联系的自比（ananvaya）：
本体和喻体同一，这是自比。（14）
将本体和喻体描述为同一个对象，这是自比。例如：

天空就像天空，大海就像大海，

罗摩和罗波那的战斗就像罗摩和罗波那的战斗。

这种庄严所包含的意思是，没有任何其他的事物（喻体）可与主体相比。
本体和喻体依次交换（krama），这是互喻（upameyopamā）。（15）
本体和喻体依次逐个交换位置，这是互喻。例如：

水像天空，天空像水；月亮像天鹅，天鹅像月亮；
白荷花像星星，星星像白荷花。

有人说互喻就是交换（parivṛtti），这种观点是错误的：
相似的、不相似的对象进行交换，这是交换。（16）
相似的对象或不相似的事物交换，这是交换。例如：

她将嫩叶当作耳饰，顺便赋予它脚上红色。
我认为相似两物如此交换，彼此公平无欺。

再如：

她心性倔强，眼睛一转，丢弃项链，擦去檀香液，
穿上旭日般绯红的树皮衣，乳房高耸，衣扣崩开。①

现在讲述互喻和排列（krama）②的区别：
一些本体和喻体依次产生联系，这是排列。（17）
本体和喻体按照顺序依次进行说明，这是排列。例如：

她甜美的声音、笑容、眼睛
分别盖过了琴声、素馨花、青莲花蔓。

现在讲述与排列有关的明灯（dīpaka）：

---

① 前一例是将嫩叶和脚上的红色颜料这两种性质相似的事物进行比较，后一例是将不同性质的
两种事物即项链和树皮衣进行比较。

② 这种庄严近似"罗列"（yathāsaṅkhya）。

句子中的本体和喻体共用一个动词（kriyā），这是明灯。（18）

通过一个动词，把多个本体和喻体串联在一起，这是明灯。

现在说说明灯的类别：

根据动词出现在句子的开头、中间或结尾，明灯分为三种。（19）

根据动词出现在句子的开头、中间、结尾，它分为三种。例如：

鲜花装饰着后宫花园，酒醉装饰着多情女极度的娇媚，

吟诵吠陀装饰着婆罗门的全部祭祀，消灭敌人装饰着国王们的威仪。①

旅人妻子洒下了眼泪，云团洒下了雨水，

此刻，国王开始了士气高昂的队伍出征。②

随师尊学习增长（abhivardhate）知识，蜜蜂群集增长爱情，

月亮升起，大海随即上升（abhivardhate）。③

与明灯一样，例证（nidarśanā）也采取简约（的表达方式）：

通过某种行为，昭示其相应的的内涵（artha），这是例证。（20）

内涵（意义）是纯粹的行为本身所包含的本质，相应的即联系，昭示指说明（行为）涉及的动因和事例之间的区别。这是例证。例如：

树叶枯萎后坠落，它相应地告诉富人：

身处极高地位容易跌落。

"坠落"这一行为指（树叶）本身落下。其内涵是昭告身处极高地位容易跌落这个道理，说明内涵也是告诫富人的意思。

例证和补证（arthāntaranyāsa，"补充"）不一样。现在讲述补证的特点：

叙述（nyasana）一个对象（的意义），再说另一个对象（的内涵），以支撑某个观点，这是补证。（21）

"支撑观点"即以一句话的意义和另一句话的内涵支撑某个已经说过的观

---

① pūṣyante（装饰）一词位于诗句的开头，因此该句为动词开头的明灯例子。

② vigalati（洒下、洒落）位于诗句的中间位置，因此该句为动词居中的明灯例子。

③ abhivardhate（增长、上升）位于诗句末尾，因此该句为动词结尾的明灯例子。

点，这是补证。支撑观点时，只叙述主题（artha）的缘由，这不是补证。例如，"能闻着莲花的香气，池塘离此地不太远"这一句不是补证。"另一个对象（的内涵）"这句话的意思是，无论如何，理解意义或推论（hetu）只能通过这种隐蔽的方式完成。再如，"人为创造的不能长久保持"，这多半也不能表达对象的内涵。例如：

情敌近在咫尺，情人却在她丰满的胸部放着一个花环，
花环受水浸湿后仍未丢弃，因为价值在爱而非物件本身。①

有人说补证以推理（hetu）为形式，而较喻（vyatireka）的本质是对相似性的推理，因此，二者并无差异。现在反驳这一观点：
（通过喻体）显示本体的优异性质，这是较喻。（22）
喻体显示出比主体对象更加优异的本质，这是较喻。例如：

鹿眼女纯洁美丽的面容确实宛如月亮，
但月亮上又有令人嘲笑的黑色斑点。

有时，（本体和喻体的）相似性通过想象而来。例如：

你的眼睛斜视，优美可爱，美丽迷人，
在情人心中，是貌似焦虑的一剂毒药，
丛丛青色睡莲被排斥，新鲜蜂蜜被贬低，
甘露被嘲笑，完美的味也失去魅力。

现在讲述较喻和殊说（viśeṣokti）的区别：
想象某种性质的缺失，以丰富（本体和喻体的）相似性，这是殊说。（23）
想象缺失某种性质，以丰富其他性质的相似性，这是殊说。它一般来说包含着隐喻。例如：

夜晚的药草成了交欢者不添灯油的明灯，
对男人而言，所谓赌博就是没有王位的王国。

_____

① "价值在于爱而非物件本身"以含蓄的方式补充说明了女子为何不丢弃作废的花环。

"睡眠是没有莲花相伴的财富女神。""大象是一座移动的城堡。"这个句子中的"移动"一词，说明其缺乏稳定。由此可见，它缺乏某种性质。

"所谓的妓女是欺骗的化身，灾祸是有呼吸的死亡，婆罗门是大地上的语主（Bṛhaspati）。"这些话中都缺乏某个性质。

现在讲述较喻、殊说和佯赞（vyājastuti，褒贬）的区别：

想象某种卓越的行为，名为贬低，实为赞颂，这是佯赞。（24）

卓越即特别出众的品质，行为即卓尔不凡的行为业绩。假定责备某人具有某种相似的卓越品质却未能完成某事，以达到赞颂（另一人）的目的，这是佯赞。例如：

用山脉架桥，用一支箭射穿七棵棕榈树，

罗摩能做所有的事。你未做事，徒有高傲？

现在讲述佯赞和委婉（vyājokti）的区别：

虚假的说得形同真实，这是委婉。（25）

虚假的即托辞（chadman），将其说得形同真实，这是委婉。有人也叫它 māyokti（婉辞）。例如：

迦奢花白如秋月，风儿吹起，

美女啊，花粉让我满脸是泪。

现在讲述佯赞与等同（tulyayogitā）的区别：

为了表明某人（与他人）的卓越性质相同，描述相同时间的相同行为，这是等同。（26）

为了表明能力不足者同样具有卓越的性质，描述相同时间的相同行为，这是等同。例如：

蛇王像你的手臂一样，

举起了以大海为腰带的地球。

略去喻体，这是略去（ākṣepa）。（27）

略去喻体即不说出喻体，旨在表示相同的对象（在本体出现时的）无意义。例如：

如有她令人愉快的美丽脸庞，满月何用之有？
如有她美丽的眼睛，青莲何用之有？
如有她的下唇，柔嫩美丽的莲叶何用之有？
哎呀！造物主察觉此前创造了无益之物。

上述经文的意义也可以如此理解：可以通过暗示认识略去的喻体。例如：

秋天的彩虹（因陀罗神弓），宛如乳房（云团）上的新鲜抓痕。
它使带有黑斑（缺陷）的月亮高兴，却使太阳心中痛苦（炎热）。

这里将秋天比作妓女，月亮比作情人，太阳比作情敌，均是（略去未说）的暗示性比喻。

现在讲述等同和共说（sahokti）的区别：

用saha（和）等一个单词可以同时表达两个对象的行为，这是共说。（28）

两个对象同时所做的事，可以用saha等词语进行表达，这是共说。例如："太阳与敌人落下，军队可以撤走。"这句没有表达两个对象的优与劣，因此不是等同（而是共说）。

现在讲述天助（samāhita，神助）的特征：

把某个对象变为相似对象，这是天助。（29）

把一个对象变成与其相似的对象，这是天助。例如：

这个柔弱的东西嫩芽上洒着雨水，
它的下唇好像是给眼泪洗过。
现在已经没有什么东西装饰它了，
时机已逝，再也开不出花朵。
蜜蜂嗡嗡的鸣声听不到了，
它站在那里像是静思沉默。
我跪在它脚下，它生气拒绝，
现在它心里真是悔恨交迫。①

---

① 这是著名梵语戏剧家、大诗人迦梨陀娑的戏剧《优哩婆湿》第四章中的一句（IV.69），本文采用季羡林先生译文。参见季羡林：《季羡林全集》（第20卷），外语教学与研究出版社，2010年，第676页。

这里，（国王）补卢罗婆娑（Purūravas）发现蔓藤酷似（自己的妻子）优哩婆湿（Urvaśī）。他抚摩它，它真的变成了优哩婆湿。

上述庄严或单独运用，或混合运用。一些重要的庄严混用，就是混合（samsṛṣñi）。

一种庄严以另一种庄严为基础（yonitva），就是混合。（30）

一种庄严以另一种庄严为基础，就是混合。混合即结合（samsarga）、联系（sambandha）。

相似隐喻（upamārūpaka）与部分奇想（utprekṣāvayava）是两种（混合庄严）。（31）

混合庄严指的是相似隐喻和部分奇想。

相似隐喻是源自明喻的一种隐喻。（32）

例如：

您特立独行，您的（伟业）无限永恒，您高涨的热情永不褪色，
您是原初的神龟化身，您是十四个世界的蔓藤树根。①

这种庄严可见于这个例句："月亮是夜女（额头上）以珠仔树（制成的）吉祥志。"②

现在讲述部分奇想（utprekṣāvayava）：

奇想的源头是部分奇想。（33）

奇想的起源是部分奇想。"部分"（avayava）一词表示开端。例如：

月亮清辉宛如手指，以此驱散黑暗，
月亮亲吻夜的脸庞，夜闭上莲花眼。③

————————————

① 将神龟化身（毗湿奴的化身之一）比作世界的根基是一种隐喻，它又以一个明喻为前提：十四个世界好似蔓藤。

② 珠仔树的拉丁名是 symplocos racemosa。rajanipurandhri（夜女）即女人一样的夜晚，这是明喻。梵语原词为比喻性复合词，它是这个比喻句的基础。

③ 在这首诗的梵语原文中，将月亮的清辉比作手指，是明喻；"莲花眼"将眼睛比作莲花，是隐喻；月亮亲吻夜的脸庞，是奇想。

上述解说①完美丰富，有的自创，有的引自他人。

我们只是详细论述那些包含奇妙言辞的比喻。

我想还有一部分美丽的庄严，

大诗人须运用这些相近的庄严。

以上为吉祥的《诗庄严经疏》第四章《庄严论》的第三节。第四章《庄严论》至此结束。

---

① 所谓的"上述解说"应指作者伐摩那对各种庄严的解说。

海外汉学

# 目加田诚的中国学研究特色

## ——由与竹内好的争论展开

孟　彤①

**摘　要**：目加田诚是日本近现代著名的中国文学研究者，是日本近代以来中国学研究史上最优秀的开拓者和形成者之一。他的研究风格与传统的中国学流派不同，也与以竹内好为代表的现代中国学研究者截然不同。这种不同主要体现为三点。一、不以儒者教养的达成为目的。二、不拘泥于文章训诂的研究。三、文学研究的最终目的是更好地体味人生，找出人类生存的意义。竹内好主张建立研究主体的极度客观性，对研究对象进行不分喜好的研究，他对中国文学的研究是为了建立自身的文学观和促成日本文学的近代化。目加田诚的研究则展现出具有其个人鲜明特色的人文关怀，同时也跳出了狭隘的从兴趣主义出发进行研究的路数。他的学术研究，以最终探索人类共同的"诗心"为目的。

**关键词**：目加田诚　竹内好　中国学研究

目加田诚（1904—1994），是日本近现代著名的中国文学研究者。他是日本最早让《诗经》从经学的桎梏中摆脱出来，对其做出纯文艺学术研究的开创者，是日本将民俗学方法融入《诗经》文本研究的第一人。他所翻译的《诗经》，无论在语言优美程度上还是在思想理解深度上都达到了前人未及的境地，被日本学术界公认为无有出其右者。目加田诚不仅在《诗经》研究领域有着瞩目的成就，他还是首位进行《文心雕龙》现代日语翻译的学者，同时也是第二

---

① 作者简介：孟彤，博士，讲师，任教于北京科技大学天津学院，研究领域为比较文学与世界文学。

次世界大战后日本开展的《文心雕龙》研究活动中最为积极的学者之一。他的研究领域几乎涉及中国古代各个时期的文学，在文本研究、翻译译注、文学理论研究等方面，都做出了许多始开先河、独树一帜的贡献。我国对近代日本中国学的研究，多聚焦于狩野直喜、内藤湖南、白鸟库吉、服部宇之吉等人，对目加田诚的中国学研究了解极少，对其学术思想、学术方法、具体的研究成果等各方面更缺乏全面的专业性研究。即使有一些文章对他的某些学术成果进行过描述，也止于简单介绍的阶段。目加田诚的研究成果被翻译成汉语的只有三篇文章。它们分别是：《词源流考》，中国抗战时著名的《国文月刊》杂志曾刊登过它的汉译文；《刘勰的风骨论》收入 1983 年王元化选编的《日本研究〈文心雕龙〉论文集》；《中国文艺中"自然"的意义》，收入 1985 年上海古籍出版社出版的《中华文史论丛》第二辑。事实上，目加田诚的中国学研究，展示了与"京都学派"①"东京学派"不同的学术特色，不论从其独特的研究姿态，还是从日本中国学史上的地位来讲，目加田诚的学问都应该为我国的国际汉学研究界所关注、重视与研究。相比目加田诚，日本近代著名的中国文学研究家竹内好（1910—1977）则为国内相关学者所熟知。1934 年，竹内好与目加田诚在日本"中国文学研究会"的期刊《中国文学月报》上曾发生过一场争论。就笔者所知，我国的国际汉学研究界没有就这场争论展开的研究。本文欲将这场争论作为切入点，试分析目加田诚的中国学研究的学术特色，希望能对目加田诚中国文学学术研究特色有一个较为清晰的认识，从而弥补国内对以目加田诚作为对象的研究的空白。

## 一、发生在《中国文学月报》上的争论

1934 年年初，竹内好、武田泰淳、冈崎俊夫创立了中国文学研究会，1935 年创办机关杂志《中国文学月报》（后改为《中国文学》），1943 年 10 月研究会自主解散。目加田诚在中国文学研究会成立早期，在《中国文学月报》发表过以下文章：《俞平伯会见记》（第三号）、《清宫二年记》（第十三号）、《红楼梦评论与人间词话》（第二十六号）。尽管他的这些文章给了成立之初的《中国文学月报》以极大支持，但是，作为杂志发起人的竹内好，他的文学理

---

① 严绍璗先生在《日本中国学史稿》（学苑出版社，2009 年）一书中将以狩野直喜、内藤湖南为代表的"实证主义学派"称为"京都学派"。虽然学者们对这一称谓多有争论，但本文仍采用严绍璗先生的说法。

念从杂志成立之初，就注定与目加田诚是不同的。1939 年 12 月，《中国文学月报》第五十七号，登载了目加田诚的《文人的艺术》，针对这篇文章，竹内好在 1940 年 1 月第五十九号的月报上，发表了《目加田诚的文章》一文，对其进行了全面的否定，文章充满火药味，矛头直指当时的中国学大家们。目加田诚在《中国文学月报》第六十号上发表文章驳斥了竹内好，对竹内好的论争态度提出了批评。竹内好随之做了区区数字的回应。其后，目加田诚便不再给《中国文学》寄稿，也再没有写过驳斥竹内的文章。竹内继而又将矛头对准吉川幸次郎，对他发表在《中国文学》杂志的《翻译论的问题》（1941）文章展开批评，又引起和吉川幸次郎的多次争论，这一系列争论在《中国文学月报》的发展史上显得格外引人注目。

竹内好在《目加田诚的文章》里表示出了强烈的困惑，他直觉地感到自己对文学的理念与目加田诚不同，却又无法说明孰对孰错。文章不是站在技术层面就目加田诚的学术观点展开专业意义上的讨论，而是从概念上全盘否认目加田诚等人代表的所谓传统汉学。他承认目加田诚的大家地位，承认目加田诚的文章是"美文"，却又感到无以适从，通篇文章，都在传达他感觉到在传统的"中国学"风气重压之下，令其窒息的痛苦和无力的迷惘。竹内好写道：

> 我所抱有的中国文学的幻影是模糊的，很遗憾，它靠我自身的力量是很难凝固成型的。它虽然是模糊的，但又是感官的、鲜活的，这使我感到苦恼……我真切地需要语言，需要能向平时轻蔑我的人卖弄，可以剁碎那精彩的中国文学影像的语言……目加田诚文是美文，目加田诚是秀才，而我则不同，目加田诚的文章我读不懂，夸张一点地说是一点也不明白……我撼动不了目加田诚身下的地盘……我想在文章题目下加上'长泽、吉川、仓石、目加田诚'的后缀……我也许对他人不逊，但没有人比他们更加对人傲慢……也许他们比我勤奋。因为像他们那样每天抱着皮包去中国文学事务所上班的生活，对我不合适……写批判的文章是徒劳的。内心满足的人连基督都难以拯救。我还是乐于处理日常琐碎的感情。①

---

① 竹内好「目加田誠の文章」、『中国文学月報』1939 年第五十九号、第 151—154 頁。

## 二、目加田诚的中国学研究特色

### （一）是坐拥经院派地盘还是思考人生的学问

如上所述，竹内好认为，目加田诚可以与长泽、吉川、仓石归为一类，他们身下有共同的地盘。长泽规矩也（1902—1980）、吉川幸次郎（1904—1980）、仓石武四郎（1897—1975）都是 20 世纪 30 年代日本中国学研究的代表人物。那么，竹内好说的目加田诚身下的地盘意味着什么？目加田诚有无竹内好所说的这种地盘？

我们知道，日本近代的中国学是以"东京帝国大学"和"京都帝国大学"[①] 的中国文学科为据点发展起来的。东大是在日本政府培育国家官僚的迫切需求下成立的，它的学术侧重西学的翻译和接受，在中国学领域则偏重传统汉学。与之形成对比的是，京大从设立之初即有着与东大学术不同的建学精神，它不满足于对西方学问的输入，而是构建日本自身的学问体系，企图建立一个非功利性的、不受政治左右的自由的学术空间。京大的中国学擎柱有狩野直喜、内藤湖南等人，这些实证主义学派的学者对中国学的研究态度首先表现为：对中国缺乏近代化的停滞现象不予贬低，客观公正地评价中国文化特有的意义。他们的研究方法有着近代西方学术的学科独立性和思辨性精神，同时有一个很明显的特征，就是带有无征不信的乾嘉学派遗风，重视资料的收集和证据的罗列，义理考据和辞章并重。

严绍璗先生在《日本中国学史稿》（2009）一书中将日本近代中国学古典研究的主要学术流派分为了三类。一是以狩野直喜、内藤湖南等为代表的实证主义学派[②]，二是"批判主义学派"，属于这个学派的学者"从他们自身的文化观念出发，对中国文化从各种角度进行过程度不等的批判，其目的都是为了追求日本本身的近代主义"[③]。三是"新儒学学派"，这些学者"通过对中国古典哲学的研究，以崇奉'孔子之教'完全适合于日本社会现状为宗旨，把学术

---

① 以下分别简称"东大""京大"。
② 参见严绍璗：《日本中国学史稿》，学苑出版社，2009 年，第 252 页。
③ 严绍璗：《日本中国学史稿》，学苑出版社，2009 年，第 288 页。

研究造成日本天皇制体制秩序的理论支柱"①。实证主义学派多京都学者，而后两者多为东京学者，如白鸟库吉和服部宇之吉。京大的中国学学者治学以采用实证主义，重视文献原典的研究为特色，东大的中国学研究则有着文献学和经验科学的倾向。长泽规矩也毕业于东大，擅长文献学研究，其学问明显有东大文献学一派的治学之风。吉川幸次郎毕业于京大文学科，跟随狩野直喜、铃木虎雄、青木正儿学习过考证学和中国文学；仓石武四郎也曾在京大研究生院师从狩野直喜，他们二人的学问毫无疑问继承了京大中国文学科实证主义的特点。

可见，竹内好说长泽规矩也、吉川幸次郎、仓石武四郎这些学者身下拥有共同地盘，并不是深思熟虑的想法，如果非得给他们冠之以共同的"地盘"，那么这种地盘可以解读为以经院式学问、古典研究为特色的日本中国学。但即便如此，目加田诚的学问也与上述三者的风格并不相同，我们不能将它简单地归于东京学者或京都学者的上述任何一个派别。目加田诚的学问是独具风格的，其中最重要的特色就是希望通过文学研究来思索人生。他的研究视野不限于古代，还包括近现代文学；不仅考察文学内部的文本，还一并做文本之外文化学意义上的研究。他做过《诗经》《楚辞》《文心雕龙》的译注工作，反映了他长于辞章训诂的原典研究一面，而他又长于思想的统合，常从哲学的高度做思辨性的分析，对材料进行演绎和整体性的归纳。如，他的《唐代诗史》《杜甫的诗与生涯》两部著作，就多从作品的时代背景、社会环境、作者的境遇出发进行讨论，而刻意避免了文章考据。他说：

> 我研究过思想史，也研究过文字学，都获取不了满足……我最终走的是文学的大道，捕捉文学的本质，探索人性的深处。②
> 我的研究，总是在探索作家的生存方式。这是我的一种倾向，我自己也意识到这一点。③

实证主义扎实的文字功底，是古典文学的文本内部研究对研究者提出的要求，日本的古代中国文学研究者往往长于文献的整理、文本的批评，着重对文本内容本身做研究。但作为受到旧式汉学培养的知识分子，有着古典文学教养

---

① 严绍璗：《日本中国学史稿》，学苑出版社，2009 年，第 305 页。
② 目加田誠『目加田誠著作集第四卷・中国文学論考』、龍溪書舍、1985 年、第 53 頁。
③ 目加田誠『目加田誠著作集第四卷・中国文学論考』、龍溪書舍、1985 年、第 530 頁。

的目加田诚却认为：所有的基础作业必须在文学研究之前完成，类似训诂考证的研究不能成为文学研究最终之目的。他反对只在文章小学中发力，认为文学研究不应停留于字词的表面，最重要的是深入研究对象的本质，对其做出美学价值的判断。在他看来，对古典文献做注释是研究基础作业，是为了能更好地参透文本蕴含的作者思想之手段，而非研究之最终目的。目加田诚的研究成果中有不少是古籍的翻译和注释，比如译注《诗经》，但他刻意避免作一般性的、罗列前人之说的注释，只选择意义难解之处，或对古注有所怀疑之处作注。他忌讳在文章中用事用典；反对以古典文章学教养的达成作为学问的目标；重视内心真情实感的自然流露，其随笔文章处处流露出自然清新的朴素之风。这些都说明在学问之道上，目加田诚的研究方法与日本中国学界重要柱石之京都学派重视考证的学风有着不同的侧重点，自然也区别于东京文献学一派。

　　在思想上，目加田诚热爱中国文化，他努力发掘中国文学中表现出来的积极闪光的人性一面并予以肯定，还提出中国传统文学欠缺对人性的自我反省的观点，与东京一些学者贬损中国文化，另一些学者将其提高至宗教层面研究的扭曲立场也形成了鲜明的对比。可以说，目加田诚的中国学研究，从他自由主义和人文关怀的立场出发，以其独特的思维方式，向我们展示了他不同于东京或京都学者上述几个流派的学术风格。正如高桥繁树所说：

　　　　目加田诚的论文作为中国文学的论文展示了不同的风格。一般的研究列举尽可能多的资料，竭力进行考证论证，而著者并非如此。他将那些基础作业全部在事前完成，并不将其表现在外。他最忌讳的就是罗列别人这样那样的说法。他想在中国文学中，寻找与其他文学作品一样的人们的生活态度。这也不是这一领域的一般的研究方法。[①]

　　竹内好对目加田诚的指责，是出于他作为"思想家"的立场发出的，他说："知识应该是为了否定它而追求的。这就是文学的态度。"[②] 对他而言，获取知识是为了进行思考和批判，所以我们也不难理解他为何会对所有经院派都予以批判。但目加田诚的学问并不以获取知识为最终目的，它反而符合竹内好用知识思考人生的看法。竹内好对目加田诚的批评暴露了他其实并不谙于目加田诚学问之道的一面。长泽、吉川、仓石、目加田诚都是有一定师承，在传统

---

① 　高橋繁樹「解説」『目加田誠著作集第四卷・中国文学論考』、龍溪書舎、1985 年、第 537 頁。
② 　转引自孙歌：《竹内好的悖论》，北京大学出版社，2005 年，第 28 页。

汉学影响下应运而生的学者。然而对于任何一个研究者而言，做一门研究，大都要了解学科史，广泛学习前辈的经验，或对前辈之说继承且发扬，或批判地吸收，或另立新说。不论何种形式，都离不开研究者自己对问题的积极思考，所谓"地盘"之说恐怕有抹杀学者研究的独立性之嫌。

### （二）是从狭隘的兴趣主义出发还是具有平衡性的研究

在竹内好看来，传统的中国学学者多从兴趣主义的角度出发研究，他们对研究的对象没有主客体之分，只是因为喜爱研究对象才进行研究，或因为自己的研究而喜爱上了这个研究对象。但是，竹内好创立中国文学研究会的主旨却不是这样，参加研究会的成员们的一个基本共识就是：即便个人对现代中国文学感到失望，也必须要将研究进行到底。在将近十年的时间里，研究会成员们一直以翻译介绍中国现代文学为主要工作内容。他们广泛关注中国作家的各种动态，许多作家，包括鲁迅、郭沫若、冰心、周作人、叶圣陶、沈从文、林语堂、苏曼殊、萧军等人的作品都是他们翻译的对象。这体现出中国文学研究会不分个人兴趣进行研究的学术态度。

竹内好等人之所以客观地关注与研究现代中国文学，是希望从中学习到彻底否定传统而后生的民族精神，是为了批判日本盲目的近代化，从而找到适合日本国民文学的发展之路。如竹内好研究鲁迅，就是从鲁迅的抵抗，"获得了理解自己感觉（即对于西方合理主义背后存在的非合理主义的恐惧）的线索"[1]。他研究的最终目的，是研究者自身文学观的建立，所以才十分强调研究主体的客观性和独立性。竹内好曾这样批评吉川幸次郎：对他来说，使中国文学得以存在的是他自身，而对于吉川幸次郎来说，无限地接近中国文学才是学问的态度。[2]

吉川幸次郎在饮食、衣着上都要求自己接近中国人，他的出发点是将自己尽可能地置身于作者创作作品的环境中，设身处地地以作者的思想来思考研究对象。这种身体力行的方法，在竹内好反传统的文学观看来，它很容易演变成研究者对研究对象的盲目崇拜和自我民族性的缺失。日本的传统文学包含着诸多中国文学的要素，中国古典对其而言不是舶来之物，而是成就自身素养的因子。近代伊始，受到过汉文和传统儒家思想教育的经院派学者，也容易转向中

---

① 代田智明：《论竹内好——关于他的思想、方法、态度》，《世界汉学》1998 年第 1 期，第 68 页。

② 孙歌：《竹内好的悖论》，北京大学出版社，2005 年，第 59 页。

国古代文学而忽视中国新文学研究。竹内好批判经院派的学者以个人兴趣出发进行研究，正是出于对其失去了鲜明的研究主体意识的担心。

竹内好认为学术研究既不应从兴趣出发，也不应因为研究而喜爱，而应建立一个研究客体和主体彼此拥有绝对独立性的研究样式。这种见解受到西方近代唯科学主义、事实主义的影响，但人文学科的研究结果是多元的，不像自然科学有着公式化、客观性、科学性的特性。虽然人文的价值观念、生活趣味乃至生活方式，从人类整个发展历史上来看，有趋同的倾向（在同一时代的不同地域范围内，有着欠发达地区的价值观向发达地区的价值观靠拢的趋势，在不同地域的历史划分年代的相同发展时段，人类有着类似的价值判断），但人作为独立自由的思考个体，即便会受到前代或是同时代各类人的影响（实际上也不可能脱离这种影响），也很难达成自然科学研究领域中那样放之四海而皆准的准则。文学研究者，如果说要对研究对象进行客观科学的把握，只能从形式，比如文体、修辞、题材、语言角度来切入，若涉及文艺思想的美学领域，讨论的结果便是洋洋大观了。喜爱而研究，又或研究而喜爱，并不能成为阻碍文学研究的因素，反而是一种积极的研究方式，是和研究者个体性格息息相关的，不应扩大到某一种研究派别的特征表述上。在研究过程中，研究主体对研究事业本身的喜爱和对研究客体的喜爱两者并不冲突。

如果说目加田诚的学问属于传统经院派，那么他的研究应该符合竹内好认为的从兴趣主义角度出发的这一特点，然而事实却又非如此。虽然目加田诚的研究成果以古典文学研究为主，但他从大学时代起的兴趣却是俄罗斯文学。诸种文学在他内心的受喜爱程度，可以用"俄罗斯文学（西方文学）＞中国文学近现代文学＞中国古代文学"这样的列式表现。目加田诚后来在中国古代文学而非中国近代文学或西方文学研究领域里取得成就，一个很大的因素是受大学所学专业限制，他选择《诗经》开始入手研究古典，也是由《诗经》在文学史上文学的发轫地位决定的。与此同时，目加田诚并没有放弃过对现代中国文学的关注，1935 年，他就写过名为《民国以来中国文学新文学》的文章，发表在了九州大学《文学研究》第十四辑上。竹内好认为目加田诚不关心中国现代文学，这是不了解目加田诚的学问的表现。目加田诚从中国古代文学入手研究文学，是发生在他对文学本身的热爱这一大的前提下的，对他而言，不论何种对象的文学研究，都是探索文学本质的不同途径，目的是一致的。对此，他说道：

要想了解中国的传统精神，就必须要学习中国的古典。也许有人认为这是迂腐之论，但是我相信，学习中国的现代必须要学习古典，而学习古典也必须要学习现代。中国文学的研究，不是只研究古代文学就行了，也不是只研究现代文学就可以的。①

我不问时代的新旧，如果不是自己喜爱的，就不会研究。②

我的学问，完全是我的爱好。所有的爱好都一样，是没有什么太大含义的，因为没有它就寂寞无聊，所以人们才会沉湎其中。话虽如此，我的内心并不因此就能获得满足。③

心忧时、心愤时、心萎时、心鄙时、心悲时，我都用《诗经》来安慰自己、清洗自己，我深切地感受到古人坚强的意志、美丽的纯情、深刻的敬畏之心，从而重新深刻地反省自己的丑陋和低劣。④

可见，目加田诚的研究视野，跳出了有限的时间和地域的限制。他的研究视角极具平衡性，并不表现为狭隘的兴趣主义。与其说他因为喜爱所以才读西方文学，或是因为研究工作而喜爱上中国文学，不如说他喜爱的是"文学"本身。学术研究不是他填补生活爱好的一种娱乐，而是达成实践人生、思索人生、理解人生的一种途径。由喜爱而心生好奇，由问题尚未解决导致的内心不满而引入到新的研究中去，他就是这样不断地将研究进行下去的。

竹内好后来也意识到批评目加田诚是兴趣主义不妥。他说：

将目加田诚视为兴趣主义，不一定就恰当。最初兴趣主义就人而言，是相对的量的问题，即便目加田诚是兴趣主义，这世界上比他更加兴趣主义的人还要多得多。而且，比兴趣主义更为过分的是俗物主义，至于俗物主义的人，包括我在内，这世上比比皆是。⑤

## （三）是傲慢还是面向大众的学问

竹内好说：没有人比他们更加对人傲慢。这句话深层意义上是属于精英文化和大众文化的问题。相比雅致高尚的诗文等精英文学，小说戏曲等俗文学长

① 目加田誠『目加田誠著作集第八卷·中国文学随想集』、龍溪書舍、1986年、第179頁。
② 目加田誠『目加田誠著作集第八卷·中国文学随想集』、龍溪書舍、1986年、第175頁。
③ 目加田誠『目加田誠著作集第八卷·中国文学随想集』、龍溪書舍、1986年、第176頁。
④ 目加田誠『目加田誠著作集第二卷·定本詩経訳注（上）』、龍溪書舍、1983年、第520頁。
⑤ 竹内好『目加田誠博士還暦記念中国学論集』、大安書店、1964年、第468頁。

期被学者们视为卑俗低下之物，从事古典研究的学者相比现代文学学者而言，显得书卷气息浓厚，有时他们更以古代儒者自居。这在从事现代文学研究的竹内好看来，不是一个客观中立的研究立场，所以他会有上述发言。那么，目加田诚的学问面向何种文化，对大众是开放的姿态吗？

首先，目加田诚主张学问的大众化。他指出：

> 中国文学史上的文人们，在感到他们的文学渐行渐涩时，总是会在民众之中汲取新的血液和新的生命，这成为固定化的模式，脱离民众时又重新转而寻求于民众。①

这种看法是受到了五四"民间文学"思潮的影响。五四新文化运动中提出了"到民间去"的口号，如胡适就认为一切新文学的来源都在民间。另外，目加田诚的这一思想也与阳明后学关于人性平等和学问大众化的思想有关。他曾写过《阳明学与明代的文艺》（1971）一文，专门论述了王门左派学问的大众化倾向。文章指出：

> 明末王门左派的学问大众化，与文人们向大众文艺的靠近，都是以明代庶民生活的繁荣为背景的。②

其次，目加田诚还重视自身学术对大众的影响。比如他的译著《诗经》《楚辞》《唐诗选》《唐诗三百首》《汉诗日历》等书，都是以大众的接受程度为考量的标准来进行翻译注释的。其译文不同于日本传统对中国文献的训读，而是将古文翻译成带有儒雅之风的现代日语，以求能为广大的非专业性人士所欣赏。就如他在《唐诗选》中说的那样：

> 诸位大家的注解，大部分的文字都很难理解，我注意避免这样，尽量用平易的表现来解释，同时化解人们没有注意到的问题。③

目加田诚并不像日本的一些中国学学者那样，以具有中国古代文人修养而

---

① 目加田誠『目加田誠著作集第四卷・中国文学論考』、龍溪書舍、1985 年、第 488 頁。
② 目加田誠『目加田誠著作集第四卷・中国文学論考』、龍溪書舍、1985 年、第 488 頁。
③ 目加田誠『新訳漢文大系 19・唐詩選』、明治書院、1964 年、第 1 頁。

成为"儒者"为己任①，而是更加关注书本外的民生。他认为亘古不变的真理存在于各个时期的各种人们的生活样态中，与前者的"雅"相比，目加田诚显得"俗"。竹内好称目加田诚是"秀才"，或许是自觉比目加田诚更接近"俗"。

另外需要指出的是，目加田诚之所以将学术研究视为达成实践与思索人生的途径，恐怕与阳明学及西方近代思想的影响不无关联。目加田诚早年曾受教于阳明学先生。日本的阳明学，其特征可以用积极用世、力行实践、积极接受西方文化这几点来概括。它带给目加田诚的影响主要体现在两方面，一是重视人的主体性，二是重视学问的实践性。在学问上，阳明学以直截为方法，重心法而轻词章训诂。目加田诚也长于思想的统和，反对唯知识论。他认为知识是导向认识社会人生的途径而非本体，要通过学问理解人性、社会和人生，这便与阳明学强调人的作用，重视实践和行动的特点相吻合。此外，目加田诚体恤劳苦大众和弱小阶层，具有朴素的人道主义情怀，关注人的个体感受。在日本普罗文学全盛时期，他读过小林多喜二和德永直的作品，对河上肇的马克思主义著作也表现出极大的兴趣②。中学时代，他还对所有近代"人生派"的文学作品都表现出了极大的兴趣③，西方近代文学中对个人感情的解放和尊重、近代反封建的个人主义、自由主义思想，均极大地促进了他人文关怀精神的形成。

## 三、结语

目加田诚的学问，表现出了与高田真治、服部宇之吉、盐谷温、竹内好以及重视考据的京都学派学者不同的治学之风。他认为学问的最终目的是思考人生。他的学术研究不是从狭隘的兴趣主义出发的，而是极具平衡性的研究。他的研究成果中有大量译著，其译文兼具专业性和平易性，体现出他强烈的大众关怀意识。他的研究方法多样，其中，文本内部的研究方法主要表现为灵活的翻译手法的运用和注释中的问题意识。文本外部的研究方法表现了其开放的文化学姿态。他还将比较文学的研究方法自觉或不自觉地运用到文学研究中来。关于对其研究成果的再研究以及其学术研究方法，都值得我们进一步探索。

竹内好所代表的现代中国文学研究派，主张建立研究主体的极度客观性，

---

① 比如狩野直喜，王国维称他为"一代儒臣"。
② 目加田誠『目加田誠著作集第四卷・中国文学論考』、龍溪書舍、1985年、第506頁。
③ 目加田誠『目加田誠著作集第八卷・中国文学随想集』、龍溪書舍、1986年、第116頁。

对研究对象进行不分喜好的研究。竹内好在很多年以后，提及他与目加田诚的这场争论时说道：

> 这一事件，与其说是我极力反击目加田诚，不如说是我把他当作可以利用的工具，用来反击我自身内部的朦胧意识。当时给目加田诚添麻烦了，我一定被他翻过白眼。算上这事，当时的我处于某种程度上自觉性的狂态。[1]

目加田诚的研究与竹内好将中国文学放置在手术台上进行冰冷分析的做法是截然不同的，同时也跳出了狭隘的从兴趣主义出发进行研究的路数。他常常对文学作品背后作者的精神、经历、时代背景进行考察，还从与作者的共感角度出发分析作品。甚至面对唐代"诗格"这样论述作诗的规则、以蒙学或科举应试为目的的功利性很强的研究对象时，也不失其纯文艺的研究视角。这是因为，他想通过研究历朝历代的中国文学，探究中国文学的本质，寻找作品中蕴含的人类共通的"诗心"，而这种人类共通的精神，就表现在以自然纯真之心创作的感动人心的文学之中。《诗经》研究贯穿了目加田诚的一生，《诗经》的诗歌体现着人类普遍的情感价值，是上古时代人们真实的、不造作的心灵之歌。这部古老诗集所歌咏的诗句，历经两千年后，仍然能打动当代人们的心，目加田诚在其中发现了人心本初之美，并对此感怀不已。

目加田诚说过："学问，就是读书、反省、自我养成。这是东方的学问。今天的人们却以取得业绩为目的。这样的话，从事学术研究，就同烤得一手好面包没什么两样了。"[2] 所以他对一些教师靠着无聊的讲义打发日子的做法十分不满，对其批评道："这无论从什么意义来说都是可耻的。"[3] 目加田诚就是这样，在其一生的学术研究过程中，始终贯彻做学问就是做人的理念，努力以一颗真诚之心面对人和事。目加田诚对魏晋风骨有着强烈的欣赏意识，他最欣赏的一种精神风貌就是"风格"。他认为风格是与气高、严肃、端正等概念联系在一起的，只有"炼己，不谄媚于人，怀有孤独的精神，浑身散发着春风般的温暖，才是风格具备之人"[4]。在学生们的回忆中，目加田诚是一派对待研究严肃认真，对待他人温和笃厚，令人如沐春风的长者风貌，这也正是目加田诚要求自身具备的风格。

---

①　竹内好『目加田誠博士還暦記念中国学論集』、大安書店、1964 年、第 468 頁。
②　目加田誠『目加田誠著作集第八巻・中国文学随想集』、龍溪書舎、1986 年、第 317 頁。
③　目加田誠『目加田誠著作集第八巻・中国文学随想集』、龍溪書舎、1986 年、第 318 頁。
④　目加田誠『目加田誠著作集第八巻・中国文学随想集』、龍溪書舎、1986 年、第 52 頁。

# 书　评

# 叙事的迷宫　文化的盛宴

——评丁子江的长篇小说《吾辈》①

高业艳②

**摘　要**：丁子江的新作《吾辈》以外号"鹿爷"的北京知青赵路的一生为主线，分叙了他少年、青年、中年到老年的成长成熟过程。丁子江先生学贯中西，视野开阔，其学者特征在小说文本中显露无疑：作品注重叙事手法的创新，时空频繁转移，视角来回切换，叙述层次叠加，以及元叙述、嵌套叙事与多叙述视角的使用为读者设置了众多圈套与障碍，挑战读者的阅读经验，但也迫使读者参与文本建构，赋予他们更多阐释主导权；作品文体风格多样，其"形象化的叙述"，大量书面语体与口语体的杂糅以及部分章节类似小说体民族志的书写方式使作品风格鲜明；作品中刻画的赵路这一形象以及他的流浪生活表现了中国当代知识分子寻求生命意义的探索，表达了作者本人经历"文化磨合"的经验及相关思考。

**关键词**：《吾辈》　叙事　流浪意识　文化磨合

　　读罢丁子江新作《吾辈》，眼前仿佛呈现出整整三代人与命运搏击的不屈精神和生死浮沉之际的坚韧与抗争，深远辽阔的时空感扑面而来。那流淌在字里行间的关怀与伤痛，悲悯与反思赋予了小说独特的感性与理性交汇之美。

　　小说共分上篇"狂野的少年荒唐"四章，中篇"无奈的青年荒唐"四章，

---

　　① 基金项目：陕西省社会科学基金项目"陕西当代乡土文学作品译介中的文化模因分析研究"（2018J11）；陕西师范大学研究生教育教学改革研究项目"中国现代文学博士研究生培养模式的探索和实践"（GERP－19－51）。
　　② 作者简介：高业艳（1981—　），女，湖南常德人，陕西师范大学文学院博士研究生，西安工业大学文学院讲师，主要从事海外华文文学作家作品研究。

下篇"内敛的中年荒唐"三章，结篇"莫名的老年荒唐"一章，以及尾声一章。作品以外号"鹿爷"的北京知青赵路的一生为主线，分叙了他少年、青年、中年到老年的成长成熟过程，并通过不断的插叙、预叙，或概览或细述了与他相关人物的家世背景与悲欢际遇，其间在不同的章节以倒叙等手法对主角的母亲、外祖父以及父辈进行了不同角度的观察与审视。小说从主人公赵路的发小，美国社会学博士"江豚"的视角对主人公的生活进行描写与叙述，既有真实性，又能与主人公拉开一定审美距离。在叙述者眼中，赵路是"反英雄"① 的存在，介于罪犯与善人，平民与贵族，白丁与鸿儒之间。他之所以成为作品的主人公，凭借的是他的"本善""本真"与"本在"。据作者在《序》中自述，小说企图"下接地气"，满足大众阅读需求，符合通俗读者期待视野中对文学永恒的主题"爱与死亡"的追求，但是作者并不止步于使故事引人入胜，而是站在更高的维度上追求更宏大的目标，进行更智性的尝试。细密的文本编织既表现了知识分子个体的精神诉求，对现代人生存境遇的深入思考，也呈现了作者对将社会关系、生活方式、民俗文化、人性挖掘、宗族制度变迁、人文精神追问纳入小说覆盖范围，形成蔚为大观的社会历史图景所付出的努力。除了观念与视野，小说在结构形式上表现出"难以被遮盖的"学者小说的"雅文化属性"②：一面呼应中国传统文学，另一面迈入后现代的阵营。虽然小说结构组织与叙事技巧的某种创新在一定程度上对小说的可读性与观赏性造成了影响，但是丁子江教授打破学科壁垒，建立社会学、民俗学、哲学与文学之间联系的尝试也给人们带来了全新的阅读体验，赋予了读者更多阐释主导权。

　　丁子江先后获得北京大学哲学硕士学位，美国普渡大学哲学硕士学位及博士学位，现任加州州立理工大学哲学系教授。他学贯中西，视野开阔，哲学学科的教育背景为小说增添了思辨色彩，赋予了小说深刻的哲学意蕴。首先，小说写作手法别具一格。作者在序中特别做了解释，认为既然要写"特别"时代中"特别"个性的人群，则可以用"特别"的写作手法，也就是作者所说的将"散点透视"与"时空穿越"相结合。作者解释为"发散思维""无铺无垫""即兴随意"，并且没有"完整的起承转合"，只按照"情感逻辑"，不遵循"套路"，"自成一体"。其实文岂有定法？前人的套路与观点可能是成功的启示，

---

　　①　文中未注明出处的引文，均引自《吾辈》。丁子江：《吾辈》，美国南方出版社，2021 年。（该书英文书名为 *The Absurd Generation*，出版社名为 Dixie Wpublishing Coporation, U. S. A., 2021by Zijiang, Ding）

　　②　郑周明：《"破壁"的学者小说，如何面对大众与现实写作？》，《文学报》，2021 年 11 月 6 日，第 2 页。

也可能不过是阻碍创新的窠臼，打破与超越才是前进的动力。作者秉承"大事不虚，小事不拘"的写作态度，让时既代成为故事的背景与舞台，也成为人物"荒唐"思想、情感、行为的注脚。此外，"人性"是文学作品永恒的话题。小说深掘人性，将特殊时代人物汹涌的内在情感与进退两难中展现的复杂人性一一体现，"充分揭示出人格的多重性以及众生相在金钱、欲望、利益、权势面前的迷失，以及生活选向中的醒悟、沉沦、毁灭以及新生"。作品剖析生死浮沉之际显露的复杂人性，也暗暗谴责了在物质极度匮乏的时代不合理的社会文化对人性的戕害，同时还歌颂了人在返归自然的混沌与原初状态下先于人的理性，社会的政治、法律、道德而存在的"自爱心"与"怜悯心"。[①] 作品整体呈现了一幅"又向荒唐演大荒"的荒诞、荒凉的图景，但作者自述文中所涉及的"荒唐"的"人物""事件""思维"与"精神诉求"，是任何时代都或多或少存在的，真正动人心弦的并不是现象的呈现，而是作者独特的观察视角、审视路径与价值追问。因此当我们掀开"荒唐"的表象，浮现的是"认真"的灵魂，虽然作品质疑了岁月的"虚幻"，但同时也展现了人生的"实在"，也许人们偶尔非难"脆弱"的信念，因为他们一直坚守的是中国文化中一以贯之的"刚强"精神。

## 一、错综复杂的叙事技巧

小说纵横捭阖，人物足迹横贯中国，远涉泰国、缅甸、俄罗斯等国家和东欧等地区。时间跨越一个多世纪，上可追溯到晚清，下可延伸到当下 21 世纪。写法上打破了线性叙事之惯例，传统小说的全知视角与线性叙事架构遭到扬弃。时空频繁转移，视角来回切换，叙事层次叠加，以及元叙事（Meta－Narrative）、多叙（Paralepsis）视角以及嵌套叙事的使用为读者设置了众多障碍与圈套，挑战读者的阅读经验，但也迫使读者参与文本建构。

总体来说，小说分为两个叙事层次。第一层统摄于叙事者的第一人称体验视角范围内，故事时间设置为当下，人物有鹿爷（赵路），三叶虫（赵路之妹赵叶），江豚（叙事者），鼹鼠（赵叶之夫洪燕生）。鼹鼠对江豚的文稿进行俯瞰式阅读之时，时间呈线性推进，在小说中主要出现在引子和尾声中，在文本主体中以黑体字对话体出现在各章节之内或结尾，以区别于随后要提及的第二

---

① 卢梭：《论人类不平等的起源和基础》，黄小彦译，译林出版社，2013 年，第 39—40 页。

层的话语层，位置十分灵活。第二层话语层是小说主线，以叙事者江豚对主人公以及发小群体命运起伏、传奇际遇的描述展开，结合了第一人称体验与回顾视角以及叙事者不在场时第三人称全知视角。值得注意的是第二层话语时间在小说尾声终于流到了"当下"，实现了与第一层话语层的汇合。另外，小说推进到第三章时，第二层话语层出现了"嵌套叙事"[①]，叙事者在主线叙事中嵌入另一个完整的叙事结构，形成了"故事套故事"的效果，与叙事主体形成补充说明的关系，因此叙事时间与视角出现较大调整。第三章内容是基于众人当年为探寻赵路母亲路纯瑛身世所做的田野调查与访谈虚构出来的故事。在这一章中，叙事时间推进到抗战光复后不久的一个秋夜，叙事视角相应转换为全知视角，叙事话语风格由前两章的理性冷静转变为感性抒情，正如文中江豚评论第三章风格时说文字变得十分"文学"与"雅性"，其间的各类传说为故事"平添了神秘玄乎的色彩"。同样成为"故事中的故事"的除了赵路之母与外祖父母的身世，还有第九章中对赵路父辈的社会学"案例研究"。在这一章中，叙事者交代了调查赵路父辈的原委后，以人物为经，时间为纬，利用全知视角与第一人称体验和旁观视角交替的手法将第二层话语与嵌套叙事缝合，形成时间、空间、人物的有机结合。

小说不仅存在两层叙事，其视角的数次转换也让人目不暇接。总的来看，小说中第一人称回顾性视角与体验视角交替出现，间以变换式人物有限视角穿插其中以及基于调查访谈后的"多叙"手法的使用，产生了多元世界中时空杂陈的景观。多角度叙事打破叙事常规，通过不断转换第一人称内外视角、第三人称有限与全知视角，展开对主人公赵路以及其发小群体、父母辈、祖辈等不同人物的叙述。作者在小说引子中采用第一人称回顾视角展开对主人公以及"整整一辈人""荒唐"命运的概述。第三章与第九章赵路父母辈的故事属于嵌套叙事，在有限的叙事空间中增加了根据调查访谈结果"对家族史的跨越时空的追溯性叙述"[②]。但是此类嵌套叙事与人们熟知的"故事中的故事"有所不同，主要差异在于叙事者并不在场，却通过"后辈根据所收集的材料讲述上一辈故事"来极力强调事件的真实性。[③] 通常来说，传统文学作品中的第一人称

---

① 热奈特：《叙事话语 新叙事话语》，王文融译，中国社会科学出版社，1990 年，第 161—163页。

② 王源：《多变不定的叙述者：新时期小说的"后现代"叙事特征》，《贵州社会科学》，2020 年第 12 期，第 45—53 页。

③ Manfred, J. *Narratology: A guide to the Theory of Narrative*，转引自王源：《多变不定的叙述者：新时期小说的"后现代"叙事特征》，《贵州社会科学》，2020 年第 12 期，第 45—53 页。

叙事多采用有限视角，叙事者无法任意扩展自己的叙事空间，也无法进入人物内心。后现代文学中的叙事技巧却冲破了传统的限制，表现为"一个第一人称叙述者（或一个历史学家）叙述他人所思，或叙述那些他/她并不在现场的事件（作者权限的违规行使）"①。曼弗雷德·雅恩针对此类非自然的叙事提出多叙（paralepsis）的概念。鲁迪格·海因策将多叙进行了更加具体的区分。②按照海因策的"多叙"理论，赵路外祖父与父辈的叙事出现在非自然的整体框架下，将不可能观测到的祖辈心理活动、思想意识、言谈举止一一表现出来，违背了模仿认识论，呈现出视界的越界，也体现了作者对各类叙事技巧的探索。

全文虽以叙事者江豚的视角铺开画卷，但通过多种叙事手段如调查、讲述、记录来逃脱这一有限内视角的局限，既能呈现开阔的眼界，又能深入各个人物的内心，表现出多层次观照的审美取向，即作者所谓的"散点透视"。"散点透视"原本是美术学术语。作者借用这一术语淡化"人物之间"的"逻辑过渡"，注重观察视域之开阔、观察视角之变化、人物表现之多样与人性挖掘之深度，力图呈现文字版中国风俗名画《清明上河图》的恢宏全景与细致描摹之景观。作者借用这一手法进行文学视野下的多棱扫描，折射出多元化、多层面、多角度的社会生活图画。

除了叙事层次与视角转换，叙事时间也呈现出纵横交错的纷繁样态，具体表现在文本叙述没有遵循传统线性时间的规范，而是将时间打乱，碎片杂陈，使文本结构从封闭的美学形式中摆脱出来，挑战时间的连续性与空间的固定性。小说从"公元 1967 年 10 月 31 日"，"农历丁未年即羊年"深秋的一天"清晨 8 时整"进行的"决斗"开始。但是由于话语层被作者重新编织，叙事时间并没有线性流动，反而向前推进至决斗约 3 小时前："大约三小时前，天刚蒙蒙亮，……"作者仍不满足于倒叙，在准备决斗的 3 小时中，叙事者对"叙事进程"进行了多处调控，大量插叙与预叙阻碍时间线性发展。读者理解进程不断被"赵路的外号叫鹿爷……""三叶虫赵叶性格与举止就像一个小男孩，……""鼹鼠的父母都是延安鲁艺的教员，……"诸如此类标志着叙事时间停顿的大段介绍性话语打断，同时使用"此时""一路上"此类话语表现叙事时间的继续流动。最具特色的是不断出现的预叙，如"几十年后""这是后

---

① Manfred，J. *Narratology*：*A guide to the Theory of Narrative*，转引自王源：《多变不定的叙述者：新时期小说的"后现代"叙事特征》，《贵州社会科学》，2020 年第 12 期，第 45—53 页。

② Heinze，R.Violations of Mimetic Epistemology in First—Person Narrative Fiction．*Narrative*，16（3），279—297．http://www.jstor.org/stable/30219608，Accessed 10 Apr．2022．

话暂且不表""人们没有料到""10 多年后""几个月后"等，为叙事过程注入价值观与命运感，实现叙事时间和空间的跳跃。第一章决斗在故事层的持续时间为 3 个多小时，但是经过叙事者倒叙、插叙、预叙手段进行结构重组与内容补充，显得旁逸斜出，因而在话语层占到 11 小节，共 47 页。由于叙事主体、主题、地点、时间的不断变化，叙事在文本中辗转腾挪，时间在父母过去的经历、主人公当下的行动、发小们的家世背景与未来的命运之间来回穿插，形成碎片化的文本拼贴效果，促使读者"积极调用生活经验来建构独立于话语的故事"①。叙事话语的破碎一方面暗示主人公感受的凌乱，另一方面实现了历史叙事的立体性和空间上的层次感，同时延宕了读者的感受时间，增加了体悟深度，反而更加耐人寻味。

　　不同于第一章主线的线性叙事以及因为对众多人物的介绍形成插叙而引起的叙事停顿，第三章中赵路外祖父母的叙事时间呈现前后往返穿梭的态势。时间首先从抗战光复后顺子（赵路外祖父）与妻子女儿逃出家门前开始，然后往前推 23 年，在 1922 年左右。故事的焦点从顺子外逃转移到顺子母亲产子，此后读者需要十分小心地通过叙述者提供的零星提示推测事件的发展顺序，叙事时间在小范围内往返跳跃，但总体向后发展直到抗战光复后顺子与妻女出逃为止，形成一个叙事时间闭环。笔者将第三章的故事时间与话语时间提取出来，进行对比观照，形成如下表格：

表 1　《吾辈》第三章故事时间与话语时间对照

| 故事时间 | 事件 | 话语时间 | 事件 |
|---|---|---|---|
| 顺子十二岁 | 母亲生第十三子<br>顺子拜贺自明为师学医 | 抗战光复 | 顺子举家出逃 |
| 推算为顺子十二岁 | 进城拜师 | 光复前二十三年冬夜 | 母亲生第十四子现场 |
| 顺子十三岁 | 目睹母亲与彭达私会 | 顺子十三岁 | 目睹母亲与彭达私会 |
| 拜师贺自明后 | 顺子上中学堂，两年中学毕业 | 光复前二十三年冬夜前数月 | 顺子制"化胎散" |
| 光复前二十三年冬夜前数月 | 顺子制"化胎散" | 顺子十二岁 | 母亲生第十三子<br>顺子拜贺自明为师学医 |

---

① 申丹、王丽亚：《西方叙事学：经典与后经典》，北京大学出版社，2010 年，第 21 页。

续表1

| 故事时间 | 事件 | 话语时间 | 事件 |
|---|---|---|---|
| 光复前二十三年冬夜 | 母亲生第十四子现场 | 光复前二十三年冬夜 | 母亲生第十四子 |
| 光复前二十三年冬夜 | 母亲生第十四子 | 光复前二十三年冬夜 | 母亲去世 |
| 光复前二十三年冬夜 | 母亲去世 | 为母亲送葬当夜 | 母亲情夫彭达与刚出生的婴儿被逼跳水，岳书德逃狱被枪杀 |
| 为母亲送葬当夜 | 母亲情夫彭达与刚出生的婴儿被逼跳水，岳书德逃狱被枪杀 | 父母去世后 | 姐姐英子出嫁 |
| 父母去世后 | 姐姐英子出嫁 | 抗战光复 | 顺子告诉月啼自己是她的生父 |
| 顺子中学毕业后盛夏一日 | 施仲义招顺子改名化生进入省城汇仁医专学习（当时瑞霜十四岁） | 拜师贺自明后 | 顺子上中学堂，两年中学毕业 |
| 四年后 | 化生在汇仁医专毕业（当年岳化生二十岁） | 顺子中学毕业后盛夏一日 | 施仲义招顺子改名化生进入省城汇仁医专学习（当时瑞霜十四岁） |
| 回师门一月前 | 师傅贺自明被小军阀曹师长阉割 | 四年后 | 化生在汇仁医专毕业（当年岳化生二十岁） |
| 毕业半月回师门后 | 见师娘裴瑞雪（当年瑞雪二十八岁，裴瑞霜十八岁） | 毕业半月回师门后 | 见师娘裴瑞雪（当年瑞雪二十八岁，裴瑞霜十八岁） |
| 毕业半月回师门后 | 见到师傅贺自明 | 回师门一月前 | 师傅贺自明被小军阀曹师长阉割 |
| 毕业半月见过师傅贺自明 | 放弃赴日留学，决心为师傅报仇 | 毕业半月回师门后 | 见到师傅贺自明 |
| …… | …… | 八年前（推算为顺子十二岁） | 进城拜师 |
| 抗战光复 | 顺子告诉月啼自己是她的生父 | 毕业半月见过师傅贺自明后 | 放弃赴日留学，决心为师傅报仇 |
| 抗战光复 | 顺子举家出逃 | …… | …… |
| 抗战光复 | 顺子举家出逃 | 抗战光复 | 顺子举家出逃 |

从表 1 叙事者的时间提示语与时间标志——北伐军攻城、抗战光复以及事件发生的地点冀中平原岳武庄,可以大致推测故事时间。叙事的时间与速度在纵向的矢量上时快时慢,时前时后,呈现出曲折多姿、跌宕起伏的变异形态。同时,在以上表格中读者会发现"抗战光复后"是一个明显的时间标记点,叙事进程从这里开始,中途短暂跳跃回这个时间基点,直到故事顺流而下发展到这个时间点为止。在这其中还有一些小的时间节点,如"光复前二十三年冬夜"以及"毕业半月后回师门",话语以这些时间为基点不断向前追述,如解释顺子精于妇科的缘由,顺子对母亲产子之敌意的来源以及母亲目前危机的原因。

整体上看,作品表现了文本叙事者与叙事角度可能性的探索与开拓。叙事者的设置及其讲述的整体构建呈现多样性与不确定性。在叙事缓缓推进的过程中,读者跟随叙事者一头扎进荒唐险恶的故事之中,又能通过第一层叙事中叙事者的回顾性视角与评议对话迅速抽离,获得理性体悟与提升。作品变换有限内视角,外加访谈后呈现的全知视角让读者既拥有全知全识的视野,又能深入到人物内心,还可以跳出当前叙事,进行深度理性思考与历史意义的追问。作品突破了以往叙事的感性局限,呈现出学者小说理性的明显特点,带有"后现代"叙事印记。

文中同样体现"后现代"特征的还有多处存在的"元叙事"(Meta-Narrative)。元叙事是一种"叙述的自我意识"[①],揭示写作缘起、创作过程、寓意寄托等。元叙事将叙述行为转化为叙述对象,实际上成为"叙事话语"的一部分。申丹认为"无论是在元小说还是在一般小说中,通常只有在作为叙述的对象时,叙述行为或过程才有可能被展现在读者面前,而一旦成为叙述对象,也就会成为故事或话语的组成成分"[②]。作者别出机杼,将引子中的四人参与文本阅读与评议的对话形式贯通小说主体,将元小说的自我指涉与阐释原则艺术地融入了正文文本之中。如"引子"中叙事者与主人公们就文本内容与价值进行的对话,引出鹿爷本人对小说文本做出回应,认为文本并没有"为尊者讳",在文本内部证实了文本的真实性。鼹鼠洪燕生对小说写法产生怀疑,认为小说没有"起承转合"的写法套路,只有叙述者的"情感逻辑",不仅如此,其格调也与中国"乐而不淫,哀而不伤,怨而不怒"的传统相抵牾。小说结尾三叶虫和鼹鼠对本书标题与结构划分颇有微词,也一并进入话语文本。以上书

---

① 王正中:《元小说与元叙述的定义及功能新探》,《福建师范大学学报(哲学社会科学版)》,2016 年第 4 期,第 55—61、168 页。

② 申丹、王丽亚:《西方叙事学:经典与后经典》,北京大学出版社,2010 年,第 17 页。

中人物对文本的困惑与怀疑彰显了隐含作者的真实意图：不仅通过元小说的自我指涉公开揭示作品的创作过程，并且通过人物与叙事者就小说写法展开争论来质疑与颠覆话语的神圣性，其结果正如王正中所说"既可以是辅助叙述加强真实性幻象也可以是揭示叙述过程的建构性或虚构性"①。如前所述，第三章通过"故事中的故事"手法，将赵路外祖父与母亲身世呈现出来时，叙述者与其他主人公在第一层话语层中对赵路母亲身世文本的抒情笔调与创作过程进行了直接质疑："不过连我这个女性看来，这些文字过于阴柔，再直白点说，充满了娘娘气。……本姑奶奶看来，一定雇了网上写手，而且是个女的，也许是变性的！""田鼠的二姐田峭……被自己的文字加工感动得一塌糊涂，也难免将她本人的想象挤揉掺杂进去。遗憾的是她把我们原来的调侃文字暴粗语气几于一扫而空。"这段讨论既解释了本章抒情风格变化，笔调转为细腻的原因，也通过叙事行为对象化混淆了叙事话语与故事事实的界限，起到消解叙事的效果，隐隐呼应了 20 世纪 80 年代后期的先锋小说浪潮。

　　小说中的元叙事手法不仅推倒了区分故事与话语的围墙，而且对于读者阅读时的阐释判断也产生了一定的影响。根据文本内受述者（江豚、赵路、赵叶、洪燕生）的叙事判断，读者不难判断隐含作者的伦理立场。例如第二章第二节的黑体对话体描写了三叶虫，鼹鼠与叙述者江豚在阅读到 1966 年"借书"之行展开对话，站在现在的时间对当时的行为进行解释与辩护，既说明隐含读者对于"偷"这一行为的不认同，同时暗示了对人们追求美好愿望（求知）却不得不使用偷窃手段的社会历史背景的批判：

　　　　三叶草：那时，高尔基的那句名言："书是人类进步的阶梯……"……

　　　　鼹鼠：一位学者做了这样的分析：偷书、读书固然有追求知识的一面……

　　　　江豚：很多年之后，我读到了澳大利亚作家苏萨克的名作《偷书贼》……

　　第一章第八节中分别在第一层与第二层叙事中谈到当年赵路与郎兴国（狼主）为薛晓白（雪狐）决斗地点选择在皇姑庵的缘由时，第一层叙事中的鹿爷

---

① 王正中：《元小说与元叙述的定义及功能新探》，《福建师范大学学报（哲学社会科学版）》，2016 年第 4 期，第 55—61、168 页。

对第二层叙事中描述的皇姑庵传闻进行了驳斥："故弄玄虚，我就不信这个邪！"但隐含作者对薛晓白的命运的预叙却从侧面证实了这一传闻。

第二章第三节中的黑体对话表现第一层叙述的主人公对第二层叙事中人物的感叹与欣赏，"难以想象竟有这样文学心境的女性""那时的我，对田峭相当崇拜"，引领了读者对人物的理解与判断。诸如"没想到我的姥爷如此狠心"之类的评论则引导读者对文本情节进行了道德伦理评判。

除了教化与伦理的功能，文学的知识传递功能在对话中也凸现出来。第九章中描述完赵路堂叔赵金雄家宅院的建筑形态后，江豚、三叶虫和鼹鼠在对话中展开关于建筑的文化内涵、宗教意识、风水理论、民俗心理的讨论："这座房舍和庄里绝大多数人家的宅子一样，乃黄河流域居家文化的延伸。不管有意还是无意，似乎都依着泛神论和泥土占卜学，考虑到了风水与自然的和谐，同时又强调了'以本家为天下'的自我意识在独门独院中的各行其是，并且还用了一种无为而无不为的心境和处事方式，默默地顺应着压在头顶上的杳穹，而悄悄地趋利避害。"传统文学中提到文学具有"多识于鸟兽草木之名"的指教功能，此类以人物的口吻进行的知识拓展就具有帮助人们获取知识的作用。再如"江苏大墩子的一个原始墓葬中，死于 14－23 岁的有二十一具，其中女子就有十三具，大部死于难产或女性疾病"，不仅体现了文学认识社会的功能，而且与叙事高度结合，为赵路外祖父化生（顺子）研究妇科的因由提供数据支撑。

元叙事的运用虽然解构了作者的权威与神圣，但主人公们与文本当下的关联，如对文本的补充、解释、对比、反驳、感叹，伦理评判、哲理提升、数据支撑等，从侧面证明了文本的真实，反倒让叙事更具真实性与现实性。元叙事的作用远不止于此，第八章第二节江豚、鼹鼠和三叶虫阅读到赵路和雁子时隔多年终于重逢时，三人的对话围绕"女人到底要什么"展开，从弗洛伊德谈到往事追忆以及哲理故事，阐明人特别是女性的信念、欲望、记忆、情感生活、生命主体性特征、自主追求人生目标的自由，从而强调了人类特别是女性生存的内在价值性。可见元叙事手段在作品中还具有增加作品意蕴，揭示生活内涵，洞察人类社会运动规律，提升作品的哲学意蕴的功用，表现出强烈的主体特征和独特作用。

## 二、摇曳多姿的文体风格

《吾辈》全书 39 万字，涵盖了 20 世纪最初 10 年到 21 世纪 20 年代，上下约 110 年的历史，涉及主要人物 5 至 7 人，重要"配角人物"近 20 人。以不长的篇幅涵盖深广的内容，叙事密度之大，其形象化的叙述语言居功至伟。正如陈忠实所说的"如果用以往白描的写法篇幅肯定拉得很长，我唯一能想到的就是以叙述语言统贯全篇，把繁杂的描写凝结到形象化的叙述里面去。这个叙述难就难在必须是形象化的叙述，就是人物叙述的形象化"①。丁子江教授多处使用形象化的叙述手段，"把对话压到叙述语言里头去完成，以形象化叙述完成肖像描写和人的行为细节"②。他在表现田峭性格严肃这一特点时说："这位老高二的学生是个过于较真，甚至有点酸腐的书呆子……恐怕她最大的缺点就是毫无幽默感，有一次，为了争论什么是幽默，气都差一点没有喘过来，以致到了几乎休克的地步。"作者语言简洁精炼而不乏夸张，于是一个以最不幽默的态度把"幽默"当作一个论题全力以赴进行辩论的小书呆子形象就惟妙惟肖地浮现在读者面前。除了形象化，学者的精确与严谨在郎兴国佩剑的描述中也可见一斑："好剑！德国进口，质量一流，高锤钢制，三棱型，长 110 厘米，重 770 克，剑本身长 90 厘米，宽 2.4 毫米，剑柄 20 厘米，护手盘深度 5.5 厘米，直径 13.5 厘米，偏心度 3.5 厘米。为便于决斗，特将剑头打磨尖了，一剑便可穿心！"

语言简练、精确并不等于简单，小说用生动细腻、有血有肉的细节填充了时空交错的脉络。文中不仅使用了前文所叙的"形象化的叙述手段"以及写实精确的描述手法，而且大量引用了公文、书信、论文、报告、讲演、诗词、考据文等书面文体，呈现虚构与纪实的浑然一体。如大黄蜂在皇姑庵的山门前向大家宣读的委托书，浣熊为考证"拆哒叶子"的说法引出的大段"民间考据"文本，田峭在读书会上以女性凶杀的文学美为题的报告，民间史学家对于沙龙活动的评述，林雁子写的歌词《我的山庄，我的世界》和细读柏拉图诗歌后所做的近 1500 字的短文，赵路写的歌词《我又爱又恨的白桦林》，参加缅共游击队在缅甸阵亡知青张育海的书信，三叶虫与赵公庄后生赵海天为考证赵公庄宗

---

① 陈忠实：《〈白鹿原〉创作散谈》，《扬子江评论》，2007 年第 3 期，第 16—21 页。
② 陈忠实：《〈白鹿原〉创作散谈》，《扬子江评论》，2007 年第 3 期，第 16—21 页。。

族势力的演变合写的近 2000 字的论文，以及为了证实郎兴国的文采，说他"炮制了不少相当有思想性、批判性加文采性的宣言、檄文、论文以及演说稿"，并列举了他做的两篇随笔分别探讨"中国人的狐狸精情结"和"政治的秘诀"等。不同于其他作家，作者将随笔的主体内容一并呈现，极具说服力与思辨性。尤其是"政治的秘诀"一文，参阅历史文献，结合世界局势，考察当下形势，"引经据典，文采飞扬"。

除了各类书面语体，作者对民间的民谣、民歌、号子、童谣、信天游等多种口语语体也信手拈来。作者在不同的语境下撷取最恰当的文体服务于叙事主体，将大众语言与文学语言在一部作品中有机结合，相互支撑，形成统一的整体。例如月啼在贺岳堂哼的小调"啥个是命命字是只蝶/啥个是缘缘字是个结/……"，渡夫为化生唱的儿歌"老爹老爹歪把子/……"，常真道长所吟难解之歌"因因果果果果因因/因果因果果果因/……"，秀才爷作《大冠鹃》词两首："羽披成氅，翅倔如铁，有白紫蓝黑棕，扶摇长毛儿，曳风撇。……"，纤夫的船谣"篙一撑，橹一摇/扬起帆儿四海漂……"，纤夫们或高亢，或低回，或悲壮，或谐趣的口令与号子"嗨嗬嗬嗨嗬嗬嗨嗬/光棍汉哪不值钱啦……"，乡间流传的欺负鬼崽的童谣"鬼崽身鬼崽脸儿，歪鼻子大斜眼儿……"，去往山西路上，老陕唱的信天游"皇帝老儿吃的果果子哟，咱爷爷先尝尝/皇帝老儿穿的袍袍子哟，咱爷爷先挡挡……"等，庄谐并置，雅俗共赏。

也正是由于学者化的风格，文中知青们少年时代的口头对话倾向于书面化。试举决斗之前的争辩为例。两派学生为了辩明决斗是否合理，展开了以下对话：

"在欧洲中世纪，决斗有无可替代的公正性！"
"欧洲中世纪最黑暗！当下是 20 世纪 60 年代！历史不能倒退！"

而当"我"试图悄悄劝阻郎兴国时，不仅郎兴国引《庄子·论剑》为自己辩护，其队友更是引经据典。特洛伊与希腊战争中帕里斯与墨涅拉奥斯的决斗，古罗马诗人塔西佗口中的日耳曼国家发动战争时的决斗传统，普希金、莱蒙托夫分别与他人的决斗，以及孔子"让子路之子子崔为报父仇而与狐廉的决斗"等古今中外的例子都成为捍卫决斗正当性的证据。决斗现场的对话与叙述话语也极具学者特色。郎兴国开场先念贾岛的诗"十年磨一剑，霜刃未曾试，今日把示君，谁有不平事"。叙事者随即用"君临天下的态势""精神先饱受屈辱""使之臣服""肉体的毁灭""长剑横九野"等话语，和白居易的诗"拾得

折剑头，不知折之由"以及"优雅高尚有品位有人格，卑贱低俗无价值无尊
严"的对仗来描述决斗现场的氛围，一方面消解了人们观念中决斗现场剑拔弩
张的气氛，另一方面加深了读者对于叙述人物的文化背景、知识结构、处事方
法的印象。单从决斗正式开始到结束，文本中出现的各类引用就多达 17 处，
分别来自贾岛、白居易、庄子、普林尼、张华（魏晋）、香妃（沙天香）、杜
甫、温庭筠、毛泽东、马克思、李白、文天祥、布里丹、拿破仑 14 人，无论
古今中外、地位高低、通俗典雅，都在引述范围之内。对话的书面语化不仅侧
面体现了"发小们"整体知识水平的高度，也有助于塑造出具有知识崇拜与掉
书袋之癖好的少年知青们的形象，塑造尤其成功的是即便在决斗过程中也不忘
引用庄子来表现自己技艺高超、游刃有余的郎兴国，其表演心态与一心二用之
弊显露无疑，为其之后决斗失败做了铺垫。

　　叙述者江豚等人来到赵公庄进行社会学田野考察时，一方面借三叶草和赵
公庄后生赵海天之口将考察的情况以论文片段的形式做学理上的分析，另一方
面用小说的叙述方式表现考察中的体悟与情感，不禁让人联想到以村落文化以
及其变迁为题材的林耀华的《金翼》，和庄孔韶的《银翅》等以文学手法表现
社会学观察的小说体民族志。从主题上来说他们都讲述了乡土中国某个村落的
家族命运，试图表现被人们忘却的平凡的人、零碎的事、动荡的时代、诡谲的
命运。研究方法上都采用了社会学人类学的田野工作方法，深入当地，并将观
察、记录、参与的情况进行描述与分析，从中提炼出具有普遍意义的通则。社
会学论文重视创建论述架构，形成文化面貌，反思已有理论。小说体人类学则
扬弃了功能主义民族志所使用的"文本概括法"，而使用了文学概括法，也就
是使用文学手法对社会学的调查情况进行文本处理。[①] 无论是用社会学方法进
行文学创作或是用文学方式对社会学调查结果的书写，都隐隐预示了一种社会
学与文学边界的跨界趋势与磨合倾向。《吾辈》中三叶草和赵海天对赵公庄进
行了田野调查，但是书写并没有完全以论文的形式出现，其原因则牵涉到文学
与社会学的分野。《吾辈》与《金翼》《银翅》的最大差别在于《吾辈》仍然是
文学，是掺杂了作者虚构民族志的文学。文学是人学，文学中虚构的特权带来
多种可能性，不仅可以解释与阐释社会历史生活的整体性，也能对生活缝隙中
的差异性进行细致描摹，呈现独特的个体经验。这多少也能解释实验民族志出
现的原因：单纯的逻辑分析难以引发人们情感上的共鸣，而抒情却是文学的重
要传统。实验民族志或是小说体民族志可以表现科学向情感的趋近，《吾辈》

---

　　① 　李培林：《村落的终结——羊城村的故事》，商务印书馆，2004 年，第 155 页。

则在某种意义上表现了从文学抒情向理性分析的进发。作者试图弥合社会学与文学的缝隙，既利用文学洞察人性的深度，又借社会学揭示人类存在、聚集、分离的秘密，以村落的聚散离合，村民起伏跌宕的人生解释人类的生存，凝练出含义深广的文化模式。小说在广阔的乡土大地上，土地改革、互助合作的历史进程中，洞悉了乡村社会没有完全消失的文化协调功能，表现了中国家族文化价值观作为族群重要的精神支柱与行为准则在乡村基层中的继承、实践与传播。小说中虽有理性的民族志因素，但文学感性的功能才是作者最终的目标。作者并不止步于对优美的自然风光与质朴的乡村人情的细细描摹；物质与文化的荒芜，经济与精神的贫瘠形成的巨大反差，带给当事人情感驳杂的灼痛才是作者意旨所在。小说既深刻严厉，又不乏温情关怀。尤其是鬼崽的故事，充分展示了传统枷锁束缚下人性的偏执狭隘，但小说除了表现乡民精神异化、心灵扭曲的一面，也不忘歌颂人性的善良、朴实、坚韧、宽容，给灰色的乡村图景抹上了一抹温情的暖色。读者仿佛站在长长的画卷之前，注视传统文化慢慢地变迁，注视纷繁人物与命运的沧桑变化。作为中国人精神家园的乡村，不再呈现出桃花源中的充满质朴与和谐的"诗意的栖居"状态，反而表现出色彩斑斓的复杂形态。

## 三、开放磨合的文化视野

鲍勃·迪伦评价他生活的时代："如果你在这时候出生或生活在这个年代并还活着，你就能感觉到旧世界即将离去，新世界即将来临。这就好像把时钟拨回到公元前后的交替时代。每个和我同时代出生的人都是新旧两个世界的一部分。"[1] 岁月动荡，时代更替的背景给赵路这一辈人带来了混乱不安，也就不难解释他们心中寻找精神家园与对诗意未来的追寻，形成外化的流浪情结。现代汉语词典对"流浪"的解释为："生活没有着落，到处转移，随地谋生。漂泊的流浪意识，身无所寄，流浪感伤，上下求索。"萨义德认为："小说作者在不同程度上塑造着其社会的历史和经验，也被其社会所塑造。"[2] 丁子江教授是身处海外的华人作家，华洋杂处、多元共生的物理环境，跨文化与包容性兼具的文化空间，漂泊不定与犹疑难安的心理状态既是他海外"流浪"生涯的

---

① 鲍勃·迪伦：《编年史》，徐振锋、吴宏凯译，河南大学出版社，2015 年，第 30 页。
② 转引自李章辉：《后殖民理论与当代中国文化批评》，河南大学出版社，2010 年，第 119 页。

生动写照，也是他所面临的挑战。他既有民族身份上的认同，也有文化身份上的认同，但是身处异国他乡，漂泊无依的"流浪"状态如影随形，其作品必然会融入自己"心灵流浪"的现实经验，以寄托自己精神故乡的情感归属。不同于欧康纳对于流浪现象的雅化，以逃离资本主义竞争机制的桎梏①，也不同于休斯"用流浪者面具呈现出没有阶级、铁板一块的英国人民形象"②。流浪意味着对故土的远离，或出于外因，被迫放弃熟悉的生活方式，或源于内心，因对未来的探索而主动流浪。中国现代文学中存在分属于不同创作流派，秉承不同艺术观的对流浪主题的书写。艾芜的《南行记》中描述了一群积极的流浪者，乐观豁达，寸大哥自认为"我们赶马人，真是自由自在，无拘无束的"，表达了对生活的热情与希望。③ 洪灵菲作品《流亡》中的沈之菲辗转多地寻找自己的精神家园。路翎在《财主底儿女们》中塑造的蒋纯祖离开家园开始艰难的流浪。田汉赞美漂泊是艺术家的生活。④ 梁遇春在《谈流浪汉》一文中将流浪生活美学化，赞美流浪汉享受生活，想象生活，并为他人带来快乐的特质。⑤ 而《吾辈》的主人公赵路却呈现出多样而复杂的"流浪情结"。他既有主动远离故土的流浪经历，例如参加缅共；也有被动逃亡的经历，例如在戈壁荒漠、草原部落、黄河沿岸游走。面对自己心灵的迷茫、灵魂的躁动，他也有痛苦挣扎，他也曾被裹挟浮沉，他也曾放浪形骸、随波逐流，但是与"骚半天"、秋姑等人短暂的情感成为他流浪灵魂的慰藉，心灵暂时停泊的港湾；对林雁子的牵挂成为他人生救赎的希望之光。即使沙漠干涸缺水、危险环伺、风沙笼罩、物质匮乏，越狱后的他也没有停下自己流浪的脚步。也许流浪中的艰苦跋涉已经成为他人格理想与主体精神的标志，人生的意义就存在于追寻意义的过程之中。他拥有强大的内心，强烈的进取精神，足以支撑他克服流浪生活中的艰难险阻。他在纤夫群中磨炼自己的心志，在戈壁滩上与险恶的自然环境斗争。达观与从容的生活态度让他放下知识分子的清高，与人民群众融为一体。在流浪中他没有消磨对生活的热爱，没有背离道德与信仰的规约，没有放弃对正义与人道的追求，反而从流浪的炼狱中浴火重生，进入超然的生命境

---

① 董伊：《流浪者——论特德·休斯的早期政治观》，《当代外国文学》，2016 年第 3 期，第 74—82 页。

② Roberts，N. "Class，war and Laureateship". *The Cambridge Companion to Ted Hughes*. Ed. Terry Gifford. Cambridge University Press，2011. pp. 150—161，转引自董伊：《流浪者——论特德·休斯的早期政治观》，《当代外国文学》，2016 年第 3 期，第 74—82 页。

③ 艾芜：《南行记》，四川文艺出版社，2018 年，第 249 页。

④ 田汉：《漂泊的舞蹈家》，《田汉文集》第 12 卷，中国戏剧出版社，1984 年，第 17 页。

⑤ 梁遇春：《春醪集》，湖南文艺出版社，2011 年，第 91—107 页。

界，斗志昂扬。即便喧嚣与欲望充斥社会，主人公也在坚守自己价值判断，在流浪之中思索人生的意义，探寻人生哲理。爱伦堡曾说："作家不能什么都写，什么人物都写。"① 作者所选择的一定是深深触动自己，与自身的经历紧密相连的人物与题材。丁子江教授对赵路这一形象的选择以及对他流浪生活的描述正体现了当代知识分子寻求生命意义的过程。小说写出了赵路（也是作者）这一辈人伴随中国社会巨大转型时期所共有的精神裂变与上下求索的心路历程，写出了书斋中的知识分子走向广阔的社会现实，接受社会的捶打磨炼的人生经历，表现人生的荒唐、命运的荒诞、精神的独立与心灵的自由，呈现出苍凉冷峻的美学风格。正如赵路告别黄河后又踏上"流浪的路"时所说的："陆地与道路本相连，大地何处无路子。大路条条有，老子处处走。路子者，路虽不平，子行能通。"这既是主人公赵路的人生态度，又何尝不是体现了作者自己豁达开朗的精神世界与自由独立的灵魂追求。

自晚清"开眼看世界"，人们就选择了"站在中国看世界"②，以中国作为看世界的立足点，环顾四周，由点及面，探索求知，具体而细微。先辈们为此抛头颅、洒热血，带领中国走向世界。但是，走向世界以后我们何去何从？如何看待中国文化与世界文化的关系？丁子江教授提出"新比较主义"，关注"普遍下的相同性与差异性"③。金惠敏教授也反对"文学观念和趣味同质化"④，文化具有差异成为人们的共识。但是在如何看待与处理这一差异上，人类却走过了漫长而曲折的道路，正如丁子江教授所说的"西方中心主义与东方中心主义都不可能完全成为独自垄断世界的'一元文明'"，李继凯教授也提出"文化磨合"理论试图扭转人们"二元对立""非此即彼"的思维方式，子夜先生则指出关键在于将差异各方"置于一个生命共同体内"，如果将文化看作一个整体，差异则成为"内部矛盾"而非"敌我矛盾"⑤。丁子江教授在小说中将代表城市文化的知青与代表乡村文化的"龙虎寨"村民，代表知识分子的赵路与代表人民群众的纤夫，代表传统中国文化的游子与代表异域文化的商贾，代表改革开放蓬勃精神的青年与代表乡土保守思想的乡民并置，在对比

---

①　爱伦堡：《捍卫人的价值》，孟广钧译，辽宁教育出版社，1998 年，第 26 页。

②　周有光：《双文化论》，《群言》，2009 年第 10 期，第 25—26 页。

③　金惠敏：《间性状态与新比较主义——〈差异即对话〉自序》，《文艺争鸣》，2019 年第 5 期，第 128—130 页。

④　金惠敏：《间性状态与新比较主义——〈差异即对话〉自序》，《文艺争鸣》，2019 年第 5 期，第 128—130 页。

⑤　子夜、李继凯：《文化中国与世界对话的重要课题——关于［文化磨合］的对话》，《文化中国学刊》，2020 年第 1 期，第 4—13 页。

中展现书中人物看待社会立足点的位移，表现他们视野渐开，价值观演变，彼此不同的文化由碰撞到磨合的过程，表达作者对中国文化中的和谐精神的认同，即以差异的存在为前提，强调对话的必要性，"期望通过不同文化的对话、互动、融合、会通或衬托，来实现自己心中的文化愿景"①。不仅如此，作者文中所采用的中外杂糅的语言，撷取的思想资源莫不反映了中外"文化磨合"的渐进态势，表达了作者本人经历"文化磨合"的相关经验及思考。

　　现在我们可以"站在世界看中国"②，宏观开放的视野让中外文化交织磨合的状态更清晰地呈现在人们面前。中国与世界相对位置的变化背后是中国走向世界的艰难历程。在这一趟荆棘满地、危机四伏的旅程中，正如作者在自己的著作中形容罗素的思想如"知识之光"，予以人启迪一样，丁子江教授的作品字里行间满溢对爱情的描摹，"对知识的探求"，以及"对人类苦难不可遏制的悲悯"，也如"一缕缕智慧、良知与正义的阳光"，尽管覆盖的范围有限，但仍执着地表现出"人文信念不可扭曲的硬度"③，以对抗命运的黑暗与虚无。

---

① 李继凯：《"文化磨合思潮"与"大现代"中国文学》，《中国高校社会科学》，2017 年第 5 期，第 147 页。

② 周有光：《双文化论》，《群言》，2009 年第 10 期，第 25—26 页。

③ 丁子江：《罗素与分析哲学：现代西方主导思潮的再审思》，北京大学出版社，2016 年，序言第 1 页。